붓다의 옛길

붓다의 옛길

THE BUDDHA'S ANCIENT PATH

뻬야닷시 테라 지음 | 유미경 옮김

Namo tassa Bhagavato Arahato Sammāsambuddhassa

나모 땃사 바가와또 아라하또 삼마삼붓닷사

만남은 헤어짐으로 끝난다.

Saṁyogā viyogantā

설해진 올곧은 길을 따라 멈추지 말고 나아가라.
스스로 자신을 끊임없이 정진하여 나가면 열반을 성취할 것이다.
Ujumaggaṃhi akkhāte gacchatha mā nivattatha
Attanā codayattānam nibbānaṃ abhihāraye
《테라 가타Theragāthā》 637

◎

차례

머리말

2,500년 전 인도의 옛 바라나시 근처 사르나트의 녹야원鹿野園에서 인간의 사고와 생활에 혁신을 일으킨 붓다의 말씀Dhamma이 있었습니다. 붓다의 말씀은 처음 다섯 명의 수행자에게 설해졌지만 지금은 세계 여러 곳에 평화롭게 널리 전파되었으며 그 가르침을 더 깊고 바르게 이해하고 싶어하는 이들도 많습니다.

최근에 영어로 쓰인 붓다의 가르침에 대한 책들이 많이 나왔지만, 많은 책이 출처가 불분명하고 붓다의 말씀을 바르게 설명하고 있지 못합니다. 나는 다행히도 가장 오래되고 가장 신뢰할 만한 전통을 보존해 온 상좌부Theravāda의 빠알리 삼장Tipitaka을 통해 붓다의 가르침을 최대한 정확하게 해설하는 일을 해 왔습니다. 이러한 모든 공부 경력을 바쳐 이 책을 기획했습니다. 이 책에서 나는 불교를 만날 때 가장 기본이며 중요한 중심 개념인 사성제四聖諦와 불교 수행방법인 팔정도八正道에 대해 포괄적으로 설명하고자 합니다. 이 책의 제목을 '붓다의 옛길purāṇamaggaṃ'이라고 했는데, 이는 팔정도를 언급하면서 붓다께서 하신 말씀입니다. 1부는 도입부로서 붓다의 생애와 불교의 법에 대해 간단히 설명했습니다. 2부와 3부에서는 붓다의 설법 속에서 발견되는 불교의 고귀한 진리인 사성제와 수행방법인 팔정도에 대해 자세히 살펴봅니다. 그리고 4부는 결론으로 총정리와 함께 궁극인 열반과 그 길을 다시 한 번 언급했습니다.

먼저 내가 스리랑카의 캔디에 있는 세나나야까 선방에 있을 때 직접 찾아오셔서 이 책을 쓰도록 격려해주시고 주제와 특별한 문제에 대한 정보를 얻도록 여러 차례 흥미 있는 토론을 해주신 냐나뽀니까 비구께 감사드립니다. 그리고 타이핑한 원고를 읽고 유용하고 가치 있는 제안을 해주신 프란시스 스토리님께도 감사드립니다. 많은 도움을 주시고 격려해주신 지나뿟따 비구, 스리랑카의 V. F. 구나라나님, R. 아베이세까라님, D. 무니다사님 또한 빼놓을 수 없습니다. 10년 이상 교제해 왔던 승가 내의 뛰어난 네 분의 큰 비구이신 멧떼야, 소마, 깟사빠, 냐나몰리 비구께도 깊은 감사의 뜻을 여기에 기록해 두고 싶습니다. 그분들과 가졌던 붓다의 가르침에 대한 생동감 넘치는 토론은 나를 고무시켰습니다. 그분들은 이제 더 이상 살아 계시지 않습니다. 만남은 헤어짐으로 끝납니다 saṁyogā viyogantā. 마지막으로 전체 원고를 열심히 타이핑해주신 K. G. 아베싱하님께 깊은 감사를 드립니다.

– 삐야닷시

1부

입문

법

1. 붓다

위대한 종교[1]인 불교의 창시자 붓다께서는 2,500여 년 전 북인도에서 사셨다. 그의 이름은 싯닷타Siddhattha(Skt. Siddhārtha, 목적을 성취한 사람이라는 의미)이며, 성은 고따마Gotama(Skt. Gautama)이다. 그의 아버지 숫도다나Suddhodana는 네팔의 국경 지역에 있었던 까삘라왓투에서 사꺄족의 영토를 통치하고 있었으며, 숫도다나의 왕비는 꼴리야족의 공주였던 마하마야Mahāmāyā다.

나무에는 잎과 꽃과 열매가 무성했으며 새와 짐승과 사람들이 즐거움에 싸인 5월 보름, 마하마야 왕비는 당시의 관습에 따라 아기를 낳기 위해 까삘라왓투에서 친정이 있는 데와다하로 가는 중이었다. 두 도시의 중간 지점인 룸비니 동산에 있는 꽃이 만발한 무우수無憂樹 그늘 아래서 왕비는 아

◎

1. 여기서 종교religion란 일반적으로 이해되고 있는 의미가 아니라, '삶의 방식'이라는 의미로 쓰였다.

들을 낳았다.

지금은 룸민데이로 알려져 있는 룸비니 동산은 바라나시에서 북쪽으로 160킬로미터 떨어진 곳에 위치하며 눈 덮인 히말라야 산이 바라다 보인다. 그로부터 316년 뒤 아소까Asoka 왕은 붓다가 된 싯닷타 왕자가 태어난 이 잊지 못할 장소에 성지임을 표시하는 거대한 석주를 세웠다. 석주의 비명碑銘은 아소칸 문자brāhmi 93자가 다섯 줄로 새겨져 있는데 그 가운데 다음과 같은 구절이 있다.

"여기서 사꺄족의 성자, 붓다가 태어나셨다."

7세기 중엽 중국의 승려 현장은 자신이 이곳을 찾았을 때도 석주는 벼락을 맞았지만 "방금 깎아 세워놓은 듯 또렷하다."라고 전했다. 이 거대한 석주는 1896년 저명한 고고학자 커닝험Cunningham 장군에 의해 발굴되어 그 존재가 확인되었으며 지금까지 남아 있다.

어머니 마하마야 왕비는 아기가 태어난 지 7일만에 세상을 떠났고, 이모인 빠자빠띠 고따미Pajāpati Gotami가 아기를 키웠다. 아기는 성인이 될 때까지 풍요롭게 자랐으며, 그의 아버지는 그에게 왕자로서 받아야 할 모든 교육을 시켰다. 왕자는 여러 학문에 두루 통달했고 무술에서는 누구보다도 뛰어났다.

왕자는 어린 시절부터 깊은 명상에 잠기곤 했다. 왕자가 장성하자 왕은 아들이 결혼해서 가족을 부양하고 자신의 훌륭한 후계자가 되어주기를 간절히 바라는 한편, 왕자가 어느 날 갑자기 집을 떠나 방랑하는 수행자의 길로 뛰어들까봐 두려워했다.

당시의 관습에 따라 열여섯 살의 어린 나이에 왕자는 꼴리야족의 숩빠 붓다Suppabuddha 왕과 빠미따Pamitā 왕비의 외동딸이자 자신의 외사촌인 야소다라Yasodharā 공주와 결혼을 했다. 공주는 왕자와 동갑내기였다. 왕자는 세속적인 즐거움을 만끽하면서 슬픔이라고는 모르고 살았다. 그러나 아들을 감각적인 쾌락 속에 싸인 세속적 인간으로 만들려던 부왕의 모든 노력은 수포로 돌아갔다. 아들의 눈으로부터 인생의 모든 비참함을 감추려던 숫도다나 왕의 노력은 오히려 싯닷타 왕자의 호기심을 자극해 진리와 깨달음을 얻으려는 결연한 탐구욕을 부추겼다.

나이가 들어 성숙해지자 고따마는 세상의 고뇌를 어렴풋이 감지하기 시작했다. 책에 의하면 그는 다음과 같은 네 가지 광경을 보았다고 한다. 첫 번째는 늙고 쇠약해져 어찌할 도리가 없는 늙은 사람, 두 번째는 극도로 불행하고 절망적인 상태에서 전염병으로 고통받는 사람, 세 번째는 사랑했던 사람의 시신을 어깨에 메고 그를 화장하러 가면서 비통해하는 어느 친척들의 장례 행렬. 이런 비참한 광경들로 인해 그는 큰 충격을 받았다. 그러나 네 번째 광경에서는 깊은 감명을 받았다. 고요하고 평온하며 초연하고 당당한 수행자. 그는 그 수행자가 생의 의문을 풀어줄 진리를 찾고 청정한 삶을 살기 위해 집을 떠난 사람이라는 것을 알게 되었다. 출가에 대한 생각이 섬광처럼 왕자의 마음을 뚫고 지나갔다. 그는 깊은 사색에 잠긴 채 왕궁으로 발길을 돌렸다. 고뇌하고 아파하는 인간 본성의 심적 울림은 그의 마음 속에서 책임감으로 메아리쳤다. 궁 밖의 세상과 접촉하면 할수록 그는 점점 더 이 세상에는 진정한 행복이라는 것은 존재하지 않는다는 확신을 갖게 되었다.

고요한 7월 보름날 밤 그는 생각했다.

'인생의 전성기인 젊은 시절은 늙음으로 끝나고, 인간의 감각기능은 가장 필요할 때에 그를 저버린다. 튼튼하고 아주 건강한 사람도 병에 걸리면 갑자기 활기와 건강을 잃고 만다. 결국 예기치 못했던 죽음이 갑작스럽게 다가와 이 짧은 인생에 종지부를 찍고 만다. 분명히 이런 고통으로부터, 늙음과 죽음으로부터 벗어날 방법이 있을 것이다.'

그러자 젊음, 건강, 생명에 대한 교만함[2]이 사라졌다. 이 세 가지의 교만함이 무상하고 위험한 것임을 보고, 고통받고 있는 자기 자신과 모든 중생을 위해 죽음이 없는 세계를 찾아내어 늙음, 병듦, 고통, 죽음[3]으로부터 완전히 벗어나고야 말겠다는 강한 생각에 사로잡히게 되었다. 그를 깨달음의 완성으로 이끈 것은 그의 가슴속에서 솟아난 깊디깊은 연민이었다. 이 연민은 위대한 출가를 할 수 있게 하고 가정생활이라는 황금 감옥의 문을 열 수 있게 해준 실체였다. 아기를 안은 채 잠든 사랑스런 아내를 향한 마지막 눈길에도 흔들리지 않는 결심을 굳히게 한 그것은 바로 연민이었다.

꽃다운 스물아홉의 젊은 나이에 아름다운 아내 야소다라가 자신의 하나뿐인 아들 라훌라Rāhula를 낳은 바로 그날, 그는 슬프고도 가슴 아픈 이별을 했다. 초인간적인 의지로 아내와 아들, 아버지, 그리고 권력과 영광이 보장되어 있는 왕좌를 버리고 영원한 진리의 삶을 찾기 위해 그는 물들인 옷을 입고 출가했다. 그것은 삶의 속박에서 완전히 벗어난 평온, 즉 열반

◎

2. 욥바나마다yobbanamada, 아로갸마다ārogyamada, 지위따마다jīvitamada
3. A.i. 146, 38번 경.

nibbāna, 涅槃[4]을 향한 구도의 길로 가는 위대한 출가였다.

그는 태어남, 늙음, 병듦, 죽음이라는 인생의 보편적인 괴로움에 대한 치유방법을 발견하려는 고귀한 일에 몰두하면서 알라라 깔라마Āḷāra Kālāma와 웃다까 라마뿟따Uddaka Rāmaputta라는 유명한 두 현자에게 가르침을 받았다. 명상의 대가인 그들이 그에게 해탈의 길을 보여줄 수 있을 것으로 기대했다. 그들의 지도로 그는 선정을 닦았고, 마침내 그 선정에서 얻을 수 있는 최고의 경지에 도달했다. 그러나 그것은 최상의 깨달음이 아니었다. 그들의 지식과 초월적 경험의 경지에서는 그가 열렬히 찾고 있는 것을 구할 수 없었다. 그는 여전히 미지의 상태로 남아 있는 그 어떤 것을 찾기 위해 그들을 떠났다.

이리저리 떠돌아다니다가 마침내 그는 가야 지방의 네란자라 강가에 있는 우루웰라에 도착했다. 그곳의 조용하고 울창한 숲과 맑은 강물이 그의 마음을 끌었다. 그는 그곳이 깨달음을 계속 추구하기에 적당하다고 생각하고 거기에 머물기로 했다. 깨달음을 얻고자 하는 그의 결연한 노력에 깊은 감명을 받은 다른 다섯 명의 수행자들이 그의 시중을 들었다. 그들은 꼰단냐Kondañña, 밧디야Bhaddiya, 왑빠Vappa, 마하나마Mahānāma, 앗사지Assaji였다.

오늘날도 여전히 그렇지만, 당시의 인도에는 극심한 고행을 해야 번뇌로부터 마음이 깨끗해지고 궁극적인 해탈을 얻을 수 있다고 믿는 고행자들이 많았다. 수행자 고따마는 그것이 사실인지 확인해보기로 결심했다. 그래

4. M. 26. '성스러운 구함 경'.

서 그는 이곳 우루웰라에서 마음이 육체의 속박에서 벗어나 해탈의 저 높은 경지에 이를 수 있기를 바라면서, 자신의 육체를 마음이 통제할 수 있도록 하기 위해 피나는 노력을 하기 시작했다. 그는 고행에 엄청난 열성을 보였다. 그는 나뭇잎과 뿌리를 먹고 살았으며 점차 그 양도 줄여 갔다. 쓰레기 더미에서 주운 다 떨어진 옷을 입었고 시체들 사이나 가시가 돋은 곳에서 잠을 잤다. 그의 몸은 극도로 쇠약해져 갔다.

"나는 처절한 고행을 했다. 어느 누구보다도 혹독한 고행이었다. 나의 사지는 시들어버린 갈대와 같았다."

완전한 깨달음을 얻고 난 뒤에 붓다께서는 제자들에게 이와 같이 장엄한 묘사로 자신이 수행 초기에 했던 고행담을 들려주었다.[5]

그는 이와 같이 6년 동안 엄청난 고행을 하여 거의 죽을 지경에 이르렀지만 자신의 목표에는 가까이 가지 못했음을 깨달았다. 몸소 겪은 체험을 통해 고행이 백해무익하다는 것을 확인하게 된 것이다. 깨달음을 구하려던 그의 시도는 실패로 돌아갔다. 그러나 그는 용기를 잃지 않고 고요하고 능동적인 마음으로 목표를 향한 새로운 길을 찾기 시작했다. 그때 우연히 어린 시절 갯복숭아나무 아래에서 선정에 잠겼다가 얻은 평화로움을 기억해 내고는 '그것이 깨달음으로 가는 길이다.'라고 확신하게 되었다. 하지만 성공할 가능성이 있는 그 길을 그와 같이 극도로 쇠약한 몸으로는 갈 수 없다는 것을 알았다. 그래서 고행과 단식을 포기하고 정상적인 음식을 섭취했다. 마침내 쇠약해진 몸은 다시 이전의 건강을 되찾았고 잃었던 기력도 회

◉
5. 상세한 내용은 M. 36. '삿짜까 긴 경' 참조.

복되었다. 그러자 그의 다섯 동료들은 실망한 나머지 그의 곁을 떠나고 말았다. 그들은 고따마가 부유한 삶을 살기 위해 수행을 포기했다고 생각했다. 그러나 확고부동한 결심과 자신의 청정함, 정신력을 믿었기 때문에 보살Bodhisatta[6](깨달음을 얻기 이전의 고따마)은 스승의 도움이나 동료 없이 홀로 최후의 탐구를 시작하기로 했다.

감관을 부드럽게 해주고 마음을 활기차게 해주는 쾌적한 가야(지금 보드가야)의 네란자라 강가에는 후에 깨달음의 나무, 지혜의 나무로 알려진 보리수[7]가 있었다. 그 나무 아래서 결가부좌를 하고 앉은 보살은 불퇴전의 결심으로 마지막 수행을 시작하며 이렇게 결심했다.

'비록 이 가죽, 힘줄, 뼈만 남고 피와 살이 말라 비틀어져 죽는다 할지라

◎

6. 보살Bodhisatta(Skt. Bodhisattva)이란 깨달음이라는 이상, 또는 사성제에 관한 지혜bodhi를 추구하는 데 몰두하는 사람satta이라는 뜻이다. 이러한 의미에서 보살이란 깨달음을 추구하는 모든 사람을 말한다. 그러나 여기서는 완전한 깨달음sammā-saṃ-bodhi을 얻기 위해 노력하고 있는 구도자에게 특별히 적용된다. 붓다가 되려는 사람은 반드시 갖추어야 할 자비를 바탕으로 해서 이해력과 지식을 가지고 있으며, 갈애taṇhā, 자만māna, 사견diṭṭhi에서 벗어나 10가지 바라밀을 완성해야 한다. 10가지 바라밀은 보시dāna, 지계sīla, 출리nekkhamma, 지혜paññā, 정진viriya, 인욕khanti, 진실sacca, 결의adhiṭṭhāna, 자애mettā, 평온upekkhā이다.
7. 깨달음을 얻기 위해 피나는 노력을 하고 있는 보살의 모습을 생생하게 묘사하고 있는 두 경(M 26, 36)에서 보리수에 대한 언급이 없는 것은 좀 이상하다. 두 경에서는 다음과 같이 설명한다. "비구들이여, 그때 나는 무엇이든지 선한 것을 추구하며 평화로 인도해주는 비교할 곳이 없는 길을 찾아 순조롭게 여행하면서 마가다국을 거쳐 우루웰라에 도착했다. 거기서 나는 시원하게 펼쳐진 땅, 아름다운 숲, 유쾌하게 흐르는 얕은 여울이 있는 네란자라 강과 공양을 구할 수 있는 근처의 마을을 보았다. 그때 나는 생각했다. '참으로 이 지역은 시원하게 펼쳐진 땅, 아름다운 숲이 있어 정진을 시작한 젊은 사람에게 적합한 좋은 곳이다.' 비구들이여, 그래서 나는 '참으로 이곳은 정진하기에 좋다.'라고 생각하면서 바로 그곳에 앉았다."(호너I. B. Horner가 번역한《The middle Length Sayings》, i, 210) 아마 붓다께서는 사문이나 고행자들이 명상을 하기 위해 사방이 트인 나무 아래서 가부좌를 틀고 앉는 일이 잘 알려져 있었기 때문에 자신이 앉아 있었던 나무에 대해서 언급할 필요를 느끼지 못했던 것 같다. 그러나 '대전기경Mahāpadhāna-sutta'(D.14)에서는 그 나무가 언급되고 있다. 그것은 신성한 보리수나무다. 그 나무에 대한 언급은 붓다께서 과거 육불六佛의 삶에 대해 이야기할 때 나온다. 붓다께서는 비구들에게 이렇게 말씀하셨다. "비구들이여, 나는 아라한arahaṃ, 정등각sammāsaṃbuddho이다. 나는 보리수나무 아래서 최상의 깨달음을 얻었다assatthassa mūle abhisambuddho."

도 완전한 깨달음sammā-saṃ-bodhi을 얻을 때까지 이 자리에서 움직이지 않겠다.'

그는 끈기 있게 노력했고 전념했으며 진리를 얻어 완전한 깨달음을 얻겠다고 굳게 결심했다.

그는 어린 시절에 경험했던 명상법[8]인 '들숨날숨에 대한 마음챙김ānāpāna-sati'으로 초선정jhāna에 들어가 머물렀다. 그다음 이선정, 삼선정, 사선정에 차례로 들어가 머물렀다. 이와 같이 마음이 집중되고 청정하고 깨끗하고 흠이 없고 오염원이 사라지고 부드럽고 활발하고 안정되고 흔들림이 없는 상태에 이르렀을 때 전생을 기억하는 지혜로 마음을 향하게 했다. 이것이 초경初更에 증득한 첫 번째 명지明知, 숙명통pubbenivāsānussatiñāṇa이다.

다시 보살은 청정하고 인간을 넘어선 신성한 눈으로 중생들이 죽고 태어나고, 천박하고 고상하고, 잘생기고 못생기고, 좋은 곳에 가고 나쁜 곳에 가는 것을 보았고, 중생들이 자신이 지은 업을 그대로 따라가는 것을 꿰뚫어보았다. 이것이 이경二更에 증득한 두 번째 명지, 천안통cutūpapātañāṇa이다.

또다시 그는 모든 번뇌를 소멸시키는 지혜로 마음을 향하게 했다. 그는 '이것이 괴로움dukkha, 苦이다. 이것이 괴로움의 원인이다. 이것이 괴로움의 소멸이다. 이것이 괴로움의 소멸로 인도하는 길이다.'라고 꿰뚫어 알았다. '이것이 번뇌āsava다. 이것이 번뇌의 원인이다. 이것이 번뇌의 소멸이

8. M. 36과 주석서 MA. ii. 291, Ānāpāna saṃyutta no.8(S. v. 317) 참조.

다. 이것이 번뇌의 소멸로 인도하는 길이다.'라고 꿰뚫어 알았다. 이와 같이 알고 이와 같이 볼 때 그는 감각적 욕망의 번뇌kāmāsava, 존재의 번뇌bhavāsava, 무명의 번뇌avijjāsava로부터 해탈했다.[9] 해탈했을 때 해탈했다는 지혜가 생겼다. '태어남은 다했다. 청정범행은 성취되었다. 할 일을 다해 마쳤다. 다시는 어떤 존재로도 돌아오지 않을 것이다.'라고 꿰뚫어 알았다. 이것이 밤의 삼경三更에 그가 얻은 세 번째 명지, 누진통āsavakkhayañāṇa이다.[10] 그는 다음과 같은 승리의 게송을 읊었다.

> 자신이 태어나기 마련이면서, 늙기 마련이면서, 병들기 마련이면서, 슬퍼하기 마련이면서….
> 오염되기 마련이면서 오염되기 마련인 것에서 재난을 알아
> 오염이 없는 위없는 유가안은yogakkhema[11]인 열반을 구하여
> 오염이 없는 위없는 유가안은인 열반을 증득했다.
> 내게는 지智와 견見이 생겼다. 나의 해탈은 확고부동하다.
> 이것이 나의 마지막 태어남이다. 더 이상 다시 태어남은 없다.[12]

이렇게 고따마 보살은 5월 보름, 서른다섯의 나이에 영원한 진리인 네 가지 성스러운 진리(사성제)를 증득해 위없는 깨달음을 성취했다. 그리하여 그는 모든 중생의 괴로움을 치료해줄 수 있는 위대한 의사 중의 의사

◎
9. 다른 곳에서는 사견의 번뇌diṭṭhāsava를 네 번째 번뇌āsava로 넣기도 한다.
10. M. 36. '삿짜까 긴 경', 《맛지마니까야》 2권, 대림스님 옮김.
11. yogakkhema : '속박으로부터 벗어나 평온을 얻음'이란 뜻으로, '유가안은'으로 번역되었다.- 옮긴이
12. M. 26. 《맛지마니까야》 1권, 대림스님 옮김, p. 626.

bhisakko 붓다가 되셨다.

깨달음을 얻은 직후 일주일 동안 붓다는 해탈의 기쁨을 누리면서 보리수 아래에 앉아 계셨다. 그리고 연기paṭicca-samuppāda에 대해서 깊이 숙고하셨다. 그렇게 붓다께서는 보리수 근처의 여섯 곳에서 6주를 보내셨다.[13] 일곱째 주가 끝나 갈 무렵, 이전에 그의 동료였던 다섯 수행자에게 자신이 발견한 옛길인 법Dhamma을 전해야겠다고 생각하셨다.

그들이 바라나시의 이시빠따나(지금의 사르나트)로, 선인들이 잘 모이는 곳이라는 뜻을 지닌 그곳 녹야원에서 여전히 극단적인 고행을 하며 무의미한 계율 속에 빠져 있다는 것을 아시고, 붓다께서는 가야를 떠나 인도의 신성한 도시 바라나시를 향해 약 240km의 거리를 걸어가 녹야원에서 그들을 만나셨다.

6월 보름, 달이 동쪽 하늘에 밝게 떠오른 저녁 무렵에 붓다께서는 다섯 수행자에게 다음과 같이 말씀하셨다.

"비구들이여, 출가자가 가까이하지 않아야 할 두 가지 극단이 있다. 무엇이 둘인가? 감각적 쾌락의 탐닉에 몰두하는 것과 자기학대에 몰두하는 것이다. 이 두 가지 극단을 의지하지 않고 여래Tathāgata[14]는 중도를 완전하게 깨달았나니 안목과 지혜를 만들고 고요, 최상의 지혜와 바른 깨달음, 열반으로 인도한다. 그러면 비구들이여, 중도란 무엇인가? 그것은 바로 성

◎

13. Vinaya,i. 1.

14. 붓다께서 출현하기 전에도 여래라는 말은 있었지만 당시에는 '죽은 후에도 존재가 있는가hoti tathāgato parammaraṇā?'라는 말에서처럼 유정, 중생satta이라는 말로 쓰였다. 사리뿟따가 야마까에서 설명할 때는 여래를 유정이라는 의미로 사용했다(S. iii. III과 주석서를 보라). 그러나 붓다께서 출현하고 나서는 붓다의 또 다른 이름으로 사용되었고, 그래서 그는 종종 자신을 지칭할 때 이 말을 사용했다. A의 주석서(PTS. i. 103)에서는 '진리를 얻은 사람', '사물을 있는 그대로 이해하는 사람', '그와 같이 간tathā+gata'의 뜻이라고 설명한다.

스러운 여덟 가지 길(팔정도)이다. 바른 견해, 바른 사유, 바른 말, 바른 행위, 바른 생계, 바른 노력, 바른 사띠, 바른 집중이 그것이다."[15]

그러고 나서 붓다께서는 그들에게 사성제를 설하셨다. 이렇게 깨달음을 얻은 붓다께서는 세상에 법을 널리 설함으로써 비할 바 없는 '진리의 바퀴anuttaraṃ dhammacakkaṃ, 法輪'를 굴리기 시작하셨다.

이곳에서 법이 처음으로 널리 설해졌기 때문에 이시빠따나에 있는 녹야원은 붓다의 초전법륜지처음 법을 설한 곳가 되었다.[16] 또한 이곳은 다섯 명의 수행자들이 처음으로 붓다께 귀의한 곳이기 때문에 승려 자격을 갖춘 비구들의 공동체인 승가saṅgha가 탄생한 곳이기도 하다.

그리고 얼마 지나지 않아서 부유한 젊은이 야사Yasa가 이끄는 55명의 젊은이가 승가에 들어왔다. 우기7월~10월가 끝났을 때 붓다께서는 아라한의 경지에 오른 60명의 제자들에게 법을 설하셨다.

"비구들이여, 나는 인간계나 천상계에 속하는 모든 속박에서 벗어났다. 너희들 또한 인간계와 천상계의 모든 속박에서 벗어났다. 이제 이 세상에 대한 자비심으로 많은 사람들의 행복과 기쁨을 위해, 신과 인간의 유익과 행복을 위해 길을 떠나라. 두 사람이 같은 방향으로 가지 마라. 처음도 뛰

◎

15. Vinaya,i. 10 ; S.v. 420.
16. 순례자로 이 신성한 곳에 온 아소까 왕은 기념비들과 사자 받침이 있는 기념 석주를 세우도록 했다. 법륜을 떠받들고 있는 네 마리의 거대한 사자가 새겨진 이 받침은 사르나트의 박물관에 소장되어 있는데, 오늘날 인도의 공공 문양으로 사용되고 있다. '법륜' 축제는 여전히 스리랑카에서 계속되고 있다. 자와할랄 네루Jawaharlal Nehru는 다음과 같이 적었다. "바라나시 근처에 있는 사르나트에서 나는 첫 설법을 하고 계시는 붓다를 보곤 했다. 그리고 기록된 그분의 설법 가운데 몇몇은 2,500년을 관통해 나에게 들려오는 먼 메아리처럼 다가오곤 했다. 비문이 새겨져 있는 아소까의 석주들은 고상한 말로 나에게, 어떤 왕이나 황제보다도 더 위대했던 한 사람에 대해서 말해주곤 했다."(*The Discovery of India*, The Signet Press, Calcutta, 1946, p.44.)

어나고, 중간도 뛰어나고, 끝도 뛰어나고, 의미와 내용이 있고, 더없이 완벽한 이 법을 널리 설하라. 깨끗한 삶을, 완전하고 순수한 이 성스러운 삶을 널리 설하라. 세상에는 눈에 먼지가 거의 없는 사람들도 있나니, 이들은 법을 듣지 못하면 깨닫지 못할 것이다. 나 또한 우루웰라의 세나니가마로 가서 법을 설하겠다."[17]

이렇게 해서 붓다께서는 입멸하는 순간까지 계속되는 숭고한 전도활동을 시작하셨다. 붓다께서는 제자들과 함께 인도의 크고 작은 길을 가며 무한한 자비와 지혜의 광명으로 모든 중생을 감싸 안으셨다.

붓다께서는 법을 설할 때 카스트나 종족이나 계급에 차별을 두지 않으셨다. 가난한 사람이나 부유한 사람, 하위층 사람이나 고위층 사람, 학식 있는 사람이나 배우지 못한 사람, 바라문이나 불가촉천민, 왕자나 거지, 현자나 죄인 등과 같이 서로 다른 계층의 남녀들이 붓다의 법을 듣고 귀의해 평화와 깨달음의 길을 보여준 그분을 따랐다.

바라문 사제계급들은 카스트를 생명처럼 중요하게 여겼지만, 붓다께서는 그것에 개의치 않고 오히려 바라문이 사회의 질을 떨어뜨린다고 하셨다. 붓다께서는 청정한 수행을 원한다면 어떤 카스트 출신이라도 누구나 자유롭게 승가에 들어올 수 있게 허락하셨고, 그들 가운데 몇몇은 승가 내에서 명성을 떨치기도 했다. 붓다께서는 당시 카스트제도로 산산이 분열되었던 사람들을 포용과 화합으로 묶으려고 노력한 당대의 유일한 스승이셨다.

붓다께서는 또한 인도에서 여성의 지위를 향상시켰다. 당시에는 바라문

◎

17. Vinaya, i. 21.

교의 영향으로 여성은 일반적으로 그다지 인정받지 못했다. 아주 드물게 여성이 철학 등에 박학다식해도 그들은 인정받지 못했다. 마음이 넓고 관대한 붓다께서는 여성을 정중하고 예의 바르게 대하셨다. 그리고 여성에게도 역시 평화와 청정함으로 인도하는 길을 보여주셨다. 그는 역사상 처음으로 비구니 승가를 건립했다. 여성들이 출가해서 수행생활을 할 수 있는 비구니 승가가 그 이전에는 없었다. 모든 계층의 여성이 승가에 들어갔다. 수많은 청정한 비구니들의 생활과 해탈을 성취하고자 하는 그들의 열정적인 노력, 그리고 해탈을 얻었을 때 부른 기쁨의 찬가가 《테리 가타Therī-gāthā》[18]에 생생히 묘사되어 있다.

이 마을 저 마을, 이 도시 저 도시를 유행하면서 많은 사람을 가르치고 깨닫게 하고 기쁘게 하던 붓다께서는 무지에 빠져 자신의 신들에게 동물을 죽여 의식을 치르는 사람들에게 다음과 같이 말씀하셨다.

> 누구나 빼앗을 수는 있지만 줄 수는 없는 생명,
> 모든 생명체들이 사랑하고 지키려고 애쓰는 생명,
> 비록 하찮은 미물에게도
> 놀랍고 사랑스러우며 즐거운 각자의 생명이여….[19]

신의 자비를 구하기 위해 신들의 제단에 무고한 동물을 바치는 사람들은 무자비한 짓도 서슴지 않았다. 그로 인해 인도 전체가 피로 물들고, 고

◎

18. C. A. F. Rhys Davids, *Psalms of the Sisters: Psalms of the Early Buddhists*, PTS 번역 시리즈.
19. Sir Edwin Arnold, *The Light of Asia*.

행자와 바라문의 유해한 의례와 의식은 재앙과 말할 수 없는 고통을 불러 일으켰다. 그때 자비와 지혜의 화신인 붓다께서는 정의와 사랑과 이해로 충만한 '깨달으신 분들의 길'인 '옛길'을 사람들에게 가르쳐주셨다. 그는 언제나 자신이 설한 대로 행동하는 분이셨고, 항상 사무량심brahma-vihāra[20]을 가지고 행동하셨다. 붓다께서는 결코 말다툼과 증오심을 부추기지 않았다. 어느 때 제자들에게 설법을 하면서 그는 말씀하셨다.

"비구들이여, 나는 세상 사람들과 다투지 않는다. 세상 사람들이 나와 다툰다. 법을 설하는 자는 이 세상의 어느 누구와도 다투지 않는다."[21]승가는 처음 60명의 제자들로 시작되었지만 곧 수천 명으로 늘어났다. 처음에 '삼귀의Tisaraṇā'를 함으로써 승가에 들어갈 수 있었다.

삼귀의는 다음과 같다.

붓다에 귀의합니다.
담마에 귀의합니다.
승가에 귀의합니다.
Buddhaṃ saraṇaṃ gacchāmi
Dhammaṃ saraṇaṃ gacchāmi
Saṅghaṃ saraṇaṃ gacchāmi

두 번째로 붓다에 귀의합니다.

◎

20. 사무량심은 자애mettā, 연민karuṇā, 같이 기뻐함muditā, 평등심upekkhā을 말한다.
21. S. iii. 138.

두 번째로 담마에 귀의합니다.

두 번째로 승가에 귀의합니다.

Dutiyam'pi Buddhaṃ saraṇaṃ gacchāmi

Dutiyam'pi dhammaṃ saraṇaṃ gacchāmi

Dutiyam'pi saṅghaṃ saraṇaṃ gacchāmi

세 번째로 붓다에 귀의합니다.

세 번째로 담마에 귀의합니다.

세 번째로 승가에 귀의합니다.[22]

Tatiyam'pi Buddhaṃ saraṇaṃ gacchāmi

Tatiyam'pi dhammaṃ saraṇaṃ gacchāmi

Tatiyam'pi saṅghaṃ saraṇaṃ gacchāmi

비구들의 수가 늘어나자 승원이 건립되기 시작했다. 후대에 가서는 날란다, 비끄라마실라, 오단따뿌리와 같은 인도의 사원대학들이 나타나 문화의 중심지를 형성하여 점차 전 아시아에 그 영향력을 미치게 되었고, 나아가 그것을 통해 인류의 정신생활에 크게 이바지했다.

45년간의 성공적인 전도활동을 한 후 붓다께서는 말라족들이 사는 꾸

◎

22. Vinaya, Mahāvagga, 'Khandaka'.

23. 인도의 성인들 가운데서 가장 위대한 붓다는 동산에 있는 나무 아래서 태어나, 보리수 아래서 깨달음을 얻고, 녹야원의 나무 아래서 법륜을 굴리고, 마침내 사라쌍수 아래서 입적한 것은 어떤 면에서 흥미로운 일이다. 기원전 3세기 인도 아소까 왕의 딸로서 아라한이었던 상가밋따Sanghamittā는 보리수의 남쪽 가지를 스리랑카로 가지고 가서 심었는데, 아직도 아누라다뿌라에서 자라고 있다. 이것은 세계에서 가장 오래된 나무로 기록되고 있다. 붓다께서는 대부분의 시간을 인도의 숲과 마을에서 보내셨다.

시나라의 살라나무[23] 숲에서 제자들에게 마지막 유훈을 남기고 80세를 일기로 반열반에 드셨다.

> "형성된 것들은 소멸하기 마련인 법이다. 방일放逸하지 말고 해야 할 바를 모두 성취하라."[24]
>
> Vayadhammā saṃkhārā appamādena sampādetha

몇몇 제자들로 시작되었던 불교는 여러 나라[25]에 전파되어 오늘날에는 전 세계에 5억 명이 넘는 신자를 가진 세계적인 종교가 되었다. 불교가 이와 같이 발전을 할 수 있었던 것은 불교의 본질적인 가치와 합리적인 설득력 덕분이다.

그밖에도 불교의 발전을 도운 여러 가지 요인이 있다. 붓다의 가르침을 전하는 사람들은 불교를 전파하는 데 결코 부당한 방법을 사용하지 않았다. 그들이 사용한 유일한 무기는 보편적인 사랑과 연민, 즉 자비다. 그리고 다른 나라에 전파되는 과정에서 불교는 기존의 신앙을 깨뜨리지 않고 평화롭게 전해졌다는 사실도 발전의 한 요인이다.

불교는 종교사에서 찾아보기 힘든 대대적인 포교활동을 하면서도 무력이나 강제적인 방법 또는 어떤 비난받을 만한 방법을 사용한 적이 없었다. 불교도가 강제로 다른 사람들을 개종시킨 일은 알려진 바가 없으며, 붓다

◉

24. D. 16. 《디가니까야》 2권, 각묵스님 옮김, p. 288. 붓다의 열반에 대해 설한 '대반열반경Parinibbāna-sutta'에서 붓다의 생애가 끝날 무렵에 일어났던 모든 사건들을 상세하고 생동감 넘치게 묘사하고 있다.
25. 오늘날 불교는 한국, 스리랑카, 미얀마, 태국, 캄보디아, 라오스, 베트남, 네팔, 티베트, 중국, 일본, 몽골, 부탄, 인도의 일부 지역, 파키스탄의 치타공, 말레이시아, 미국 등에 전파되어 있고, 신자가 소수이긴 하지만 거의 대부분의 서방 국가에까지 퍼져 있다.

와 그의 신자들은 그것을 아주 싫어했다. 리스 데이비즈T. W. Rhys Davids 교수는 다음과 같이 말한다.

"내가 아는 한 불교의 모든 역사를 통틀어 불교도들이 오랫동안 전성기를 누렸던 많은 나라에서 다른 믿음을 가진 사람들을 박해한 기록은 찾아볼 수 없다."

그래서 불교는 전 세계에 걸쳐 다양한 문화 속으로 전파될 수 있었다.

2. 불교

붓다와 다른 종교의 지도자들을 구별짓는 두드러진 특징 가운데 하나는 붓다는 신이라든지 어떤 초자연적인 존재와는 전혀 관계가 없는 한 인간이었다는 점이다. 그는 신도, 신의 화신化身도, 신화적인 인물도 아니었다. 단지 그는 보통 사람들보다 뛰어난 인간accariya manussa이었을 뿐이다. 그는 외적으로는 인간이었지만 내적으로는 인간의 상태를 뛰어넘은 존재였다. 바로 이런 이유 때문에 붓다는 유일무이한 존재, 가장 뛰어난 사람purisuttama이라고 불린다.

붓다께서는 말씀하신다.

"비구들이여, 연꽃은 진흙 속에서 자라지만 물 위로 올라와서 진흙에 더럽혀지지 않듯이, 여래 또한 이 세상에서 태어나 자라지만 이 세상을 뛰어넘어 거기에 물들지 않고 주인으로 살아간다."[26]

신이건 인간이건 어떤 스승의 도움도 없이, 붓다께서는 자신의 지칠 줄 모르는 정진으로 완전한 깨달음을 얻으셨다. 그는 순수함의 절정에 도달했고, 인간 중에 최상의 인간이 되셨다. 그는 자비와 지혜의 화신이며, 이것은 그의 가르침에서 두 가지 지도원리가 되었다.

개인적인 체험을 통해 붓다께서는 인간의 지고성至高性을 알았고, 존재들의 운명을 지배하는 초자연적인 존재가 있다는 생각은 단지 환상임을 찾아내셨다. 붓다께서는 결코 자신이 신의 계시에 의해서 영혼들을 구제하는 구세주라고 주장하지 않으셨다. 자신의 인내심과 깨달음을 통해 그는 인간 속에 잠재해 있는 무한한 가능성을 증명하셨고, 사람들은 그 가능성을 계발하고 펼치려고 노력해야 한다고 주장하셨다. 그는 깨달음과 해탈이 전적으로 인간의 노력 여하에 달려 있다는 것을 자신의 체험을 통해 증명하셨다. 교훈과 모범을 보이며 철저한 생활을 했던 설법자 붓다께서는 제자들에게 자립심을 길러주기 위해 다음과 같이 말씀하셨다.

자기가 실로 자기의 주인이다. 다른 누가 주인이 될 수 있겠는가?[27]

Attā hi attano nātho, ko hi nātho paro siyā

인류 역사상 처음으로 인간이 신과 같은 외부의 매개자 없이 해탈을 얻을 수 있으며, 괴로움에서 벗어나는 이 해탈은 각자가 스스로 행한 행위에 의해 이루어져야 한다고 가르친 사람은 바로 붓다시다.

◎

26. S. iii. 138.
27. Dhp. 160.

해탈을 구걸한다고 사람들에게 그것을 줄 수 있는 존재는 없다. 다른 사람들이 간접적으로 우리들에게 도움의 손길을 뻗을 수는 있겠지만 최상의 자유란, 진리를 스스로 깨닫고 알아야만 얻을 수 있는 것이다. 방해받지 않고 자신의 문제를 숙고해 자유롭게 해결할 수 있는 사람만이 스스로 깨달을 수 있다. 각 개인은 적절한 노력을 통해서 자신을 속박하고 있는 굴레를 부수고, 기도나 신에 의지하지 않고 인내심과 스스로의 노력과 통찰력에 의해 존재라는 족쇄에서 해방되어야 한다. 붓다께서는 자신의 문제를 영원한 존재, 구세주, 신이나 범천에게 떠맡기지 말라고 하셨다. 그리고 판단력과 탐구심을 가지고 자신의 내적인 힘과 자질을 계발하는 진실한 일에 몰두하라고 촉구하셨다. 그는 말씀하신다.

"스스로 보아 알 수 있고, 시간이 걸리지 않고, 와서 보라는 것이고, 향상으로 인도하고, 지자들이 각자 알아야 하는 이 법으로써 나는 그대들을 잘 인도하였다."[28]

불교의 승려들은 희생제를 주관하는 사제들이 아니다. 그들은 성찬식을 거행하지도 않고 죄를 면해준다고 선언하지도 않는다. 이상적인 불교의 승려는 인간과 초자연적인 힘을 매개하는 중개자가 아니며 중개자가 될 수도 없다. 불교는 "각 개인은 각자의 해탈에 스스로 책임을 져야 한다."라고 가르치기 때문이다. 그러므로 신과 인간 사이를 중재하는 사제의 호의는 필요 없다.

◎

28. M. 38. 《맛지마니까야》 2권, 대림스님 옮김, '갈애 멸진의 긴 경', p. 228.

"노력은 그대들에 의해 행해져야 한다. 여래들은 알려주는 이일 뿐이다."[29] 그 길은 모든 시대의 깨달은 분들이 지나갔고 알려주었던 것과 같은 옛길이다. 그것이 바로 깨달음과 가장 평온한 곳으로 인도해주는 팔정도(성스러운 여덟 가지 길)이다.

붓다의 또 다른 특징은 그는 결코 자신만을 위해 최상의 지혜를 간직하지 않았다는 점이다. 붓다에게 그와 같은 욕망은 상상조차 할 수 없는 것이다. 완전한 깨달음, 즉 사성제를 발견하고 깨달은 것은 신의 섭리에 의해 선택된 단 한 사람만의 특전도 아니며, 인류 역사에서 다시 반복될 수 없는 유일한 사건도 아니다. 깨달음이란 완전한 청정과 진실한 지혜를 찾기 위해 꾸준히 노력하고, 확고한 의지를 가지고 팔정도를 계발하는 사람들은 누구나 성취할 수 있는 것이다.

그 길을 계발해서 괴로움에서 완전히 벗어나 최상의 깨달음에 도달한 사람들에 대해, 붓다께서는 번뇌로부터의 해방과 궁극적인 해탈에 관한 한 자신과 동등하다고 다음과 같이 단호히 선언하셨다.

"번뇌를 완전히 제거한 사람들은 그들도 나와 같은 승리자이다."[30]

붓다께서는 또한 완전한 깨달음을 얻은 정등각과 성인의 경지를 완성한 아라한의 차이점을 다음과 같이 제자들에게 명확히 밝히셨다.

"비구들이여, 여래는 아라한[31]이고 정등각자이다. 예전에 알려진 적이 없는 길을 알리고 길을 아는 사람maggaññu이며, 길을 이해하고 있는 사람

◉

29. Dhp. 276.
30. M. 26. '성스러운 구함 경'.

maggavidū이며, 길에 익숙한 사람maggakovido이 바로 여래이다. 그리고 제자들이란 여래의 발자취를 따라가는 여행자들이다. 비구들이여, 이것이 아라한이면서 정등각인 여래와 통찰력에 의해 번뇌로부터 자유로워진 제자를 구별하는 특성이다."[32]

제자들에게 법을 설할 때 붓다께서는 그들 사이에 어떠한 차별도 두지 않았다. 특별히 편애하는 제자가 없었다. 그의 제자들 가운데 아라한이 된 사람들, 욕망에서 벗어난 사람들, 그리고 자신들을 얽매어 존재를 재생시킬 족쇄를 벗어버린 사람들은 한결같이 번뇌를 제거하여 청정에 통달해 있었다. 그렇지만 지혜와 수행의 서로 다른 영역에서 뛰어났던 몇몇 유명한 제자들이 있었다. 그들은 정신적인 능력 때문에 독특한 위치를 차지했다. 그러나 어느 누구도 붓다로부터 특별한 총애를 얻지 못했다. 예를 들면 이발사 출신이었던 우빨리Upāli는 바라문 계급과 크샤트리아 계급에 속했던 많은 아라한들을 제치고 계율에서 가장 뛰어난 제자가 되었다.

붓다께서 반열반하시기 전에 어떤 특별한 제자에게 자신의 교설sāsana을 위임했다는 흔적도 없다. 그의 두 상수 제자 사리뿟따와 마하목갈라나

◎

31. 아라한arahanta은 '오염원을 부수어버린 분', '공경받을 만한 분'이라는 의미로, 붓다와 깨달은 제자들에게만 배타적으로 적용되는 호칭 가운데 하나다. 경전에 의하면 붓다에 대해 처음으로 이 말을 쓴 사람은 붓다 자신이었다고 한다. 그것은 붓다께서 다섯 수행자에게 첫 설법을 하기 위해 가야에서 바라나시로 여행할 때였다. 바라나시로 가는 도중에 가야에서 그다지 멀지 않은 곳에서 붓다께서는 고행자 우빠까Upaka를 만났다. 붓다의 평온한 모습에 감동을 받은 그는 "당신의 스승은 누구입니까? 누구의 가르침을 따릅니까?"라고 물었다. 그러자 붓다께서는 게송으로 대답했다. "나는 이 세상에서 아라한이고 위 없는 스승이네." 그는 다섯 수행자들에게 설법할 때 두 번째로 아라한이라는 말을 사용했다. "여래는 아라한이고 정등각자이다." 이 말은 오로지 번뇌를 완전히 제거한 사람들에게만 적용된다. 이러한 의미에서 우빠까에게 스스로 이야기했듯 이 세상에서 처음으로 아라한이 된 사람은 붓다였다.

32. S. iii. 66.

에게도 위임하지 않았다. 그는 어느 누구도 자신의 계승자로 임명하지 않았다. 이와 관련해 붓다가 반열반하시기 전에 제자들에게 자신은 결코 승가를 통치한다고 생각하지 않았다고 명확히 밝히셨다. 자신의 임종을 지켜보기 위해 둘러서 있는 제자들에게 붓다께서는 말씀하셨다.

"내가 가고 난 후에는 내가 그대들을 위해 가르치고 천명한 법과 율Dhamma-vinaya이 그대들의 스승이 될 것이다."[33]

붓다께서 생존해 계셨을 때도 비구들을 지도한 것은 바로 법과 계율이었다. 그는 통치자가 아니었다. 붓다의 옛길인 팔정도는 자유인이 되는 가르침이었다.

붓다는 인도에 전제정치가 성행하던 시대에 나타났다. 어떤 면에서 그의 가르침은 그와 같은 전제 정부를 위협하는 것이었다. 그러나 그는 정치나 정부에 대해 간섭하지 않았다. 그는 참견할 필요가 없는 일에 참견하는 사람이 아니었기 때문이다. 그것 때문에 자신의 민주적인 사고와 견해를 표명하는 일을 꺼리지는 않았다. 붓다의 가르침은 결정적으로 민주주의 사상과 제도에 공헌했다. 붓다는 현명한 판단으로 당시에 존재하던 정부에 대해 간섭하지는 않았지만, 확실한 민주적인 제도를 갖춘 비구들의 공동체인 승가를 건립했다. 1974년까지 영국 셰틀랜드 주의 공식 명칭의 후작으로서 인도의 총독이었던 제틀란드는 다음과 같이 말했다.

"이런 다양한 형태의 협동적인 활동으로 입증된 자치를 지향하는 경향은 바라문들의 권위를 거부한 불교도들로부터, 그리고 한 걸음 더 나아가

◎

33. D. 16. '대반열반경'.

카스트에 대한 거부가 보여주듯 평등을 주장하는 불교의 법에 의해서 신선한 자극을 받았을 가능성이 있다. 대표적인 자치제도의 초창기 실례들이 된 사건들이 어떻게 발생했는지 찾아보기 위해 우리가 돌아가야 할 곳은 바로 경전이다. 2,000여 년 전 인도의 불교 승가에서 현대 서구 의회제도의 기초를 엿볼 수 있다는 사실은 놀라운 일이다. 승가의 권위는 특별한 공직자(승려)를 임명함으로써 보존되었다(이것은 우리들의 하원에서 보면 대변인의 모태다). 필요한 경우에는 정족수를 확보하기 위해서 또 다른 공직자(승려)가 임명되었다(이것은 서구 의회제도에서 원내총무의 원형이다). 안건을 제시하는 승려는 토론에 상정될 의안을 발의하는 형식으로 안건을 내놓았다. 어떤 경우에는 이것이 한 번만 행해졌지만 세 번씩 행해지는 경우도 있었다. 그러므로 어떤 의안이 법으로 확정되기 전에 세 번이나 낭독되어야 할 필요가 있었다는 점에서 의회제도가 실현되었다는 것을 예상할 수 있다. 만일 토론에서 한 의견에 대해 다른 의견이 나온다면 안건은 다수결로 결정되었다. 투표는 무기명으로 이루어졌다."[34]

법을 가르치는 붓다의 방법 또한 특이하다. 붓다께서는 "잘못된 법이 가진 특징 가운데 하나는 비밀스러움이다."라고 하면서 비밀스러운 법을 가지고 있다는 사람들을 인정하지 않았다. 자신의 시자인 아난다Ānanda에게 붓다께서는 말씀하셨다.

"아난다여, 나는 안과 밖이 없이 법을 설하였다. 아난다여, 여래가 가르친 법들에는 스승의 주먹과 같은 것이 따로 없다."[35]

◎

34. *The legacy of India*, Garratt G. T.(ed.), Oxford, 1937, pp. x, xi 참조.
35. D. 16. 《디가니까야》 2권, 각묵스님 옮김, p. 203.

그는 모든 사람에게 법은 개방되어 있고 동등하다고 선언했다. 그는 아무것도 숨기지 않았고, 결코 제자들로부터 자신과 자신의 가르침에 대해 맹목적이고 순종적인 믿음을 이끌어내기를 바라지도 않았다. 그는 신중한 검토와 지적인 탐구를 역설했다. 《앙굿따라니까야》 셋의 모음 가운데 중요한 경들이 포함되어 있는 대품에서 질문하는 깔라마Kālama들에게 붓다께서는 비판적인 탐구를 하라고 분명한 어조로 촉구했다. '깔라마 경Kālama-sutta'을 요약하면 다음과 같다.

께사뿟따는 꼬살라국에 있는 작은 도시였다. 이 도시에 거주하는 사람들을 '깔라마'라고 불렀다. 붓다가 자신들의 도시에 왔다는 소식을 듣자 그들은 조언을 구하기 위해 붓다를 찾아가서 말했다.

"세존이시여, 어떤 사문·바라문들이 께사뿟따에 옵니다. 그들은 각자 자기주장을 설명하고 칭찬합니다. 다른 사람의 주장은 매도하고 욕하고 업신여기고 경멸합니다. 다른 사문·바라문들이 이곳에 와도 마찬가지입니다. 세존이시여, 이런 존경하는 사문들 가운데 누가 진실을 말하고 누가 거짓을 말하는지 그들에 대해서 저희들은 미덥지 못하고 의심스럽습니다."

"깔라마들이여, 그대들은 당연히 미덥지 못하고 의심스러울 것이다. 미덥지 못한 곳에 의심이 일어난다. 깔라마들이여, 소문으로 들었다고 해서, 대대로 전승되어 온다고 해서, '그렇다 하더라'고 해서, 성전에 써 있다고 해서, 논리적이라고 해서, 추론에 의해서, 이유가 적절하다고 해서, 우리가 사색하여 얻은 견해와 일치한다고 해서, 유력한 사람이 한 말이라고 해서, 혹은 '이 사문은 우리의 스승이시다'라는 생각 때문에 진실이라고 받아들이지 말라. 깔라마들이여, 그대는 참으로 스스로가 '이러한 법들은 해로운 것이고, 이러한 법들은 비난받아 마땅하고, 이런 법들은 지자들의 비난을 받을 것이고, 이러한 법들은 전적으로 받들어 행하면 손해와 괴로움이 있게 된다.'라고 알게 되면 그때 그것들을 버리도록 하라."

"깔라마들이여, 이를 어떻게 생각하는가? 사람의 내면에서 탐욕·성냄·어리석음이 일어나면 그것은 그에게 이익이 되겠는가, 손해가 되겠는가?"

"손해가 됩니다, 세존이시여."

"깔라마들이여, 심한 탐욕을 가진 사람은 탐욕에 사로잡히고, 포악한 사람은 성냄에 사로잡히고, 멍청한 사람은 어리석음에 사로잡히고 그것에 얼이 빠져 생명을 죽이고 주지 않은 것을 갖고 남의 아내에게 접근하고 거짓말을 하게 된다. 또한 다른 사람에게도 그렇게 하도록 유도한다. 그러면 이것은 오랜 세월을 그에게 손해와 괴로움이 되지 않겠는가?"

"그렇습니다, 세존이시여."

"깔라마들이여, 이를 어떻게 생각하는가? 이러한 법들은 유익한 것인가, 해로운 것인가? 비난받아 마땅한 것인가, 그렇지 않은 것인가? 지자에 의해 비난받을 일인가, 칭찬받을 일인가?"

"해로운 것이며 비난받아 마땅한 것이며 지자에 의해 비난받을 일입니다, 세존이시여."

"전적으로 받들어 행하면 손해가 있고 괴롭게 되는가, 아닌가? 그대들의 생각에는 어떠한가?"

"세존이시여, 전적으로 받들어 행하면 손해가 되고 괴롭게 됩니다. 저희들은 이렇게 생각합니다.

"깔라마들이여, 이를 어떻게 생각하는가? 사람의 내면에서 탐욕 없음· 성냄 없음· 어리석음 없음이 일어나면 그것은 그에게 이익이 되겠는가, 손해가 되겠는가?"

"이익이 됩니다, 세존이시여."

"깔라마들이여, 심한 탐욕을 가지지 않은 사람은 탐욕에 사로잡히지 않고, 성내지 않는 사람은 성냄에 사로잡히지 않고, 영민한 사람은 어리석음에 사로잡히지 않고 그것에 얼이 빠지지 않아서 생명을 죽이지 않고 주지 않은 것을 갖지 않고 남의 아내에게 접근하지 않고 거짓말을 하지 않게 된다. 또한 다른 사람에게도 그렇게 하도록 격려한다. 그러면 이것은 오랜 세월 그에게 이익과 행복이 되지 않겠는가?"

"그렇습니다, 세존이시여."

"깔라마들이여, 이를 어떻게 생각하는가? 이러한 법들은 유익한 것인가, 해로운 것인가? 비난받아 마땅한 것인가, 그렇지 않은 것인가? 지자에 의해 비난받을 일인가, 칭찬받을 일인가?"

"유익한 것이며 비난받지 않을 일이며 지자에 의해 칭찬받을 일입니다, 세존이시여."

"전적으로 받들어 행하면 이익이 있고 행복하게 되는가, 아닌가? 그대들의 생각에는 어떠한가?"

"세존이시여, 전적으로 받들어 행하면 이익이 있고 행복하게 됩니다. 저희들은 이렇게 생각합니다."

"깔라마들이여, 그래서 우리는 이와 같이 말한 것이다. '깔라마들이여, 그대들은 소문으로 들었다고 해서, 대대로 전승되어 온다고 해서, '그렇다

하더라'고 해서, 성전에 써 있다고 해서, 추측이 그렇다고 해서, 논리적이라고 해서, 추론에 의해서, 이유가 적절하다고 해서, 우리가 사색하여 얻은 견해와 일치한다고 해서, 유력한 사람이 한 말이라고 해서, 혹은 '이 사문은 우리의 스승이시다'라는 생각 때문에 진실이라고 받아들이지 말라. 깔라마들이여, 그대는 참으로 스스로가 '이러한 법들은 유익한 것이고, 이러한 법들은 비난받지 않을 것이며, 이런 법들은 지자들의 비난을 받지 않을 것이고, 이러한 법들을 전적으로 받들어 행하면 이익과 행복이 있게 된다고 알게 되면 그것들을 구족하여 머물러라.'라고 말한 것은 이것을 반연하여 말한 것이다."[36]

맹신으로 어떤 것을 받아들이는 것은 불교의 정신이 아니다. 그러한 내용은 붓다와 제자들의 대화에서도 발견된다.

"비구들이여, 만일 다른 사람이 그 비구에게 '존자는 무슨 이유와 증거로 '세존께서는 바르게 완전히 깨달으셨고, 가르침은 세존에 의해 잘 설해졌고, 승가는 도를 잘 닦는다고 말합니까?'라고 묻는다면, 그 비구는 이렇게 바르게 설명해야 한다.

'도반들이여, 여기서 나는 법을 듣기 위해 세존을 뵈러 갔습니다. 그런 내게 세존께서는 어두운 법의 이면인 밝은 법과 밝은 법의 이면인 어두운 법과 함께 점점 더 높고 점점 더 수승한 법을 설하셨습니다. 도반들이여, 스승께서 내게 이런 방법으로 어두운 법의 이면인 밝은 법과 밝은 법의 이면인 어두운 법과 함께 점점 더 높고 점점 더 수승한 법을 설하실 때, 나는 그 법

36. A. i. 188, 65번 경. cf. A. i. 66번 경. A. ii. Bhaddiya-sutta 193. 《앙굿따라니까야》 1권, 대림스님 옮김, pp. 460~466 일부 요약.

들 가운데 어떤 법을 최상의 지혜로 알아 법들에 대한 결론에 도달했고 스승에 대해 청정한 믿음을 가졌습니다. 세존께서는 바르게 완전히 깨달으셨고, 가르침은 세존에 의해 잘 설해졌고, 승가는 도를 잘 닦는다.'라고."[37]

이러한 진실한 탐구에 대한 철저하고도 엄격한 입장에 따라 불교의 한 논저에서는 다음과 같이 말하고 있다.

"현명한 사람이 금의 순도를 측정하기 위해 그것을 태우고 잘라보고 문질러보듯이, 너희들도 단순히 나에 대한 존경 때문이 아니라 내 말을 면밀히 검토해보고 난 뒤에 그것을 받아들여야 한다."[38]

불교는 강요나 강압과는 거리가 멀며 추종자들에게 맹목적인 믿음을 요구하지도 않는다. 의심이 많은 사람들은 '면밀히 검토해보라'는 불교를 대하게 되면 첫눈에 반길 것이다. 불교는 처음부터 끝까지, 볼 수 있는 눈과 이해할 수 있는 마음을 가진 모든 사람에게 열려 있다.

붓다께서 날란다에 있는 망고나무 숲에 머물고 계실 때, 니간타 나따뿟따Nigaṇṭha Nātaputta, 자이나교의 교주[39]의 열렬한 신자인 우빨리가 논쟁으로 붓다를 패배시키겠다며 그에게 왔다. 논쟁의 주제는 견해가 서로 달랐지만 붓다와 마하위라 두 사람이 다 주장하고 있던 업kamma 이론이었다. 매우

◎

37. M. 47. '검증자 경'.
38. Jñānasāra-samuccaya, 31.
39. 붓다와 같은 시대의 인물로 육사외도六師外道 가운데 한 사람이다. 육사외도에 대한 상세한 내용은 D. 2. '사문과 경Sāmaññaphala-sutta' 참조.

우호적인 토론 끝에 붓다의 논의에 설득당한 우빨리는 붓다의 견해에 동의했다. 그리고 그의 재가신자가 되려고 했다. 그러나 붓다께서는 그에게 주의를 주면서 말씀하셨다.

"우빨리여, 심사숙고한 연후에 행하라. 그대와 같은 유명한 사람은 심사숙고하는 것이 좋다."

그러나 우빨리는 이렇게 주의를 주는 붓다께 더욱 감격하고 기뻐했다. 그래서 그는 붓다와 붓다의 가르침과 승가에 귀의했다.[40]

이 일화는 붓다께서 그들 자신의 신념에 의해서가 아니면 신자들을 받아들이려고 하지 않았다는 것을 명확히 보여준다. 이것은 포교하는 사람들이 배워야 할 교훈이다.

붓다께서는 다른 사람의 사상의 자유를 결코 방해하지 않으셨다. 사상의 자유는 모든 사람의 타고난 권리이기 때문이다. 누군가에게 그의 외모, 성격, 정신적인 성향과 어울리는 생활방식을 다른 식으로 바꾸라고 강요하는 것은 잘못된 일이다. 어떤 형태의 강요도 나쁜 일이다. 관심도 없는 믿음을 받아들이라고 강요하는 것은 아주 불쾌한 일이다. 이와 같은 강제적인 주입은 어느 누구에게도 어느 곳에서도 좋은 일이 아니다.

붓다의 유일한 관심사는 인간이든 초인간이든 아니면 인간보다 하위의 존재이든 간에, 사물을 있는 그대로 보는 일은 어떤 외부적인 힘에 대한 단순한 믿음이나 경외심의 결과가 아니라는 것을 분명하게 밝히는 것이었다. 사물을 바르게 이해하는 데 맹신이나 두려움은 어떤 역할도 하지 못한다는

◎
40. M. 56. '우빨리 경'.

것이 불교도들의 생각이다. 법에 대한 진실은 통찰력을 통해서 파악되는 것이지, 맹목적인 믿음이나 어떤 알려진 것 또는 미지의 것에 대한 경외심을 통해서 파악되는 것이 아니다.

종교의 역사는 무지에 빠진 인간의 내부에 존재하는 두려움 때문에 전능한 외적인 존재가 있다는 관념이 생겨났다는 사실을 보여준다. 그리고 일단 이 관념이 생기면, 인간은 그들 자신이 만들어낸 산물을 두려워하게 된다. 그것은 그들 자신에게 말할 수 없는 피해를 입힐 뿐만 아니라 동시에 다른 사람에게도 피해를 입힌다.

붓다께서는 제자들을 지도하면서 다음과 같이 말씀하셨다.

"비구들이여, 이와 같이 내가 잘 설한 법은 분명하고 열려 있고 명확하고 군더더기가 없다. 비구들이여, 이와 같이 내가 분명하고 열려 있고 명확하고 군더더기가 없이 잘 설한 법에서, 아라한이고 번뇌가 다했고 삶을 완성했고 할 바를 다했고 짐을 내려놓았고 참된 이상을 실현했고 존재의 족쇄를 부수었고 바른 구경의 지혜로 해탈한 비구들의 윤회란 알려지지 않는다."

"비구들이여, 이와 같이 내가 잘 설한 법은 분명하고 열려 있고 명확하고 군더더기가 없다. 비구들이여, 이와 같이 내가 분명하고 열려 있고 명확하고 군더더기가 없이 잘 설한 법에서 법을 따르고 믿음을 따르는 비구들은 모두 바른 깨달음으로 나아가고, 내게 믿음이 깊고 나를 좋아하는 그들 모두는 천상으로 향한다."[41]

붓다께서는 맹목적인 믿음이나 경외심은 진리를 이해하는 데 도움이 되

41. M. 22. '뱀의 비유 경', 《맛지마니까야》 1권, 대림스님 옮김, pp. 566~568.

지 않으므로 그것을 버리라고 하셨을 뿐만 아니라 무익한 의례나 의식을 신봉하는 일을 비난하셨다. 단식이나 강에서 목욕하기, 동물의 희생제 등과 같이 단순히 외적인 것들을 버리는 행위는 인간을 정화시키지 못하며 신성하고 고귀하게 만들지도 못한다.

우리는 붓다와 순다리까 바라드와자Sundarika Bhāradvāja라는 바라문 사이에 있었던 대화에서 그러한 내용을 발견할 수 있다. 어느 때 붓다께서는 제자들에게 해탈 후에 수행자가 어떻게 자신을 닦아야 하는가를 말씀하시면서 마음이 번뇌에서 벗어난 사람, 청정한 삶이 완성된 사람, 할 일을 다 마친 사람은 내면의 목욕을 한 사람이라고 하셨다. 그때 바라드와자 바라문이 세존과 멀지 않은 곳에 앉아 있었다. 그는 세존께 이렇게 말씀드렸다.

"그런데 고따마 존자께서도 바후까 강으로 목욕을 가지 않으십니까?"

"바라문이여, 바후까 강이 무슨 소용이 있는가? 바후까 강이 무엇을 할 수 있는가?"

"고따마 존자이시여, 많은 사람들은 바후까 강이 해탈을 준다고 생각합니다. 공덕을 준다고 생각합니다. 바후까 강에서 많은 사람들은 악업을 씻어냅니다."

그러자 붓다께서는 강에서 목욕한다고 해서 악행pāpa의 먼지에 싸인 사람들이 깨끗해지는 것은 아니라며 다음과 같은 게송으로 설하셨다.

바후까, 아디깍까, 순다리까,
사랏사띠, 빠야까, 바후마띠 강에
어리석은 자 항상 뛰어들지만

검은 업을 맑히지 못한다네.

순다리까 강이 무엇을 하며
빠야까 강이 무엇을 하며
바후까 강이 무엇을 하겠는가.
나쁜 업을 지었고 잔혹한 행위를 했으며
악업을 지은 그를 맑히지 못한다네.

청정한 자에게는 나날이
팍구나의 보름날이요, 포살일이니
마음이 청정하고 몸의 행위 등이 깨끗한 자는
항상 서계를 구족한 것이라네.

바라문이여, 그대는 바로 여기서 목욕을 하라.
모든 존재들에게 안은安隱함을 베풀라.
만일 그대가 거짓말을 하지 않고,
생명을 해치지 않고, 주지 않은 것을 가지지 않고,
믿음 있고, 인색하지 않으면
가야 강에 갈 필요가 뭐 있겠는가.
우물도 그대에게 가야 강이 되리.[42]

◎
42. M. 7. '옷감의 비유 경', 《맛지마니까야》 1권, 대림스님 옮김, pp. 266~267.

붓다께서는 미신과 잔인함에서 벗어나는 길을 설하셨다. 그는 자신을 따르는 사람들에게 학대와 약탈을 하지 말며, 모든 존재의 행복에 방해가 되는 어떤 형태의 행위도 하지 말라고 하셨다.

그렇다면 불교란 무엇인가? 어떤 사람들은 붓다의 가르침을 종교라고 부르기도 하고, 어떤 사람들은 철학으로 또는 철학과 종교가 합쳐진 것으로 생각한다. 그러나 이것을 '삶의 방식'이라고 하는 것이 더 합당할지도 모른다. 그렇다고 해서 불교가 단지 윤리적인 규약에 지나지 않는다는 것은 아니다. 전혀 그렇지 않다. 불교는 마음의 완전한 자유를 가져다주는 도덕적 · 정신적 · 지적인 수행방법이다. 붓다께서는 자신의 가르침을 '법과 계율'이라고 불렀다. 그러나 종교라는 것이 "신의 힘을 믿고 신의 힘을 숭배하고 신을 즐겁게 하는 소망을 나타내기 위한 행위를 의미하며, 그러한 내용들을 포함하고 있는 의례나 의식을 거행하는 것이며, (…) 인간이 자신의 운명을 좌우하고 복종 · 존경 · 숭배를 받을 자격을 갖춘 보이지 않는 고도의 힘을 가진 존재의 한 부분에 지나지 않음을 인정하는 것"[43]이라면, 불교는 엄격한 의미에서 종교가 아니다. 불교는 명백히 이러한 의미에서의 종교는 아니다.

불교사상에는 자신이 창조한 피조물의 선하고 악한 행위에 대해 상을 주고 벌을 내리는 어떤 형태의 창조주가 존재한다는 생각이나 확신은 없다. 불교도는 '붓다에 귀의Buddhaṃ saraṇaṃ gacchāmi' 하지만 그러나 붓다가 자신을 구원해줄 것이라는 바람으로 귀의하는 것은 아니다. 그런 보장은 없

◎

43. *The Shorter Oxford English Dictionary*, 1956.

다. 붓다께서는 길을 가르쳐주고 자신을 따르는 사람들이 각자 해탈을 얻을 수 있도록 안내해주는 스승일 뿐이다.

갈림길에 서 있는 이정표는 길의 방향을 알려주지만 이정표가 알려주는 길을 따라가는 일은 여행자의 몫이다. 이정표가 여행자를 목적지까지 데려다주는 것은 아니다. 의사는 병을 진단하고 처방전을 써준다. 그러나 그 처방전을 따르거나 따르지 않는 것은 환자의 몫이다. 자신을 따르는 사람들에 대한 붓다의 태도는 이해심 있고 자비로운 스승이나 의사의 태도와 같다.

최상의 보시는 궁극적 사실에 대한 넓은 이해와 통찰을 가지고 무명과 번뇌를 완전히 제거한 위대한 사람들에게 하는 보시다. 진리를 알려주는 사람들이 진정한 구원자다. 그러나 불교도들은 그들에게 빌지 않는다. 불교도들은 진리를 알려주는 사람들이 단지 궁극적 행복과 해탈로 가는 길을 가르쳐주기 때문에 그들을 존경할 따름이다. 행복이란 자신이 얻어야 하는 것이다.

"깨끗함과 더러움은 자신에게 달려 있다. 다른 사람이 남을 깨끗하게 할 수는 없다."[44]

80세의 붓다께서 꾸시나라 근처 살라 숲으로 가셔서 한 쌍의 살라나무 사이에 누우셨을 때, 한 쌍의 살라나무는 때아닌 꽃들을 만개하여 여래께 예배를 올리기 위해 여래의 몸 위로 흩날리고 덮였다. 붓다께서는 아난다에게 말씀하셨다.

"아난다여, 출세간 법에 이르게 하는 법을 닦고, 합당하게 도를 닦고, 법

◎
44. Dhp. 165.

에 따라 행하며 머무는 것이 참으로 최고의 예배로 여래를 존경하고 존중하고 숭상하는 일이다. 그러므로 아난다여, 여기서 우리는 출세간 법에 이르게 하는 법을 닦고, 합당하게 도를 닦고, 법에 따라 행하며 머물러야 한다."[45]

법에 따라 행하며 머물라는 붓다의 말씀은, 가장 중요한 것은 생각과 말과 행동을 잘 다스리는 것이지 단순히 붓다에게 꽃을 바치는 일이 아님을 보여준다. 붓다께서 강조한 것은 바른 생활의 영위이다.

그러므로 불교도들이 불상이나 어떤 신성한 대상 앞에 꽃을 올리거나 등불을 켜서 붓다의 고귀한 품성을 기리는 것은 누구에게 기원하는 행위나 숭배의 의례·의식 행위가 아니다. 곧 시들어버릴 꽃들과 꺼져버릴 등불은 그들에게 모든 조건지어진 것들은 영원하지 않다는 것, 즉 무상anicca하다는 것을 말해준다. 불상은 사색과 명상의 대상이 되어 그들에게 영감을 준다. 그래서 그들은 붓다의 자질을 배우려고 열심히 노력하게 된다. 이 단순한 공양의 의미를 이해하지 못한 사람들은 성급하게 "이것은 우상숭배다."라고 결론을 내리기도 하지만 이것은 틀린 것이다.

자와할랄 네루Jawaharlal Nehru는 그의 자서전에서 다음과 같이 적고 있다.

"아누라다뿌라[46]에 있었을 때 나는 오래된 한 좌불을 대단히 좋아했다. 1년 뒤에 내가 대흐라 둔 골에 있을 때 스리랑카에 있는 한 친구가 그 불상 사진을 내게 보내왔다. 나는 그 사진을 내 방에 있는 작은 책상 위에 놓았

◎

45. D. 16. '대반열반경', 《디가니까야》 2권, 각묵스님 옮김, pp. 262~264.
46. 스리랑카의 고대 불교 유적지로 유명하다.

다. 불상의 강하고 고요한 모습 덕분에 나는 위안을 받았고 힘을 얻었으며 우울했던 시기를 여러 번 극복할 수 있었다."[47]

스리랑카의 테히왈라 마운트 라비니아 근처의 한 사원에서 불상을 보고서 우스펜스키P. D. Ouspensky는 다음과 같이 적었다.

> 붓다의 얼굴은 분명히 살아 있었다. 그는 똑바로는 아니었지만 나를 쳐다보고 있었다. 처음에 나는 그저 놀랄 뿐이었다. 그것은 내가 기대하지도 않았고, 기대할 수도 없었던 일이었다. 그러나 곧바로 나의 모든 감정과 생각들은 새롭고 이상스러운 감각 속으로 사라져버렸다. 붓다께서는 나를 보셨다. 내 영혼의 가장 비밀스러운 구석에 숨어 있던 모든 것들, 나 자신조차 볼 수 없었던 것들을. 그는 나의 내면을 보셨다. 그가 나를 너그럽게 내려다보고 계신 가운데 나는 나 스스로 이 모든 것을 보기 시작했다. 힐끗 내면을 들여다보는데 조그맣고 불필요하고 불안하고 난처한 모든 것이 표면에 떠올라 그 모습을 드러냈다.
>
> 붓다의 얼굴은 아주 고요했지만 무표정하지는 않았고 깊은 생각과 감정으로 가득 차 있었다. 그는 사색에 잠긴 채 누워 계셨고, 나는 문을 열고 들어가 그 앞에 섰다. 그러자 그는 무심히 나를 바라보셨다. 비난이나 질책 없이 그저 바라보고 계셨다. 그의 모습은 이상하리만치 진지하고 평온했으며 이해심으로 가득 차 있었다. 나 스스로에게 '붓다의 얼굴은 어떤 모습인가?'라고 물어봤을 때, 나는 대답을 할 수가 없었다.

◎

47. Javaharlal Nehru, *An Autobiography*, John Lane, The Bodley Head, London, 1936.

그의 얼굴은 차갑지도 무관심하지도 않았다. 그렇다고 온정이나 연민을 담고 있는 것도 아니었다. 이러한 것들은 그에게 속한다고 말하기에는 너무나 작은 것들이었다. 그렇다고 붓다의 얼굴이 초자연적인 위엄, 즉 신의 지혜를 표현하는 것도 아니었다. 그것은 인간의 얼굴이었다. 그러나 인간이 지니기에는 인간과는 너무나 거리가 먼 얼굴이었다. 나는 그 표정을 묘사할 수 있는 어휘를 찾지 못했다. 나는 단지 그 표정을 '이해심'이라는 말로 표현할 수밖에 없었다.

한편으로 나는 붓다의 얼굴이 나에게 이상한 영향력을 행사하고 있다고 느끼기 시작했다. 내 영혼의 깊숙한 곳에서 일어나는 모든 어두운 그림자가 맑게 걷히는 것처럼 느껴졌다. 마치 붓다의 얼굴이 나에게 평온함을 전해주는 것 같았다. 지금까지 나를 괴롭혀 왔고 그렇게 심각하고 중요해 보이던 것들이 이제 조그맣고 시시하고 무가치한 것들이 되어버렸다. 나는 어떻게 이런 것들이 지금까지 나를 괴롭혀왔을까, 하고 놀랄 뿐이었다. 그러자 나는 사람들이 모순된 생각과 감정 때문에 아무리 마음이 흔들리고 난처하고 짜증이 나고 괴롭더라도 여기에 오면 온화함, 고요함, 깨달음, 이해심 등을 가지고 돌아가게 될 것이라고 느꼈다.[48]

불교가 철학인가 아닌가 하는 문제는 철학의 정의가 어떠한가에 따라 달라진다. 어원적으로 볼 때 철학이란 '지혜sophia를 사랑Gr. philein한다'는 의미다. '철학이란 지혜의 탐구와 탐구된 지혜 둘 다를 의미한다.' 인도사

48. P. D. Outspeaks, *A New Model of the Universe*, 제3판, Kegan Paul, London, 1938, pp. 360~372.

상에서 철학은 '진리를 보는 것'이라는 의미의 다르샤나darśana에 해당된다. 간단히 말해서 철학의 목적은 궁극적인 진리를 발견해내는 일이다.

불교 역시 진리를 찾으려고 한다. 그러나 그것은 단순히 사색적인 추론이나 이론적인 구조, 지식의 단순한 획득이나 축적이 아니다. 붓다께서는 그의 가르침이 갖는 실용적인 측면을 강조하신다. 즉 지식을 삶에 적용하는 것이다. 이는 삶을 단순히 바라보는 것이 아니라 철저히 연구하는 것이다.

붓다의 모든 가르침은 바로 '존재하는 모든 것은 괴로움이다'라는 것을 이해하는 일과 이 괴로움에서 벗어나는 길을 찾도록 하는 것이다. 이것이 바로 그의 철학이다.

불교에서 가장 중요한 것은 지혜다. 청정함은 지혜를 통해 나오고, 지혜는 이해로부터 나온다.[49] 그렇다고 해서 붓다께서는 단순한 지식을 칭찬하지 않으셨다. 붓다께서는 지혜는 순수한 마음과 훌륭한 도덕성을 함께 지녀야 한다vijjācaraṇa sampanna고 하셨다. 마음을 이해하고 닦음으로써 얻어진 지혜가 진정한 지혜bhāvanāmaya paññā다. 이것은 도움을 가져다주는 지혜이지 단순한 사색이나 논리 또는 허울 좋은 추론이 아니다. 이와 같이 불교는 단순히 지혜만을 사랑하거나 추구하는 것이 아니며, 또한 헌신만을 추구하는 것도 아니다(비록 이러한 것들이 나름대로의 중요성을 가지고 있고 인류에게 영향을 준다 하더라도). 불교는 사람들로 하여금 평온과 깨달음, 즉 궁극적인 해탈로 인도하는 가르침을 실제로 적용하도록 가르친다.

우리가 비록 붓다의 가르침을 '불교'라 부르고 '주의~isms'나 '론~ologies'

◎

49. S. i. 214.

가운데 포함시키지만, 어떤 명칭을 붙이든지 그것은 그다지 중요한 것이 아니다. 종교, 철학, 불교 또는 여러분이 좋아하는 어떤 이름을 붙여도 좋다. 이러한 명칭은 진리와 열반을 구하는 사람들에게는 그다지 중요하지 않다.

우빠띳사Upatissa와 꼴리따Kolita, 후에 상수제자가 된 사리뿟따와 마하목갈라나가 열반의 가르침을 찾아 이곳저곳 돌아다니고 있을 때, 우빠띳사는 탁발을 하고 있는 앗사지Assaji 비구최초의 다섯 비구 가운데 한 분를 보았다. 우빠띳사는 그의 위엄 있는 행동에 감동을 받았다. 그러나 지금은 질문하기에 적당한 시기가 아니라고 생각한 우빠띳사는 앗사지 비구를 따라 그의 수행처로 갔다. 그리고 앗사지 비구에게 다가가서 인사한 뒤 앗사지 비구가 따르는 스승의 가르침에 대해서 물었다.[50] 앗사지 비구는 많은 말을 하기를 꺼려하며 겸손하게 말했다.

"저는 그분의 법과 계율을 상세히 설명할 수 없습니다. 그러나 의미만은 간단히 말씀드릴 수 있습니다."

우빠띳사의 대답이 흥미롭다.

"벗이여, 적게 말하든 많이 말하든 내가 원하는 것은 바로 그 의미입니다. 많은 말이 무슨 소용입니까?"

앗사지 비구는 붓다의 모든 가르침을 포괄하는 연기의 이치를 간단한 게송으로 읊었다.

모든 것은 원인이 있어서 생기는 것

◎

50. 이 책 p. 94의 주 89에 나오는 깟사빠의 관한 이야기와 비교해보라.

여래는 그 원인을 설하셨네.

그리고 또한 그 소멸까지도

이것이 위대한 사문의 가르침이네.

Ye dhammā hetuppabhavā

tesaṃ hetuṃ tathāgato āha

tesaṃ ca yo nirodho

evaṃ vādi Mahāsamaṇo

우빠띳사는 곧 그 의미를 이해하고 깨달음의 첫 번째 단계를 성취했다. 그리고 '형성된 모든 것은 소멸하는 법이다yaṃkiñci samudayadhammaṃ sabbaṃ taṃ nirodhadhammaṃ.'[51]라는 것을 깨달았다.

바른 이해로 향하는 이야기나 토론이 아니라면, 아무리 해봐야 그것은 우리를 열반으로 인도해주지 않는다. 우리에게 필요한 것은 바른 가르침과 바른 이해다. 우리는 자연, 나무, 꽃, 들, 강에서조차 바른 가르침을 얻을 수 있을지도 모른다. 단지 떨어지는 잎사귀, 흐르는 물, 산불, 꺼지는 등불 등을 보고서 깨달음을 얻고 번뇌를 제거한 예도 많다. 이것들이 인간의 심금을 울려서 물질이 무상하다는 것을 깨닫게 해주고 해탈하게 도와준다. 그렇다. 연꽃은 해를 기다리다 햇빛이 비치자마자 꽃을 피워 모두에게 기쁨을 가져다준다.

붓다의 가르침에는 인간과 사물의 궁극적인 기원을 밝히려는 시도는 없

◎

51. Vinaya Mahāvagga.

다. '우주는 영원한가, 그렇지 않은가? 우주는 유한한가, 무한한가?'라는 등의 문제를 탐구하지는 않는다.

붓다께서는 인간을 혼란에 빠뜨리고 정신적인 안정을 깨뜨려놓기만 하는 그런 형이상학적인 문제에 대해서는 관심이 없으셨다. 그 문제를 해결한다고 해서 인류가 재앙과 질병으로부터 구제되지는 않는다. 그래서 붓다께서는 그런 질문에 대답하기를 꺼리셨고, 종종 질문 자체가 잘못 설정된 그런 것들에 대한 설명을 자제했다. 그의 유일한 목적은 인생의 보편적인 진리인 괴로움이라는 문제를 설명해서 사람들로 하여금 괴로움의 실체를 느끼게 하고 괴로움을 깨닫게 하는 것이었다. 붓다께서는 자신이 우리에게 무엇은 설명하고 무엇은 설명하지 않는지 명확하게 말씀해주셨다.

그러나 어떤 학자들은 붓다의 이러한 태도를 받아들이지 않고, 심지어 그의 깨달음을 의심해서 붓다를 불가지론자라고 불렀다. 학자들은 논쟁하고 골똘히 생각하기 마련이다. 이러한 것들은 비단 어제오늘만의 문제가 아니다. 예를 들면 방랑자 사꿀루다위Sakuludāyi도 붓다에게 과거와 미래에 대한 질문을 했는데, 붓다의 대답은 명백했다.

"과거는 잠시 접어두자. 미래도 잠시 접어두자. 내가 그대에게 법을 설하겠다."

이것이 있으므로 저것이 있고
이것이 일어나므로 저것이 일어난다.
이것이 없으므로 저것이 없고
이것이 소멸하므로 저것이 소멸한다.[52]

Imasmiṃ sati idaṃ hoti

imassuppādā idaṃ uppajati

imasmiṃ asati idaṃ na hoti

imassa nirodhā idaṃ nirujjhati

간단히 말해서 이것이 불교의 연기paṭicca-samuppāda라는 법이다. 이것이 불교의 중심 개념인 사성제의 토대를 형성한다.

◎

52. M. 79. 그리고 M. 63에 나오는 붓다와 말룽꺄뿟따Māluṅkyaputta의 대화를 보라.

2부

지혜

사성제

3. 괴로움

붓다께서 가야에 있는 보리수 아래 앉아 숙고하실 때 사성제를 깨달으셨다. 그리고 바라나시 부근에 있는 이시빠따나(현재의 사르나트)의 녹야원에서 하신 첫 설법에서 그의 옛 동료인 다섯 고행자들에게 사성제를 설하셨다. 이 사성제가 불교의 중심 개념이다. 그 내용은 다음과 같다.

1 괴로움 둑카dukkha

2 괴로움의 원인 사무다야samudaya

3 괴로움의 소멸 니로다nirodha

4 괴로움의 소멸에 이르는 길 막가magga

둑카dukkha는 한 단어로 번역할 수 없는 빠알리어[53] 가운데 하나다. 우리말에는 빠알리어의 둑카가 가지고 있는 것과 똑같은 의미를 충족시킬 수 있는 단어가 없기 때문이다. 괴로움, 고통, 병, 불만족 등이 본래의 의미에 가까운 번역이다. 비참, 슬픔 등의 뜻으로 쓰이기도 한다. 그러나 둑카라는 단어는 이 모든 것을 포함하는 동시에 그 이상의 의미를 지닌다. 어떤 사람들은 이 말을 번역하지 말고 그대로 쓰기를 바라지만, 편의상 '괴로움'과 '둑카'라는 두 단어가 모두 사용될 것이다. 이 장을 읽고 나면 독자들은 붓다의 가르침 속에서 둑카가 무엇을 의미하는지 이해할 수 있을 것이다.

불교에서 말하는 무명으로부터 완전한 지혜에 이르게 되는 깨달음은 항상 사성제를 이해했다는 의미로 쓰인다. 깨달은 사람을 붓다라 부르는 이유는 사성제를 완전히 이해했기 때문이다. 붓다의 첫 설법 전체가 사성제의 내용을 설명하고 있다. 그것은 사성제가 그의 가르침 가운데 핵심이기 때문이다.

"땅 위를 걸어 다니는 모든 동물의 발자국이 가장 큰 코끼리의 발자국 안에 들어가듯이, 사성제의 법은 붓다의 모든 가르침을 포함한다."[54]

사성제는 빠알리 경전 그중에서도 특히 경장Sutta에서 상세하고 다양하게 설명되어 있다. 사성제에 대한 분명한 개념을 가지고 있지 않으면 45년 동안 붓다께서 무엇을 가르쳤는지 알 수 없다. 붓다의 모든 가르침은 바로 모든 존재가 가지고 있는 불만족스러운 성질, 즉 괴로움과 이 괴로움에서 벗어나는 길을 깨닫도록 하는 것이다.

"사문 고따마는 존재의 파괴와 소멸을 알리는 허무주의자venayiko다."

53. 빠알리Pāli란 스리랑카에 전래된 초기 경전tipiṭika에 쓰인 언어다. 이 경전들은 스리랑카의 캔디 부근에 있는 마띨레의 알루 위하라Aḷu-vihāra에서 왓타가마니 Vaṭṭhagāmani Abhaya 왕의 치세 기간(기원전 101~77년)에 처음으로 기록되었다.
54. M. 28. '코끼리 발자국 비유의 긴 경'.

붓다 당시의 수행자들과 바라문들까지 이렇게 붓다를 잘못 전하고 있다.

그러나 붓다께서는 분개하거나 불평하지 않고 다음과 같이 단호히 말씀하셨다.

"비구들이여, 지금뿐만 아니라 과거(다섯 수행자들에게 처음으로 법을 선포했을 때)에도 나는 단지 괴로움과 괴로움의 소멸을 가르칠 뿐이다dukkhaṃceva paññapemi dukkhssa ca nirodhaṃ."[55]

이 명료한 말을 이해해야 불교를 바르게 이해할 수 있다. 왜냐하면 붓다의 모든 가르침은 이 한 가지 원리를 적용한 것에 다름 아니기 때문이다. 이것은 어느 시대에나 붓다에게만 있는 독특한 그들의 '전형적인 가르침Buddhānaṃ sāmukkaṃsikā dhammadesanā'이다.[56] 붓다의 최고의 가르침이 사성제임은 녹야원에서의 설법부터 심사빠 숲에서의 설법에 잘 나타나 있다.

한때 붓다께서는 꼬삼비에서 심사빠 숲에 머무셨다. 그때 세존께서는 심사빠 잎사귀들을 조금 손에 들고 비구들에게 말씀하셨다.

"비구들이여, 이를 어떻게 생각하는가? 내가 손에 들고 있는 이 심사빠 잎사귀들과 이 심사빠 숲 전체에 있는 저 잎사귀들 가운데서 어느 것이 더 많은가?"

"세존이시여, 세존의 손에 들고 계시는 그 심사빠 잎사귀들은 아주 적습니다. 이 심사빠 숲 전체에 있는 저 잎사귀들이 훨씬 더 많습니다."

"비구들이여, 그와 같이 내가 최상의 지혜로 안 것들 가운데 내가 가르치지 않은 것이 훨씬 더 많다. 내가 가르친 것은 아주 적다.

◎

55. M. 22. '뱀의 비유 경'.
56. Vinaya Mahāvagga.

비구들이여, 그러면 나는 왜 가르치지 않았는가? 비구들이여, 그것들은 이익을 주지 못하고, 그것들은 청정범행의 시작에도 미치지 못하고, 염오로 인도하지 못하고, 탐욕의 빛바램으로 인도하지 못하고, 소멸로 인도하지 못하고, 고요함으로 인도하지 못하고, 최상의 지혜로 인도하지 못하고, 바른 깨달음으로 인도하지 못하고, 열반으로 인도하지 못하기 때문이다. 그래서 나는 그것들을 가르치지 않았다.

비구들이여, 그러면 나는 무엇을 가르쳤는가? 비구들이여, 나는 이것은 괴로움이라고 가르쳤다. 나는 이것은 괴로움의 원인이라고 가르쳤다. 나는 이것은 괴로움의 소멸이라고 가르쳤다. 나는 이것은 괴로움의 소멸로 인도하는 길이라고 가르쳤다.

비구들이여, 그러면 왜 나는 이것을 가르쳤는가? 비구들이여, 이것은 참으로 이익을 주고, 이것은 청정범행의 시작이고, 염오로 인도하고, 탐욕의 빛바램으로 인도하고, 소멸로 인도하고, 고요함으로 인도하고, 최상의 지혜로 인도하고, 바른 깨달음으로 인도하고, 열반으로 인도하기 때문이다. 그래서 나는 이것을 가르쳤다."[57]

붓다께서는 비할 데 없는 의사bhisakko, 뛰어난 외과의사sallakatto anuttaro로 알려져 계신다. 붓다께서 사성제를 설하는 방법은 의사가 치료하는 방법과 비교할 수 있다. 의사는 먼저 병을 진단하고 병의 원인을 찾아낸다. 그러고 나서 병의 원인을 제거할 수 있는지 생각한 뒤에 치료한다. 괴로움dukkha

◉

57. S. v. 437. 《상윳따니까야》 6권, 각묵스님 옮김, pp. 414~415.

이 병이고 갈애taṇhā가 병의 근본원인samudaya이다. 갈애를 제거함으로써 병이 제거되어 그 병이 치유nirodha=nibbāna된다.

환자는 자신의 병을 알아차리고 병이 심해지지 않도록 주의해야 한다. 그리고 병의 원인을 제거할 수 있는 방법을 생각해야 한다. 그는 병을 진단하고 처방전을 써줄 의사를 찾아가야 한다. 치료를 통해서 환자는 병에서 벗어나 치유된다. 괴로움은 무서운 병이기 때문에 무시할 것이 아니라 반드시 '알아져야abhiññeyya' 한다. 괴로움의 원인인 탐욕, 갈애는 '제거되고 버려져야pahātabba' 한다. 그러기 위해서는 팔정도를 '수행하고 계발해야bhāvetabba' 한다. 팔정도가 괴로움에서 벗어나는 치료법이기 때문이다. 괴로움을 알고 팔정도의 수행을 통해 갈애를 제거하면 열반의 실현saccikātabba은 보장된다. 열반의 실현은 병이 치유된 상태이며, 완전한 해탈이며, 갈애로부터의 해방이다.

붓다의 깨달음이 흥미를 끌 만한 것인지에 대해서 의심을 품고 있던 셀라Sela라는 바라문에게 붓다께서는 말씀하셨다.

"나는 알아야 할 것을 알았고, 닦아야 할 것을 닦았고, 버려야 할 것을 버렸다. 그러므로 바라문이여, 나는 붓다, 깨달은 사람이다."[58]

이것은 그가 붓다라고 불리는 것이 바로 사성제를 완전히 이해했기 때문이라는 것을 의미한다. 붓다께서는 스스로 말씀하신다.

"비구들이여, 사성제를 있는 그대로 이해했기 때문에 여래는 아라한, 완전히 깨달은 사람이라고 불린다."[59]

◎

58. M. 93 ; Sn. 558 ; Thag. 828 ; Vinaya i. 245.
59. S. v. 433.

초기 경전에서 둑카라는 단어는 한 가지 이상의 의미로 쓰였다. 문맥에 따라서 심리적 · 물리적 · 철학적 의미로 쓰인 것이다.

사물을 있는 그대로 보려는 사람에게 괴로움이라는 개념은 매우 중요하다. 이것은 불교사상의 근본원리다. 사성제의 근본개념인 괴로움을 무시하는 것은 나머지 세 가지 진리도 무시하는 것이 된다. 괴로움을 알아야 하는 것의 중요성은 다음과 같은 붓다의 말씀 속에 잘 나타나 있다.

"괴로움을 아는 자는 또한 괴로움의 원인과 괴로움의 소멸, 그리고 괴로움의 소멸로 인도하는 길을 안다."[60]

이 사성제는 서로 연결되어 있고 서로 의존적이기 때문에, 네 가지 진리 가운데 한 가지 또는 그 이상을 안다는 것은 나머지 것들도 또한 안다는 것을 의미한다.[61] '괴로움'을 부정하는 사람이 괴로움으로부터의 해탈을 얻을 수 있는 '길'을 따라간다는 것은 의미 없는 일이다. 사성제 가운데 단 하나의 진리만 부정해도 나머지 세 가지 진리 또한 부정하는 것이 되고, 그것은 붓다의 가르침 전체를 부정하는 것이 된다.

"나는 이 모든 무의미한 것들을 받아들이고 싶지 않다."라고 말하는 철저한 유물론자에게는 이 가르침이 상당히 무미건조하고 당황스럽고 부적절하게 보일지도 모른다. 그러나 인생의 참모습을 되찾으려고 노력하는 사람에게 이 가르침은 신화나 상상의 이야기가 아니다.

바른 시각으로 중생세계를 조망하는 사람, 즉 냉철한 통찰력을 갖고 있는 사람들에게 이 세상의 유일한 문제는 바로 괴로움의 문제라는 것이 분명

◎
60. S. v. 437.
61. S. v. 437.

해진다. 알려져 있든 그렇지 않든 모든 문제는 보편적인 이 괴로움 속에 포함된다. 그래서 붓다께서는 "이 세계는 괴로움 위에 세워져 있다dukkhe loko patiṭṭhito."[62] 라고 말씀하신다. 어떤 것이라도 문제가 되면 거기에는 괴로움·불만족이 따르기 마련이고, 우리가 좋아하든 그렇지 않든 우리의 욕구와 현실 사이에는 갈등이 따르게 된다. 그러므로 자연적으로 인간은 그 문제를 풀려고 모든 노력을 다한다. 다시 말해서 불만족을 제거하고 갈등을 조절하기 위해 노력한다.

이 한 가지 문제에 대해서 우리는 경제적· 사회적· 정치적· 심리적, 심지어는 종교적 문제라는 다양한 명칭을 부여한다. 이 모든 것이 괴로움, 즉 불만족이라는 한 가지 문제에서 나온 것은 아닐까? 불만족이 없다면 우리가 왜 정치· 경제 등의 문제를 풀려고 노력하겠는가? 문제해결이 불만족의 감소를 의미하지는 않는가? 모든 문제는 불만족을 일으키고, 불만족은 노력에 의해서 해소되겠지만 그것들은 그렇게 서로 생멸을 거듭한다. 원인은 종종 외적인 것이 아니라 문제 그 자체 속에 포함된 주관적인 데 있다.

우리는 가끔 관계된 모든 사람이 만족할 수 있도록 문제를 풀었다고 생각한다. 그러나 그 문제들은 다른 형태로, 다양한 방식으로 다시 나타난다. 끊임없이 새로운 문제들과 직면하고 있는 듯이 보이고, 그 문제들을 풀기 위해 새로운 노력을 기울인다. 그래서 문제와 문제에 대한 해결은 끊임없이 반복된다. 이것이 바로 괴로움의 성질, 즉 존재들이 갖고 있는 보편적인 특성이다. 괴로움은 일어났다가 사라지고 다시 다른 형태로 나타난다. 문제들은 물

◎
62. S. i. 40.

질적 · 정신적인 측면을 모두 가지고 있다. 어떤 사람은 정신적인 문제보다 물질적인 문제를 더 잘 견뎌내고 다른 어떤 사람은 그렇지 못하다.

불교에서 바라보는 인생은 괴로움이다. 괴로움이 모든 인생을 압도한다. 괴로움이 인생의 근본적인 문제다. 세상은 괴로움과 고통으로 가득 차 있고, 아무도 이 괴로움의 속박에서 벗어나지 못한다. 이것은 바른 시각으로 사물을 바라보는 분별력 있는 사람으로서 부정할 수 없는 보편적인 진리다. 그러나 이 보편적인 사실을 인정한다고 해서 즐거움이나 행복을 전적으로 부정하는 것은 아니다. 괴로움을 초월한 붓다께서는 괴로움의 보편성에 대해 설하실 때 결코 인생의 행복을 부정하지 않으셨다. 빠알리어로 쓰인 5부 니까야[63] 가운데 하나인《앙굿따라니까야》에는 중생들이 즐기는 행복에 대한 긴 일람표가 있다.[64]

릿차위Licchavī의 마할리Mahāli 질문에 대해 붓다께서는 다음과 같이 대답하셨다.

> 마할리여, 만일 물질에 전적으로 괴로움만 있고 물질이 괴로움에 떨어지고 괴로움에 빠져들고, 즐거움에는 빠져들지 않는다면 중생들은 물질에 탐닉하지 않을 것이다.
>
> 마할리여, 그러나 물질에는 즐거움이 있고 물질은 즐거움에 떨어지고 즐거움에 빠져들고, 괴로움에만 빠져들지는 않는다. 그래서 중생들은 물질에 탐닉

63. 붓다의 가르침은 율을 모은 율장, 설법(경)을 모은 경장, 논을 모은 논장인 3장Ti-pitaka으로 구성되어 있으며, 경sutta장은 다시 크게 5개의 모음nikāya으로 이루어져 있다.- 옮긴이
64. A. i. 80.

한다. 탐닉하기 때문에 속박되고, 속박되기 때문에 오염된다.

마할리여, 중생들이 오염되는 것에는 이러한 원인과 이러한 조건이 있다. 이러한 원인과 이러한 조건으로 중생들은 오염된다.

마할리여, 만일 느낌에 (…) 인식에 (…) 심리현상들에 (…) 알음알이에 전적으로 괴로움만이 있고 알음알이가 괴로움에 떨어지고 괴로움에 빠져들고, 즐거움에는 빠져들지 않는다면 중생들은 알음알이에 탐닉하지 않을 것이다. 마할리여, 그러나 알음알이에는 즐거움이 있고 즐거움에 떨어지고 즐거움에 빠져들고, 괴로움에만 빠져들지는 않는다. 그래서 중생들은 알음알이에 탐닉한다. 탐닉하기 때문에 속박되고, 속박되기 때문에 오염된다.[65]

인간은 감각기능(기관)을 통해 감각대상과 그것이 주는 기쁨에 집착하게 되고 즐거움을 느끼게 된다assāda. 이것은 우리가 경험하는 사실이기 때문에 부정할 수 없다. 그러나 즐거운 대상도 쾌락도 지속되지는 않는다. 그들이 변함으로 인해 고통받는다. 그리고 자신을 기쁘게 하는 즐거움을 유지할 수 없거나 빼앗겼을 때 종종 슬퍼하고 쓸쓸해한다. 다양하지 못하면 불만족을 느끼기 때문에 인간은 단조로움을 싫어한다. 마치 소들이 싱싱한 풀을 찾듯이 신선한 즐거움을 찾는다.

그러나 이 즐거움도 한순간의 것이기에 스쳐 지나가는 볼거리에 불과하다. 우리가 좋아하든 싫어하든 모든 즐거움은 고통과 괴로움을 불러오는 전주곡이다. 모든 세속의 즐거움은 설탕 발린 독약처럼 우리를 속여서 고통을

◎

65. S. iii. 69. 《상윳따니까야》 3권, 각묵스님 옮김, p. 242.

가져다주곤 이내 사라져버린다.

마음에 들지 않는 요리, 괴로운 음주, 추한 태도, 그 밖의 수많은 사소한 일들은 그가 불교도건 아니건, 부자건 가난한 사람이건, 지위가 높건 낮건, 학식이 있건 없건 우리들에게 고통과 불만족을 가져다준다. 셰익스피어는 《햄릿》에서 붓다의 말씀과 동일한 말을 한다.

"슬픔이 다가올 때 그것은 혼자 오는 것이 아니라 큰 부대를 이끌고 온다."

인간이 인생의 이러한 측면, 즉 즐거움은 변하기 쉽다는 것을 알지 못할 때, 그는 실망하고 좌절한 나머지 인식이나 판단력도 없이 마음의 균형을 잃은 채 어리석은 짓을 할지도 모른다. 이것은 위험하며 나쁜 결과를 가져온다ādīnava. 인간은 빈번히 인생의 이러한 두 가지 문제, 즉 즐거움과 고난assāda ca ādīnava에 직면해 왔다. 반면 생명이 있는 것이나 없는 것에 대한 깊은 애착을 제거하려고 노력하고 초연한 사고방식으로 인생을 바라보는 사람은 바른 시각으로 사물을 보고 그가 쌓은 수행의 힘으로 인생의 어떤 흥망성쇠를 만나더라도 마음을 고요히 가라앉힌다. 그래서 그는 일이 잘 안 될 때도 미소지을 수 있고, 좋아하고 싫어하는 모든 것을 떠나 마음의 균형을 유지할 수 있다. 그는 결코 걱정하지 않으며 해방되어 있다nissaraṇa. 즐거움assāda, 고난ādīnava, 벗어남nissaraṇa 이 세 가지는 사실적인 경험들로 이른바 '인생의 진정한 모습'이다.

붓다께서는 마할리의 질문에 계속해서 이렇게 답하신다.

마할리여, 만일 물질에 전적으로 즐거움만이 있고 물질이 즐거움에 떨어지고 즐거움에 빠져들고, 괴로움에는 빠져들지 않는다면 중생들은 물질에 염오하지 않을 것이다.

마할리여, 그러나 물질에는 괴로움이 있고 물질은 괴로움에 떨어지고 괴로움에 빠져들고, 즐거움에만 빠져들지는 않는다. 그래서 중생들은 물질에 대해서 염오한다. 염오하면서 탐욕이 빛바래고, 탐욕이 빛바래기 때문에 청정하게 된다. 마할리여, 중생들이 청정하게 되는 것에는 이러한 원인과 이러한 조건이 있다. 이러한 원인과 이러한 조건 때문에 중생들은 청정하게 된다.[66]

괴로움에는 세 가지 모습이 있다.

1 가장 분명하고 일반적인 형태의 괴로움dukkha- dukkhatā, 苦苦性

2 조건지어진 상태에서 오는 괴로움saṃkhārā-dukkhatā, 行苦性

3 변화로 인해서 오는 괴로움viparināma-dukkhatā, 壞苦性[67]

태어남 · 늙음 · 병듦 · 죽음, 싫어하는 것과 만나는 것, 좋아하는 것과 헤어지는 것, 바라는 것을 얻지 못하는 것과 같은 모든 정신적 · 물질적인 괴로움[68]이 일상생활에서 일어나는 일반적인 괴로움이다. 이것을 고고성dukkha-dukkhatā이라 한다. 인생의 이러한 사실들을 이해하는 데 과학이 필요한 것은 결코 아니다.

조건지어진 상태에서 오는 괴로움, 즉 불만족인 행고성saṃkhārā-dukkhatā은 철학적인 중요성을 가지고 있다. 행saṃkhārā이라는 단어가 모든 것은 원

◎

66. S. iii. 69. 《상윳따니까야》 3권, 각묵스님 옮김, p. 243.
67. D. 33; Saṃyutta, Jambukhādaka-sutta; Vism. 499(*The Path of Purification*, p. 568.)
68. S. v. 421. ; Vin. i. 10.

인과 결과의 영향을 받는다는 것을 의미하지만, 여기에서처럼 고苦와 관계된 문맥 속에서는 다섯 가지 무더기pañcakkhandha, 五蘊를 의미한다. 물질의 무더기(色蘊: 이 경우에는 볼 수 있고 만져서 알 수 있는 형체를 가진 육체), 느낌의 무더기受蘊, 인식의 무더기想蘊, 상카라의 무더기行蘊, 의식의 무더기識蘊를 말한다. 이것을 간단히 정신 · 물질nāma-rūpa, 名色이라고 한다. 색rūpa은 물질의 무더기를 말하고 명nāma은 나머지 네 가지 정신 무더기를 말한다. 중생은 이 오온五蘊의 결합으로 이루어져 있다.

존재와 경험의 세계는 둘 다 끊임없이 변한다. 그것들은 존재했다가 사라진다. 모든 것은 빙글빙글 돌아간다. 아무것도 이 무상하고 끊임없는 변화를 피할 수 없다. 그리고 이 무상한 성질 때문에 어느 것도 진정으로 행복할 수 없다. 행복이 존재하지만 단지 한순간일 뿐이다. 행복은 눈송이처럼 사라지고 괴로움이 생긴다. 붓다께서는 괴로움이라는 고귀한 진리에 대해 다음과 같이 결론을 내리신다.

"요컨대 취착의 다섯 가지 무더기 자체가 괴로움이다."

이상이 조건지어진 것에 대한 불만족, 즉 괴로움이다saṃkhārā-dukkhatā.

괴고성viparināma-dukkhatā은 영원하지 못하기 때문에 생기는 괴로움이다. 인간이 경험할 수 있는 모든 즐겁고 행복한 느낌은 곧 시들어 사라져버린다. 붓다께서는 수행자들이 사선정을 얻고서 경험하는 느낌들조차 괴고성의 범주에 속한다고 하셨다. 왜냐하면 그것도 무상하고 괴로움이며 변하기 쉬운 것이기 때문이다viparināmadhamma.[69] 여기에서 말하는 괴로움은 일반적으로 사람들이 참고 견디는 고통, 괴로움이 아니다. 붓다께서 지적하고자 하는 것은 무상한 모든 것은 괴로움이라는 것이다. 모든 것은 매 순간 변화를 겪고, 이 변화는 괴로움을 낳는다. 무상한 것은 괴로움이다yad aniccaṃ taṃ dukkhaṃ.[70] 그러므로 영원한 행복은 없다.

고성제를 붓다께서는 "요컨대 취착의 다섯 가지 무더기 자체가 괴로움이다."[71]라고 말씀하셨다. 이 가르침에 따르면 괴로움과 오온을 따로 떼어놓고 생각할 수 없다. 괴로움은 오온으로부터 독립해서 따로 존재할 수 없다. 취착의 다섯 가지 무더기와 괴로움은 같은 것이지 서로 다른 것이 아니다.

"비구들이여, 괴로움이란 무엇인가? 취착의 다섯 가지 무더기이다."[72]

붓다께서는 다른 곳에서 다음과 같이 설하셨다.

"세계와 세계의 생성, 세계의 소멸, 그리고 세계의 소멸로 인도하는 길은 의식과 인식을 갖고 있는 바로 이 몸속에 있다고 나는 선언한다."[73]

여기서 세계라는 말은 괴로움을 의미한다.

지금까지 살펴본 바에 따르면 고성제와 나머지 세 가지 진리를 바르게 이해하기 위해서는 오온에 대한 분명한 개념을 가지는 것이 필수이며 오온을 바르게 알아야 한다. 불교에는 세속적인 진리sammuti sacca와 궁극적인 진리paramattha sacca[74], 두 가지 진리가 있다.

일반적으로는 '존재'라는 말을 쓰지만(세속적인 진리) 궁극적인 의미에서 보면 그러한 존재란 없다(궁극적인 진리). 끊임없이 변하고 있는 물질적·정신

◎

69. M. 13. '괴로움의 무더기의 긴 경'.
70. S. iii. 22.
71. S. v. 421.
72. S. iii. 158.
73. A. ii. 48.
74. DA. Com. to discourse 9, Poṭṭhapāda-sutta.

적 힘 또는 에너지라는 표현밖에 없다. 이 힘 또는 에너지가 오온을 형성한다. 그러므로 이른바 '존재'라는 것은 끊임없이 변하는 오온의 결합에 불과하다.

그러면 오온이란 무엇인가?

1 물질의 무더기rūpakkhandha, 色蘊[75]

물질은 사대cattāri mahābhutāni[76]로 구성되어 있으며 단단함과 부드러움, 응집과 흐름, 뜨거움과 차가움, 움직임을 말한다. 이것을 땅paṭhavi · 물āpo · 불tejo · 바람vāyo이라고 하며, 단순히 우리가 아는 땅 · 물 · 불 · 바람이 아니다.

땅의 요소paṭhavidhātu, 地界

단단함 등의 성질을 가진 것이 땅의 요소다. 사물이 공간을 점유하는 것은 이 땅의 요소에 기인한다. 사물을 볼 때 우리는 공간 속에 있는 어떤 것을 보고 거기에 명칭을 부여한다. 땅의 요소는 고체뿐만 아니라 액체 속에도 존재한다. 우리 앞에 펼쳐진 바다를 볼 때도 우리는 단단함(땅의 요소)을 본다. 바위의 딱딱한 성질, 풀의 부드러운 성질, 사물 속에 내재한 무겁고 가벼운 성질 모두 땅의 요소에 속한다. 단단함 · 거침 · 무거움 · 부드러움 · 매끈함 · 가벼움은 땅의 요소의 고유한 성질이다.

◉

75. 이 책의 '부록1' 참조.-옮긴이
76. M. 28. '코끼리 발자국 비유의 긴 경'.

물의 요소āpodhātu, 水界

응집과 흐름의 성질이 물의 요소다. 이 요소 때문에 물질의 미립자들이 흩어지지 않고 쌓일 수 있다. 액체는 응집력이 대단히 강하다. 고체와 달리 액체는 분리된 뒤에도 달라붙는 성질이 있다. 고체는 일단 부서지거나 분리되고 나면 미립자들이 다시 달라붙지 않는다. 고체를 결합시키기 위해서는 금속을 용접할 때처럼 온도를 높여 액체로 바꾸는 작업이 필요하다. 사물을 볼 때 우리는 단지 경계가 있는 확장된 형태만을 본다. 이 확장된 형태, 즉 사물의 '형상'은 응집력 때문에 가능하다.

불의 요소tejodhātu, 火界

뜨거움과 차가운 성질이 불의 요소다. 이 요소는 성숙시키고 강해지도록 하는 성질이 있으며 다른 세 가지 요소에 열을 나누어주기도 한다. 모든 중생과 식물의 생명력은 이 요소에 의해 보존된다. 모든 사물의 형체에서 우리는 열기를 느낀다. 이것은 상대적이다. 왜냐하면 우리가 어떤 대상이 차다고 말할 때, 이것은 이 특별한 대상의 열기가 우리 몸의 열기보다 낮다는 것을 의미하기 때문이다. 다시 말하면 대상의 온도가 우리 몸의 온도보다 낮다는 것을 의미한다. '차가움'이라는 것도 또한 낮은 상태에 있는 열의 요소다.

바람의 요소vāyodhātu, 風界

움직임과 지탱하는 성질이 바람의 요소다. 이것은 위치의 이동이다. 이것 또한 상대적이다. 한 물체가 움직이는지 아닌지를 알기 위해서는 고정된 한 점이 필요하다. 이 점에 의해서 운동을 파악할 수 있다. 우주 속에서 움직임이 전혀 없는 대상은 없다. 지탱이라는 것도 바람의 요소다. 움직임은 열에 의존한다. 열이 전혀 없는 원자는 움직이지 않는다. 열이 전혀 없다는 것은 이론으로나 가능하다. 우리는 그것을 느낄 수 없다. 왜냐하면 우리 또한 원자로 이루어져 있기 때문에 그때는 우리도 존재하지 않을 것이기 때문이다.

모든 물질은 사대 가운데 어느 하나가 우세해 보일지라도 모두 사대로 이루어져 있다. 예를 들어 땅의 요소가 우세하면 이 물질은 고체로 불린다.

공존하는 이 사대로부터 24가지의 다른 물질이 파생된다. 이 파생물질 upadāyarūpa에는 다섯 가지 감각기능인 눈, 귀, 코, 혀, 몸과 이들에 대응하는 감각대상, 즉 볼 수 있는 형색, 소리, 냄새, 맛, 감촉이 있다. 물질의 무더기는 인간의 몸에 속하건 외부세계에 속하건 모든 물질의 영역을 포함하고 있다.

2 느낌의 무더기vedanākkhandha, 受蘊

우리의 모든 느낌은 이 무더기에 속한다. 느낌에는 즐거운 느낌, 괴로운 느낌, 즐겁지도 괴롭지도 않은 느낌 세 가지가 있다. 느낌은 접촉에 의해서 일어난다. 형색을 보고, 소리를 듣고, 냄새를 맡고, 맛을 보고, 물체를 만지고, 마음의 대상을 인식했을 때 인간은 느낌을 느낀다.[77]

예를 들어 눈·형색·안식cakkhu-viññāṇa이 함께 만나는 것, 이것이 접촉이라고 불리는 세 가지의 화합이다. 접촉이란 감각기관·감각대상·감각에 대한 의식이 결합하는 것을 말한다. 이 세 가지가 모두 함께 있을 때 느낌이 일어나는 것을 막을 수 있는 힘은 존재하지 않는다. 이것은 느낌과 접촉의 고유한 성질이다.

모든 사람이 동일한 대상으로부터 똑같은 느낌을 느끼지는 않는다. 어떤 사람은 어떤 특별한 대상에서 즐거운 느낌을 가지는 반면에 다른 사람은 괴로운 느낌을, 또 다른 사람은 즐겁지도 괴롭지도 않은 무덤덤한 느낌을 느낄지도 모른다. 그것은 그 사람이 가지고 있는 의식과 의식작용들의 기능에 달려 있다. 즐거운 느낌을 불러일으켰던 대상이 다른 환경에 처했을 때는 괴롭거나 무덤덤한 느낌을 일으킬 수도 있다. 어느 감각기관에는 즐거운 느낌을 일으킨 것이 다른 감각기관에는 괴로운 느낌을 일으키기도 한다. 예를 들어 과일이 볼품은 없어 보여도 맛있는 경우가 여기에 해당한다. 우리는 다양한 방법의 접촉에 의해 일어나는 느낌이 어떻게 조건지어져 일어나는가를 알아야 한다.

3 인식의 무더기 saññākkhandha, 想蘊

인식기능은 물질적이거나 정신적인 대상 둘 다를 인식 saññāṇa(인식의 기능)하는 것이다. 느낌과 마찬가지로 인식에도 형상에 대한 인식, 소리, 냄새, 맛, 접촉, 법에 대한 인식 등 여섯 가지가 있다. 불교에서 말하는 인식은 베

◎

77. 눈·귀·코·혀·몸·마노意를 통해서 여섯 종류의 느낌이 일어난다. 불교에서는 마노를 여섯 번째 기능으로 간주한다.

이컨, 데카르트, 스피노자, 라이프니츠와 같은 몇몇 서구 철학자들이 사용하고 있는 의미에서의 인식이 아니라 단순한 지각이다.

의식viññāṇa과 인식saññāṇa 사이에는 어떤 유사성이 있다. 의식이 대상을 자각하게 되면 동시에 인식의 정신적인 요소가 대상의 두드러진 특징을 파악해서 이 대상과 다른 대상을 구별하게 된다. 이 두드러진 특징 때문에 두 번, 세 번 거듭해서 같은 대상을 인식할 수 있다. 그래서 매번 우리는 같은 대상을 알게 된다. 기억을 일으키는 것은 바로 인식이다.

인식이 종종 우리를 속인다는 것을 알아야 한다. 이것을 '인식의 왜곡' 또는 '인식의 전도saññā-vipallāsa'라고 한다. 다음의 예가 이것을 잘 나타내준다. 들판에 씨를 뿌린 뒤 농부는 그 씨앗을 보호하기 위해 허수아비를 세운다. 그러면 당분간 새들이 허수아비를 사람으로 알고 덤벼들지 않을 것이다. 이것이 인식의 전도다. 마찬가지로 감각기관과 마음의 대상에 잘못된 인식을 만들어냄으로써 우리들의 마음을 속인다. 붓다께서는 인식을 아지랑이에 비유하신다.

왜곡된 인식이나 악의에 빠진 마음이 자주 일어나게 되면 그 인식은 점점 강해져서 우리의 마음을 사로잡는다. 그러면 그 인식을 제거하기가 어렵게 된다. 그렇게 되었을 때의 결과에 대해서는 《숫따니빠따》의 다음 게송에 잘 설명되어 있다.

> 인식으로부터 자유로운 사람,
> 그에게는 더 이상 속박이 존재하지 않는다.
> 자유로운 통찰력을 얻은 사람에게

모든 무명은 사라졌다.

그러나 인식에 매달려 있고

잘못되고 그릇된 견해에 얽매여 있는 사람은

이 세상에서 다투며 살아간다.[78]

4 상카라의 무더기saṁkhārakkhanda, 行蘊[79]

이 무더기에는 위에 언급한 느낌vedanā과 인식saññā을 제외한 모든 정신적인 요소(마음부수)들이 포함된다. 아비담마에 52가지 마음부수cetasika[80]가 있다. 느낌과 인식은 이 52가지 마음부수에 속하지만 상카라의 무더기는 아니다. 이 둘을 제외한 50가지 마음부수가 상카라 무더기에 속한다. 의도cetana는 마음부수 중에서 매우 중요한 역할을 하며 행온을 대표한다. 어떤 행위에 의도가 없으면 그 행위는 업kamma이 되지 않는다. 느낌이나 인식과 마찬가지로 이 상카라 무더기에도 형색에 대한 의도, 소리·냄새·맛·감촉·법에 대한 의도 등 여섯 가지가 있다.

◎

78. Sn. 847.

79. 여기서 '상카라mental formations'는 오온 중에서 행온行蘊을 의미한다. 다른 문맥에서는 '상카라'가 조건지어져 있고 형성된 모든 것을 의미하기도 한다. 때로는 오온 전체를 '상카라'라고 하기도 한다. 위 주석 설명에 더하여 상카라는 의도를 말하기도 한다.

80. 이 책의 '부록2' 참조.-옮긴이

5 의식의 무더기viññāṇakkhanda, 識蘊[81]

이것은 오온 가운데서 가장 중요하다. 의식(마음) 없이는 52가지 마음부수도 있을 수 없다. 마음과 마음부수는 밀접한 관계를 가지고 있고 함께 존재하며 함께 일어나고 사라진다.

의식의 기능은 무엇인가? 느낌, 인식, 상카라와 마찬가지로 의식에도 여섯 가지가 있고 그 기능도 다양하다. 의식은 의식의 토대와 대상을 가지고 있다. 앞에서 설명했듯이 우리의 모든 느낌은 감각기능이 외부세계와 접촉함으로써 경험된다.

마노mano, 즉 정신적인 대상을 인식하는 마음의 기능manindriya은 다른 다섯 가지 기능들처럼 만지거나 지각될 수 있는 어떤 것이 아니다. 눈은 형색인의 대상을 보고, 귀는 소리를 듣는다. 그러나 마음은 개념과 사고의 세계를 인식한다.

기능indriya은 '우두머리, 지배자'란 뜻이다. 형색은 눈의 기능에 의해서만 볼 수 있지 귀로 볼 수는 없다. 소리도 귀의 기능에 의해서만 들을 수 있다. 사고와 개념의 세계로 넘어오면 마음이 모든 정신계의 주인이 된다. 눈은 사고할 수도 없고 개념을 형성할 수도 없다. 그러나 눈은 볼 수 있는 형색의 세계를 보는 도구다.

여기서 의식의 기능을 이해하는 것은 대단히 중요하다. 눈과 형색, 귀와

81. 일반적으로 심citta, 心, 의mano, 意, 식viññāṇa, 識은 동일한 말이다(S. ii. 94~95). 그러나 기술적인 측면에서 이 세 가지로 다르게 나타낸다.
초기불전연구원에서는 '알음알이'로 번역했으나 이 책에서는 '의식'으로 번역했다. 인용문에서는 '의식'으로 바꾸지 않고 그대로 '알음알이'로 썼다.-옮긴이

소리 등 감각기능과 감각대상들 사이에 기능적인 관계성이 있기는 하지만 인식awareness은 의식consciousness을 통해서 온다. 다시 말해 적절한 의식이 없다면 감각대상을 경험할 수 없다. 눈과 형색이 동시에 현존할 때 이 둘에 의지해서 안식眼識이 일어난다. 마찬가지로 귀와 소리가 동시에 현존할 때 이식耳識이 있고, 나아가 마노의 기능과 마음의 대상이 동시에 존재할 때 의식意識이 있게 된다.[82] 그리고 눈과 형색과 안식이 함께 만나는 것을 접촉이라 한다. 이 접촉으로부터 느낌 등이 있게 된다(연기에서 설명한 것과 같다).

의식은 다섯 감각기능의 문과 마노의 문, 이 여섯 가지 문에서 일어나는 자극을 통해 생긴다. 감각기능과 감각대상의 상호작용을 통해 의식이 일어나면 의식도 자유롭지 못하고 조건지어진다. 의식은 물질의 반대개념인 정신이나 영혼이 아니다. 여섯 가지 기능의 영양분이 되는 사고와 생각을 마음이라 하며, 이 마음은 의존적이고 조건지어져 있다. 사고와 생각은 다섯 감각기능이 경험하는 외부세계에 의존한다.

다섯 가지 기능들은 오직 현재의 순간에만, 즉 감각대상이 각각의 감각기능과 직접적으로 만나는 바로 그 현재의 순간에만, 대상들을 만나게 된다. 그러나 마노의 기능은 감각기능에 의해 이미 인식된 형색·소리·냄새·맛·감촉 등의 감각대상을 경험할 수 있다. 예를 들면 과거에 눈이 접촉했던 형색은 현재 눈앞에 없다 하더라도 바로 이 순간 마노의 기능에 의해서 마음에 떠올릴 수 있다. 다른 감각대상들도 마찬가지다. 이것은 개인적이며 이 지각들 중에 어떤 것은 경험하기 어렵다. 마음의 움직임은 미세하고 때때로 일반

◎
82. M. 148. '여섯씩 여섯 경'.

적인 이해의 범위를 벗어나기도 한다.

온 우주는 단순한 지각덩어리가 된다. 색깔 있는 천과 단단하고 견고한 어떤 것을 보면 우리는 그것들로부터 하나의 실체를 만들어낸다. 그러나 그것은 실체가 아니다. 마음이 외부세계에 존재하는 현상들을 단지 해석한 것에 불과하다. 그러나 그 해석이 감각기관을 통해 나타난 것과 반드시 같은 것은 아니다.

마음mind 또는 의식consciousness은 물질세계의 영역 밖에 있기 때문에 과학 실험의 대상이 될 수 없다. 그것은 크기, 형태뿐만 아니라 길이나 부피도 없다. 볼 수도 없고 만질 수도 없으며 다섯 가지 감각기관에 의해 분별되는 것도 아니다. 마음은 마음부수의 지배를 받는 것이 아니라 마음부수의 주인이다. 마음은 '자아', '영혼' 또는 '에고'라는 형태로 영원히 지속되는 정신이 아님을 명확히 이해해야 한다. 마음은 물질에 반대되거나 또는 투영된 정신도 아니고 물질의 결과도 아니다.

영원히 지속되는 자아 또는 영혼의 형태로 된 의식이 인간 내부에 존재해서 일생을 통해 지속되며, 죽음에 이르러서는 한 생명체에서 다른 생명체로 윤회하여 이생과 다음 생을 연결시켜 준다고 생각하는 사람들이 많이 있다. 그런 사람들은 붓다 당시에도 있었고 지금도 있다.

《맛지마니까야》 38번 '갈애 멸진의 긴 경'에서 예를 찾아볼 수 있다. 사띠Sāti라고 하는 붓다의 한 제자가 다음과 같은 견해를 가지고 있었다.

"세존께서 설하신 법을 알기로는, 다름 아닌 바로 이 의식이 계속되고 윤회한다고 이해했습니다."

사띠가 붓다께 자신의 견해를 피력하자 붓다께서는 그에게 물으셨다.

"사띠여, 그러면 어떤 것이 의식인가?"

"그것은 말하고 느끼고 여기저기서 선행과 악행의 과보를 경험하는 것입니다."

"쓸모없는 자여, 도대체 내가 누구에게 그런 법을 설했다고 그대는 이해하고 있는가? 쓸모없는 자여, 참으로 나는 여러 가지 방편으로 의식은 조건에 따라 일어난다고 설했고, 조건이 없어지면 의식도 일어나지 않는다고 하지 않았던가?"

그러고 나서 붓다께서는 의식의 다양한 형태를 설하고 예를 들어 보임으로써 어떻게 의식이 조건에 따라 일어나는지를 명확히 밝히셨다.

이상이 오온에 대한 간단한 설명이다. 오온 가운데 영원한 것은 아무것도 없다. 그것들은 변하기 마련이다. 철학은 제쳐두고 과학적인 견지에서 물질을 본다 하더라도, 조건지어지고 형성된 것은 어느 것도 영원하지 않다. 영원하지 않은 것은 어느 것이든지 괴로움을 담고 있고 슬픔을 내포하고 있다.

독자들이 이러한 괴로움에 대한 불교의 설명이 마음에 들지 않는다고 결론을 내려도 전혀 놀라운 일은 아니다. 붓다께서 지적하셨듯이, 모든 존재는 즐거움과 기쁨을 열망한다. 그들은 괴로움과 기쁘지 않은 것을 몹시 싫어한다. 슬픔에 젖어 있는 사람들은 즐거움을 찾고, 이미 행복한 사람들도 점점 더 많은 행복을 추구한다.

불교의 인생관과 세계관이 암울하고 불교도들은 활기가 없다고 생각하는 것은 잘못이다. 결코 그렇지 않다. 그들은 인생을 살아가며 미소 짓는다. 삶의 진실한 본질을 이해한 사람이 가장 행복한 사람이다. 사물의 무상함 때문에 당황하지 않기 때문이다. 그들은 사물을 있는 그대로 보려고 노력하고 주관적으로 판단하지 않는다. 늙음 · 병듦 · 죽음과 같은 인생의 현실적인 문제들을 만나면 사람들은 갈등을 겪기 마련이다. 그러나 용감하게 그것들과 맞설 준비가 되어 있을 때는 좌절하거나 실망하지 않는다. 이렇게 인생을 바라보는 것은 염세적인 것도 아니고 낙천적인 것도 아니다. 바로 사실적인 관점에서 인생을 바라보는 것이다.

사물 속에 내재하고 있는 불만족의 원리, 즉 괴로움이라는 고유한 성질을 무시하는 사람은 삶의 변화에 직면했을 때 당황한다. 그는 사물을 있는 그대로 보도록 마음을 훈련하지 못했기 때문이다. 즐거움이 계속되리라고 생각하는 사람은 자신의 기대와 정반대로 일이 전개되면 더 많은 괴로움을 느낀다. 그러므로 인생과 인생에 관계된 일들에 대해 초연함을 닦을 필요가 있다. 초연함은 좌절, 실망, 정신적인 고통을 일으키지 않는다. 한 가지 일이나 또 다른 일에 매달리지 않고 그것이 지나가도록 내버려두기 때문이다. 그렇게 하기는 쉽지 않지만, 그것이 마음을 통제하는 확실한 치료법이다. 집착하는 마음을 뿌리째 뽑지 않는다면 불만족이 항상 따라다닐 것이다.

붓다께서는 괴로움을 괴로움으로 보고 행복을 행복으로 보신다. 그래서 세상의 모든 즐거움도 다른 조건지어진 모든 것과 마찬가지로 덧없는 것이라고 설하신다. 그는 사람들에게 덧없는 즐거움에 대해 너무 집착하지 말라고 경고한다. 즐거움도 조만간 괴로움을 초래할 것이기 때문이다. 초연함이 염세주의와 낙천주의를 치유하는 가장 좋은 해독제다. 초연함은 평온한 마음이지 냉정한 무관심이 아니다. 이것은 고요하게 집중된 마음의 결과다. 인생의 변화에 직면했을 때 혼란한 마음이 일어나지 않게 하는 것은 어려운 일이다. 그러나 초연함을 닦는 사람은 당황하지 않는다.

한 어머니가 사랑하는 아들이 죽었는데도 슬퍼하지 않자 어떻게 그럴 수 있느냐는 질문을 받았다. 그녀의 대답이 철학적이었다.

"그는 초대하지 않았는데 왔고 초대받지 않았는데 떠났다. 그는 왔을 때처럼 갈 때도 그렇게 갔다. 한탄하고 통곡한들 무슨 소용이 있겠는가?"[83]

이처럼 사람들은 초연함으로 불행을 이겨낸다. 이것이 바로 초연함의 이점이다. 초연함은 이익과 손실, 칭찬과 비난에 흔들리지 않고 역경에 동요되지 않는다. 이러한 마음은 바른 견해로 이 세상을 바라봄으로써 생긴다. 이와 같이 고요하고 평온한 마음이 인간을 괴로움으로부터 깨달음과 해탈로 인도한다.

절대적인 행복이란 조건지어지고 형성된 사물에서 생기지 않는다. 이 순간 대단한 기쁨을 가져다주었던 것이 다음 순간에는 실망의 원천으로 바뀐다. 즐거움은 금세 끝나버리고 결코 지속되지 않는다. 감각기능의 단순한 만족을 우리는 즐거움, 행복이라고 부른다. 그러나 엄밀한 의미에서 그런 만족은 행복이 아니다. 즐거움 또한 괴로움nandipidukkhā이다. 즐거움도 일시적이기 때문이다. 우리가 바른 견해로 사물을 있는 그대로 보려고 노력하는 내적인 눈을 가지고 있다면, 우리는 이 세계가 이 세계에 집착하는 사람들에게 길을 잃게 만드는 단지 환영māya에 불과하다는 것을 깨달을 수 있다. 이른바 모든 세속적인 즐거움은 한순간에 지나가버리고 단지 괴로움만 안겨줄 뿐이

◎

83. Uraga Jātaka, no. 354.

다. 그것들은 인생의 비참한 병폐에 일시적인 통증 완화만 가져다줄 뿐이다. 이것이 변화로 인해서 생기는 괴로움이다. 우리는 괴로움이 결코 활동을 멈추지 않는 것을 보게 된다. 위에서 언급한 것처럼 괴로움은 이런저런 형태로 나타나며, 고고dukkha-dukkhatā, 행고saṃkhārā-dukkhatā, 괴고viparināma dhamma로 항상 있다.

인간이 생각할 수 있는 모든 종류의 괴로움은 오온의 취착에서 생성되고 유지되고 소멸한다. 끊임없이 변하는 오온의 취착에서 벗어나면 크고 작은 괴로움이 더 이상 존재하지 않는다. 의식하든 의식하지 않든 모든 존재는 부조화와 괴로움을 피하고 즐거움·기쁨·행복을 얻으려고 노력한다. 그러한 노력은 끊임없이 계속되지만 행복은 지속되지 않는다. 행복은 마치 두 괴로움 사이의 틈새처럼 보인다. 오온을 거머쥐고 있는 한 괴로움·불만족은 있다. 행복과 마찬가지로 괴로움도 항상 지속되지는 않는다. 괴로움도 조건지어진 것이고 변하기 쉬운 것이기 때문이다.

에드윈 아널드Edwin Arnold 경은 고통의 이러한 모습을 《아시아의 등불The Light of Asia》에서 잘 묘사하고 있다.

> 탄생의 아픔, 희망 없는 날들의 아픔,
> 피 끓는 청춘의 아픔과 중년의 아픔,
> 으스스한 황혼의 아픔과 숨 막히는 죽음,
> 이러한 것들이 가련한 우리의 인생을 채우네.

붓다께서는 이렇게 말씀하셨다.

"오온은 참으로 짐이다. 그 짐을 내려놓는 것이 바로 행복이다."[84]

이것이 열반nibbāna이고 궁극적인 행복이다nibbānaṃ paramaṃ sukhaṃ.[85]

제자들에게 괴로움의 의미를 설하실 때, 괴로움을 극복한 붓다께서는 어두운 얼굴을 하지 않으셨다. 그의 얼굴은 항상 행복해 보였고 고요했으며 미소를 머금고 계셨다. 다음 게송은 만족하고 있는 그의 마음을 잘 보여준다.

아무것도 가진 것 없는 우리는 참으로 행복하게 산다.
광음천 신들처럼 기쁨으로 살아가리.

그는 제자들을 우울하게 만든 것이 아니라 그들이 깨달음의 한 요소인 희열piti이라는 매우 중요한 자질을 계발하도록 격려하셨다. 붓다의 이러한 훈계를 《테라 가타Thera-gāthā》와 《테리 가타Theri-gāthā》에서 찾아볼 수 있다. 여기에는 비구 · 비구니들의 희열에 찬 노래Udāna가 실려 있다. 불교를 엄밀하게 연구한다면 불교가 기쁨과 희망을 가져다주는 메시지이지 염세주의나 패배주의적인 철학이 아님을 알 수 있을 것이다.

◎

84. S. iii. 26.
85. Dhp. 204 ; M. 75. '마간디야 경'.

4. 괴로움의 원인

환자를 치료하기 전에 그가 앓고 있는 병의 원인을 밝혀내는 것은 필수다. 치료효과는 병의 원인을 제거하는 데 달려 있다. 붓다께서는 괴로움만 말씀하신 것이 아니라 한 걸음 더 나아가 효과적인 치료를 위해 괴로움의 원인을 밝혀주신다. 그렇다면 붓다의 가르침에서 괴로움의 원인이라는 고귀한 진리란 무엇인가?

불교에는 인간의 운명을 지배하는 독단적인 창조주는 없다. 불교는 괴로움이나 괴로움의 원인을 외적인 존재나 초자연적인 힘으로 돌리지 않고 인간 내면의 가장 깊은 곳에서 찾는다. 초기 경전에 있는 최초의 설법과 다른 많은 설법을 통해서 두 번째 고귀한 진리는 다음과 같이 요약할 수 있다.

"감각적 욕망을 동반하고 이곳저곳에서 새로운 즐거움을 추구하는 갈애[86]가 바로 재생, 윤회의 원인이다. 갈애란 감각적 욕망의 갈애kāma-taṇhā, 존재의 갈애bhava-taṇhā, 비존재의 갈애vibhava-taṇhā를 말한다."

갈애가 괴로움의 원인이다. 여기서 우리는 씨앗과 열매, 작용과 반작용, 원인과 결과라는 자연의 법칙이 가지고 있는 힘을 본다. 이것은 전혀 신비로운 것이 아니다. 가장 강력한 힘을 갖고 있는 정신적 요소인 욕망 또는 갈애가 존재를 계속 유지시킨다. 갈애가 세상을 만들고 개조한다. 생명은 생명에 대한 갈애에 의존한다. 갈애가 바로 현재의 존재뿐만 아니라 과거, 미래의 존재 뒤에 숨어 있는 원동력이다. 현재는 과거의 결과이고, 미래는 현재의 결과가 된다. 이것이 의존적 발생이다. 이 힘은 강에 비유된다. 홍수가 났을 때 강이 마을, 교외, 도시, 나라를 물속에 잠기게 하듯이 갈애도 윤회를 통해 끊임없이 솟아나기 때문이다. 연료가 불이 계속 타도록 하듯이 갈애라는 연료가 존재의 불이 꺼지지 않게 한다.

붓다께서는 이렇게 설하셨다.

"비구들이여, 나는 이 갈애의 족쇄taṇhā saṃyojanaṃ처럼 오랫동안 중생들을 사로잡아 윤회의 바퀴에서 헤매게 하는 다른 어떤 족쇄도 알지 못한다. 비구들이여, 진실로 중생들은 이 갈애의 족쇄에 묶여 윤회의 바퀴에서 헤매게 되느니라."[87]

여기서는 갈애가 '첫 번째 원인The First Cause'으로 간주되지 않는다는 것을 아는 것이 중요하다. 불교에는 첫 번째 원인이라는 것이 없다. 시작도 끝도 없는 원인과 결과만 있을 뿐 우주를 지배하는 것은 아무것도 없다. 현상은 단 하나의 원인 때문에 생기는 것도 아니고, 어떤 원인도 없이 생기는

86. 산스끄리뜨어로 'ṭrịshṇā', 어원적으로 갈애thirst라는 의미다.
87. Iti, I, ii, v.

것도 아니다. 연기에서 설명되듯이 현상은 여러 가지 원인에 의해서 생긴다. 육체적이거나 정신적인 다른 모든 것들처럼 갈애도 조건지어져 있고 상호 의존적이며 상대적으로 존재한다. 갈애는 시작도 끝도 없다. 갈애는 괴로움의 직접적인 원인으로 언급된다. 그러나 갈애는 독립적인 것이 아니라 상호 의존적인 것이다. 갈애는 느낌에 의해서 일어나고, 느낌은 접촉에 의해서 일어난다.[88] 다음의 대화는 괴로움의 원인에 대해 잘 설명해준다.

어느 날 나체 수행자 깟사빠가 붓다께 이렇게 말씀드렸다.[89]

"고따마 존자시여, 괴로움은 스스로가 만드는 것입니까?"

"깟사빠여, 그렇지 않다."

"고따마 존자시여, 그러면 괴로움은 남이 만드는 것입니까?"

"깟사빠여, 그렇지 않다."

"고따마 존자시여, 그러면 괴로움은 스스로 만들기도 하고 남이 만들기도 하는 것입니까?"

"깟사빠여, 그렇지 않다."

"고따마 존자시여, 그러면 괴로움은 스스로가 만드는 것도 아니고 남이

◎

88. M. 9. '바른 견해 경'과 비교하라. "느낌이 일어나므로 갈애가 일어나고, 느낌이 소멸하므로 갈애가 소멸한다. 갈애의 소멸로 인도하는 길이 팔정도이다."

89. 깟사빠가 붓다께 다가가서 질문하는 모습은 흥미롭기도 하지만 좀 이상하기도 하다. 붓다께서는 라자가하에 머물고 계셨다. 어느 날 탁발하러 나가셨다. 멀리서 붓다를 보고 깟사빠는 다가가 인사를 한 뒤 여쭈었다. "저의 질문에 대한 설명을 해주실 기회를 주신다면 저는 고따마 존자께 어떤 문제를 질문 드리고자 합니다."
붓다께서는 말씀하셨다.
"깟사빠여, 지금은 질문할 적당한 때가 아니다. 우리는 이미 마을 안으로 들어섰다."
그러나 깟사빠는 세 번이나 거듭해서 질문을 되풀이했고 동일한 대답을 들었다. 그러자 깟사빠는 "저는 고따마 존자께 많은 것을 여쭙지 않을 것입니다."라고 말했다.
붓다께서는 "깟사빠여, 그대가 원한다면 질문을 하라."라고 말씀하셨다.
이 책 p. 56에 나오는 우빠띳사의 이야기와 비교해보라.

만드는 것도 아니고 우연히 생기는 것입니까?"

"깟사빠여, 그렇지 않다."

"고따마 존자시여, 그러면 괴로움이란 없습니까?"

"깟사빠여, 괴로움은 없는 것이 아니다. 깟사빠여, 괴로움은 있다."

"그렇다면 고따마 존자는 괴로움을 알지 못하고 보지 못합니까?"

"깟사빠여, 나는 괴로움을 알지 못하고 보지 못하는 것이 아니다. 나는 참으로 괴로움을 알고 괴로움을 보는 사람이다."

"그런데 저의 모든 질문에 '깟사빠여, 그렇지 않다.'라고만 대답했습니다. 그런데도 괴로움은 있고, 당신은 괴로움을 알고, 괴로움을 본다고 대답하십니다. 세존이시여, 세존께서는 부디 제게 괴로움에 대해서 가르쳐주십시오."

"깟사빠여, '그가 짓고 그가 그 과보를 경험한다.'고 한다면 처음부터 존재했던 괴로움을 상정하여 '괴로움은 스스로가 짓는다.'라고 주장하는 것이 되어 이것은 상견sassatavāda에 떨어지고 만다.

깟사빠여, '다른 사람이 짓고 다른 사람이 그 과보를 경험한다.'고 한다면 느낌에 압도된 자가 '괴로움은 남이 짓는다.'라고 주장하는 것이 되어 이것은 단견ucchedavāda에 떨어지고 만다.

깟사빠여, 여래는 이렇게 양극단에 의지하지 않고 중간에 의해서 법을 설한다. 무명을 조건으로 의도적 행위들이, 의도적 행위들을 조건으로 의식이, 의식을 조건으로 정신·물질이, 정신·물질을 조건으로 여섯 감각장소가, 여섯 감각장소를 조건으로 감각접촉이, 감각접촉을 조건으로 느낌이, 느낌을 조건으로 갈애가, 갈애를 조건으로 취착이, 취착을 조건으로 존재가, 존재를 조건으로 태어남이, 태어남을 조건으로 늙음 · 죽음과 근심 · 탄식 · 육체적 고통 · 정신적 고통 · 절망이 일어난다.[90] 이와 같이 전체 괴로움의 무더기가 일어난다(이것을 괴로움의 원인이라는 고귀한 진리라고 한다).

무명이 남김없이 빛바래어 소멸하기 때문에 의도적 행위들이 소멸하고, 의도적 행위들이 소멸하기 때문에 의식이 소멸하고, 의식이 소멸하기 때문에 정신 · 물질이 소멸하고, 정신 · 물질이 소멸하기 때문에 여섯 감각장소가 소멸하고, 여섯 감각장소가 소멸하기 때문에 감각접촉이 소멸하고, 감각접촉이 소멸하기 때문에 느낌이 소멸하고, 느낌이 소멸하기 때문에 갈애가 소멸하고, 갈애가 소멸하기 때문에 취착이 소멸하고, 취착이 소멸하기 때문에 존재가 소멸하고, 존재가 소멸하기 때문에 태어남이 소멸하고, 태어남이 소멸하기 때문에 늙음 · 죽음과 근심 · 탄식 · 육체적 고통 · 정신적 고통 · 절망이 소멸한다. 이와 같이 모든 괴로움의 무더기가 소멸한다(이것을 괴로움의 소멸이라는 고귀한 진리라 한다)."[91]

깟사빠는 붓다의 이러한 설명을 이해하고 붓다와 법과 승가에 귀의하여 비구가 되었다. 그리고 뒤에 그는 아라한 가운데 한 사람이 되었다.

이와 같이 연기는 괴로움이 어떤 원인과 조건에 의해서 일어나는지, 그리고 어떻게 원인과 조건을 제거함으로써 괴로움이 소멸되는지를 잘 설명

◉

90. 12연기의 각 항목을 빠알리어로 나타내면 다음과 같다. avijjā, saṃkharā, viññāṇa, nāma-rupa, saḷāyatana, phassa, vedanā, tanhā, upādāna, bhava, jāti, jarā-maraṇa. 좀 더 자세한 연구를 위해서는 다음 책을 보라. Piyadassi Thera, *Dependent Origination*, Buddhist Publication Society, Kandy, Ceylon.

91. S. ii. 19. 《상윳따니까야》 2권, 각묵스님 옮김, pp. 149~153.

해준다.

붓다의 연기에 대한 설명이 《앙굿따라니까야》에도 나온다.

> 비구들이여, 괴로움의 원인이라는 고귀한 진리란 무엇인가? 무명을 조건으로 의도적 행위들이 일어나고, 의도적 행위들을 조건으로 의식이 일어난다. (…) 이와 같이 해서 모든 괴로움의 무더기가 일어난다.
>
> 비구들이여, 이것을 괴로움의 원인이라는 고귀한 진리라 한다.
>
> 비구들이여, 그러면 괴로움의 소멸이라는 고귀한 진리란 무엇인가? 무명이 남김없이 빛바래어 소멸하기 때문에 의도적 행위들이 소멸하고 의도적 행위들이 소멸하기 때문에 의식이 소멸한다. (…) 이와 같이 해서 모든 괴로움의 무더기가 소멸한다.
>
> 비구들이여, 이것을 괴로움의 소멸이라는 고귀한 진리라 한다.[92]

연기가 사성제의 두 번째, 세 번째 항목에서도 필수적이라는 것이 명확해졌다. 그리고 몇몇 학자들이 주장하듯이 이 연기는 나중에 붓다의 가르침에 추가된 것이 아니다.

연기는 종종 상당히 실용적인 의미로 설명된다. 설명이 간결하기 때문에 그렇게 보일 수도 있지만, 연기는 단순히 실용적인 가르침만은 아니다. 불경에 정통한 사람들은 붓다의 가르침 속에 있는 지ñāṇa와 혜paññā의 근본원리들이 연기를 바탕으로 한 것임을 안다. 세상에 있는 모든 것, 즉 오

◎

92. A. i. 177.

온은 조건지어져 있다는 가르침 속에서 인생에 대해 붓다께서 가지고 있는 견해의 진수를 깨달을 수 있다. 그래서 만약 세계에 대한 붓다의 설명을 바르게 이해하려면 앞에서 언급한 '모든 것은 원인이 있어 생겨난다Ye dhammā hetuppabhavā'라는 설법 속에 요약된 가르침의 핵심을 완전히 파악해야 한다.

한 사물이 생겨나게 된 원인과 조건이 사라지면 그 결과도 사라진다. 붓다의 연기는 법에 대한 깊은 이해로 유명했던 셀라Sela 비구니가 간결하게 표현한 다음의 게송에 잘 나타나 있다.

> 이 꼭두각시 모습은 저절로 생겨난 것도 아니고
> 이 고뇌의 덩어리는 다른 것에 의해 생긴 것도 아니다.
> 조건에 의해서 생겨나고
> 조건에 의해서 사라진다.[93]
> Nayidaṃ attakataṃ bimbaṃ
> na yidaṃ parakataṃ aghaṃ
> hetuṃ paṭicca sambhūtaṃ
> hetubhaṅga nirujjhati

위에서 보았듯이 "괴로움은 스스로가 만드는 것입니까, 남이 만드는 것입니까?"라고 묻는 깟사빠의 질문에 대한 붓다의 대답은 "깟사빠여, 그렇

◎
93. S. i. 134.

지 않다. 깟사빠여, 그렇지 않다."였다. 그 대답은 붓다께서 '괴로움은 스스로가 만드는 것과 남이 만드는 것'이라는 두 가지 모두를 부정하고 있음을 명확히 보여준다.

괴로움은 오로지 각 개인에 의해서 생긴다sayaṃkarā고 말하는 것은 무의미하다. 개인은 중생세계의 환경 속에 있고, 그 환경은 그에게 다양하게 영향을 미치기 때문이다. 인간의 행위나 행동이 오로지 외부 존재에 의해서 결정된다parakarā고 말하는 것도 마찬가지로 무의미하다. 이때는 인간의 도덕적인 책임과 의지의 자유가 부정되기 때문이다. 붓다께서 설한 연기, 즉 중도는 이러한 두 극단을 피하고, 모든 법 즉 존재 또는 현상은 상호 인과관계로 의존하고 있다고 설한다.

이러한 연기성은 어떤 종류의 자체 요인이나 외적인 요인에 의해 방해받거나 통제되지 않는다. 연기idhappaccayatā는 결정론이 아니다. 이 가르침에는 개인의 물리적 환경과 정신적, 심리적 원인이 동시에 작용하고 있기 때문이다. 물질은 인간의 정신에 영향을 주는 반면, 인간의 정신은 물질에 큰 영향을 미친다. 그래서 붓다께서는 "마음에 의해 세상은 이루어진다 cittena niyati loko."[94]라고 말씀하신다.

연기의 진정한 의미를 이해하지 못하고 그것을 삶에 적용시키지 못한다면, 우리는 연기를 기계적인 인과법이나 생물이나 무생물 등 모든 것의 첫 시작, 즉 단순한 동시 발생으로 잘못 이해하게 된다. 불교에는 사물의 출발점이 없기 때문에 연기에 첫 번째 원인이 있을 수 없다. 존재의 첫 시작,

◎
94. S. i. 39.

즉 생명체들의 생명의 흐름은 알 수 없다. 그래서 붓다께서는 다음과 같이 말씀하신다.

"세계에 대한 생각loka-cintā은 정신적인 혼란을 가져올 수 있다."[95]

"비구들이여, 윤회saṃsāra의 끝은 알 수 없다. 그리고 이리저리 방황하는 중생들의 첫 시작은 무명avijjā에 싸여 있고 번뇌인 갈애taṇhā에 사로잡혀 있어서 알 수 없다."[96]

사실 첫 시작을 아는 것은 불가능하다. 아무도 어떤 것의 궁극적인 기원을 추적할 수 없다. 인류는 말할 필요도 없고 모래 한 알의 기원조차도 추적할 수 없다. 시작이 없는 과거 속에서 시작을 찾는 일은 무의미하고 소용없는 짓이다. 생명은 정체되어 있는 것이 아니다. 그것은 발달과정이다. 생명이란 육체적 · 심리적 변화의 흐름이다.

누군가 첫 번째 원인을 인정한다면 '첫 번째 원인'의 원인이 무엇인지 입증해야 한다. 왜냐하면 원인과 조건의 법칙(연기)은 그것을 보지 않으려는 사람들을 제외하고는 누가 보아도 명백하기 때문이다. 그러나 존재와 사건을 전능한 창조신의 탓으로 돌리는 유신론자는 단호하게 "이것은 하나님의 의지다. 하나님의 권위를 의심하는 것은 신성 모독이다."라고 말한다. 이 하나님이라는 관념이 탐구하고 분석하고 자세히 조사하려는 인간의 자유를 억누르고, 이 육안 너머에 있는 것을 보지 못하도록 해서 통찰력의 성장을 방해하는 것은 아닐까?

x가 첫 번째 원인이라고 가정해보자. 그러면 이 가정이 우리를 해탈에 한

◎

95. A. ii. 80.
96. S. iii. 149, 151 : S. ii. 179.

발자국이라도 더 가까이 데려다주는가? 그것이 해탈로 가는 문을 막아버리는 것은 아닌가? 우리는 시작도 끝도 없는 원인과 결과로 이루어진 자연법, 인과법을 안다. 우주를 지배하는 것은 아무것도 없다.

연기에서 설명했듯이 갈애taṇhā의 직접적인 원인은 느낌이다. 갈애는 그 원인을 가지며 느낌에서 일어난다.

모든 형태의 욕구appetite는 갈애taṇhā에 속한다. 탐욕 · 애착 · 욕구 · 욕망 · 사모 · 동경 · 열망 · 기호 · 애정 · 가족애 등은 붓다의 가르침 속에서 '존재로 인도becoming, bhava-netti' 하는 갈애를 나타내는 말이다. 괴로움 · 좌절 · 육체적 고통 · 정신적 고통이라는 형태로 자신을 드러내는 존재becoming는 우리 자신의 경험이다.

이 세상의 적은 모든 악마들이 살아 있는 존재로 부활하는 통로인 갈애(욕망, 갈망, 갈증)다. 갈애는 오감 · 부 · 재산에서 오는 즐거움과 다른 사람을 파괴시키고 다른 나라를 정복하려는 데서 오는 즐거움에 대한 탐욕 · 집착뿐 아니라 이상 · 관념 · 견해 · 믿음에 대한 갈애dhamma-taṇhā도 있다. 그런데 후자는 가끔 모든 국가와 온 세상을 재난과 파괴로 이끌어 말할 수 없는 고통 속에 빠뜨리기도 한다.

그렇다면 이 갈애는 어디에서 일어나고 어디에 뿌리내리고 있는가? 기쁨과 즐거움이 있는 곳, 갈애는 그곳에서 일어나고 그곳에 뿌리내리고 있다. 무엇이 기뻐하고 즐거워하는가? 눈 · 귀 · 코 · 혀 · 몸 · 마음이 기뻐하고 즐거워한다. 이것은 인간이 앞에서 설명한 눈·귀 등 다섯 감각기능을 통해서 감각대상, 즉 외부세계를 인식하고 여섯 번째 마노를 통해서 사고와 생각을 갖기 때문이다. 갈애는 이 여섯 가지 장소에서 일어나고 이 여섯 가지 장소에 뿌리내리고 있다. 형색· 소리 · 냄새 · 맛 · 감촉 · 개념idea에 기뻐하고 즐거워한다. 갈애는 그곳에서 일어나고 그곳에 뿌리를 내리고 있다.[97]

인간은 항상 기쁨과 즐거움에 집착한다. 그래서 즐거움을 찾아 다섯 가지 감각대상을 좇아다니고 개념을 떠올린다. 그리고 그것들에 집착한다. 인간은 여섯 가지 대상의 양이 결코 여섯 가지 기능을 만족시켜 주지 못할 것이라는 사실을 깨닫지 못한다. 재산이나 욕망의 만족을 향한 강한 갈애에 싸여 있는 중생들은 윤회의 굴레에 묶이게 되고, 고통 속에 짓눌려 마지막 해탈로 가는 문을 단단히 닫아버리고 만다. 붓다께서는 이처럼 거친 돌진에 대해 아주 단호히 다음과 같이 충고하셨다.

"쾌락은 속박, 즐거움은 잠시 적은 맛으로 끝없는 괴로움으로 이끈다. 현명한 사람은 미끼를 낀 낚시를 안다."[98]

다음의 시가 붓다의 말씀을 잘 나타내고 있다.

즐거움은 양귀비꽃과 같다.
꽃을 움켜쥐면 꽃잎이 떨어지듯
또는 강물에 떨어지는 눈송이처럼
한순간 하얗다가 영원히 녹아버리고 만다.[99]

◎

97. D. 22. '대념처경'.
98. Sn. 61.
99. Robert Burns, *Tam O' Shanter*.

대상에 대한 갈애가 감각적인 쾌락과 관계할 때 이것을 '감각적 욕망의 갈애kāma-taṇhā'라고 한다. 영원한 존재에 대한 믿음과 관계할 때 이것을 '존재의 갈애bhava-taṇhā'라고 한다. 영원히 존재하기를 바라는 갈애나 집착과 관계하는 견해가 '상견sassata-diṭṭhi'이다. '영혼 소멸'에 대한 믿음과 관계 있을 때는 '비존재에 대한 갈애vibhava-taṇhā'라고 한다. 이것을 '단견uccheda-diṭṭhi'이라고 한다.

갈애는 즐겁고 기분 좋은 느낌뿐만 아니라 불행하고 불쾌한 느낌에 의해서도 조건지어져 있다는 것을 기억해야 한다. 고통에 시달리는 사람은 그 고통이 사라지기를 갈망한다. 그리고 행복과 해방을 간절히 바란다. 달리 말하자면 가난한 사람과 곤궁한 사람, 환자와 불구자, 즉 괴로움을 당하고 있는 모든 사람은 행복·즐거움·위안을 갈망한다. 반면에 이미 즐거움을 경험하고 있는 부자와 건강한 사람은 점점 더 강한 즐거움을 갈망한다. 갈망, 욕망이라는 것은 만족을 모른다. 사람들은 덧없는 즐거움을 추구하고 이 삶의 격정을 채울 연료를 끊임없이 요구한다. 탐욕은 끝이 없다.

사람들은 탐욕의 결과로 오는 괴로움을 겪을 때 갈애의 근본인 무명을 완전히 제거한 아라한, 즉 완전한 청정을 얻은 사람들을 제외한 사람들 모두의 주변에서 불어대는 탐욕의 해악을 깨닫게 된다. 갈망하면 할수록 점점 더 많은 괴로움을 겪게 된다. 슬픔은 우리가 갈애를 가짐으로 해서 지불해야 하는 대가다.

"갈애taṇhā로부터 슬픔이 생기고 갈애로부터 두려움이 생긴다. 갈애로부터 벗어난 이에게는 슬픔이 없는데 어디에 두려움이 있겠는가."[100]

이 갈애가 우리로 하여금 중생으로 계속 살아가게 하고 그것을 되풀이

하도록 하며 다시 태어나게 하는 '존재의 집'을 짓게 하는 적임을 알아야 한다. 붓다께서는 "갈애의 뿌리를 뽑아라taṇhāya mūlaṃ khaṇatha."[101]라고 말씀하신다.

"뿌리가 튼튼하고 상하지 않으면 나무는 잘려도 다시 살아나듯이 숨어 있는 갈애를 뿌리 뽑지 않으면 괴로움은 계속 일어난다."[102]

지식이 있는 사람은 중생세계에는 괴로움, 즉 불만족이 존재한다는 것을 부정하지 않겠지만 욕망이나 갈애가 어떻게 윤회를 초래하는지를 이해하기는 어렵다. 이것을 이해하기 위해서는 불교의 두 가지 중요한 가르침인 업과 윤회를 이해해야 한다.

만약 우리의 현재의 태어남이 시작이고 우리의 죽음이 이생의 끝이라면, 괴로움의 문제에 대해서는 걱정할 필요도 없고 이해하려고 노력할 필요도 없을 것이다. 옳고 그름을 판단해주는 우주 내의 도덕적 질서는 우리들에게 중요하지 않을 것이다. 이 짧은 생애 동안 어떻게 해서라도 즐기고 괴로움을 피하는 것이 현명한 일일 것이다. 그러나 이 견해로는 인간의 불평등을 설명할 수 없다. 일반적으로 인간은 도덕적인 인과관계를 의식하고 있다. 그래서 이 문제의 원인을 찾을 필요를 느낀다. 빠알리어인 깜마kamma('하다'라는 의미의 어근 kr에서 나옴)는 문자 그대로는 활동action이나 행위doing를 의미한다. 그러나 모든 행위가 업으로 간주되는 것은 아니다. 예

◎

100. Dhp. 216.
101. Dhp. 337.
102. Dhp. 338.

를 들면 머리카락과 손톱의 성장, 음식의 소화도 일종의 활동이지만 업은 아니다. 과보는 업이 아니며 업을 짓는 활동이 아니다.

"비구들이여, 의도가 업이다[103]cetanāhaṃ bhikkhave kammaṃ vadāmi."

이것이 붓다께서 내린 업의 정의다. 의도cetana는 마음부수의 하나로 상카라 무더기(행온)의 한 요소다. 의도는 '개인'을 형성하는 오온의 일부가 된다. 업은 행위 또는 씨앗이고, 업의 결과 내지 결실을 과보라 한다. 인간은 의도를 가지고 행동하고 말하고 생각한다.[104] 이 의도들은 선하거나 악하며, 그 결과에 따라 선하거나 악하거나 선하지도 악하지도 않은 중간이 되거나 할 것이다. 작용과 반작용, 원인과 결과, 씨앗과 열매의 끊임없는 활동은 계속되는 움직임 속에서 지속된다. 그리고 이것이 존재의 물질 · 정신의 지속적인 변화과정을 형성한다saṃsāra.

업이 의도volition로 의지will, 힘force이라는 것은 확실하다. 그리고 이 의도는 감각적 욕망의 갈애, 존재의 갈애, 비존재의 갈애 등 세 가지로 분류된다. 인간은 의도를 가지고 몸과 말과 생각을 통해서 행위를 한다. 그리고 그 행위action는 반응reaction을 가져온다. 갈애가 행위를 가져오고, 행위는 결과를 가져온다. 그 결과로 인해 새로운 갈망과 갈애를 가져온다. 원인과 결과, 행위와 반응의 이러한 과정은 자연법칙이다. 이것은 저절로 이루어진 법이며, 법을 만든 사람이 따로 없다.

악을 징계하고 선한 행위에 보상을 내리는 외부적인 존재, 힘, 하나님은 불교사상에서 설 자리가 없다. 인간은 선을 위해서건 악을 위해서건 항

◎

103. A. iii. 415.
104. A. iii. 415.

상 변해간다. 이 변화는 피할 수 없으며, 다른 어떤 것이 아닌 전적으로 자신의 의도와 행위에 의해서 일어난다. 이것은 에너지 보존의 법칙이라는 보편적인 자연법칙이 윤리의 영역에까지 확장된 것에 불과하다.

어떻게 행위가 반응을 일으키고, 원인에 의해 결과가 일어나며, 씨앗이 열매를 맺게 하는지를 이해하기 위해서 많은 과학적 지식이 필요한 것은 아니다. 그러나 업의 힘, 즉 의도적인 행위가 어떻게 이 몸이 사라지고 난 뒤에 또 다른 탄생의 결과를 가져오는지는 파악하기 어렵다. 불교에서는 죽은 후나 태어나기 전에 독립된 의도적 행위(업)는 없다고 한다. 업과 재생rebirth은 맞물려 있다. 업은 재생을 낳고 재생은 업을 낳는다. 여기서 불교의 업 이론은 운명론이 아니라는 것을 알아야 한다. 그것은 인간의 행위가 자유로운 것이 아니라 인간의 의지를 넘어서 작용하는 외부적인 힘 또는 하나님의 예정에 의해서 결정된다고 하는 철학적인 법이 아니다. 붓다께서는 모든 것은 변할 수 없게 고정되어 있다는, 즉 필연성에 의해서 모든 것이 일어난다는 결정론niyati-vāda도 인정하지 않았을 뿐만 아니라 비결정론adhicca-samuppanna도 지지하지 않으셨다.

불교에는 지옥이나 천상에서 영원히 살아가는 존재는 없다. 태어남은 죽음으로 향해 가고 죽음은 태어남을 향해 나아간다. 태어남과 죽음이라는 순환은 끝없이 계속된다. 더욱이 영혼·자아로 이생에서 저승으로 이동하는 고정된 실체는 없다. 비록 인간이 정신과 물질로 이루어진 정신·물질 단위로 구성되어 있다 할지라도, 이 정신은 뭔가 이미 만들어져 있는 영원한 실체라는 의미에서의 영혼이나 자아는 아니다. 이것은 이생뿐만 아니라 전생의 기억도 저장할 수 있는 힘, 역동적인 연속체다. 과학자에게 물질은 진정한 물질이 아니라 긴장과 변화 상태에 있는 에너지다. 심리학자에게 정신이란 더 이상 고정된 실체가 아니다. 붓다께서 이른바 존재, 즉 개인은 단지 정신·물질인 힘(또는 에너지), 지속적인 변화의 결합에 지나지 않는다고 강조하셨다.

이 정신·물질 유기체는 끊임없이 변화하고 순간순간 새로운 정신·물질 흐름을 창조한다. 그리고 미래의 유기체적인 흐름을 일으키기 위한 잠재력을 지니게 된다. 한 순간과 다음 순간 사이에 틈을 남기지 않는다. 우리는 인생에서 매 순간 살고 죽는다. 이것은 마치 일어나고 사라지는udaya-vaya 파도처럼 한순간 존재했다가 사라지는 것이다.

이생에서 우리들에게 명백한 변화의 지속성, 즉 정신·물질 흐름은 죽음으로 끝나는 것이 아니라 끊임없이 계속된다. 이것은 업력을 형성하는 의도, 갈애, 욕구, 욕망이라 불리는 역동적인 의식의 흐름이다. 이 강력한 힘, 살려는 의지가 생명을 계속 유지시킨다. 불교에서는 인간의 생명뿐만 아니라 모든 중생세계가 선과 악이라는 정신적인 요소들을 가지고 있는 이 마음이라는 거대한 힘에 의해 초래된다고 본다.

현재의 태어남은 전생에 있었던 갈애와 취착의 업력tanhā-upādāna에 의해 있게 된 것이고, 이생의 업력은 미래의 생을 초래한다. 불교에서는 업이 중생들을 구분 지어서 천박하고 고귀하게 만든다고 한다.[105]

"중생들은 업이 바로 그들의 주인이고, 업의 상속자이고, 업에서 태어났고, 업이 그들의 권속이고, 업이 그들의 의지처이다."[106]

◎

105. M. 135. '업 분석의 짧은 경'.
106. M. 135. '업 분석의 짧은 경'.

행위를 통해서만 그들을 더 좋은 상태로 변화할 수 있고 자신을 다시 형성할 수 있으며 악으로부터 해방될 수 있다. 그러나 불교에서는 모든 것이 과거의 행위에 의해서만 일어나는 것은 아니라는 것을 강조한다. 붓다 당시 니간타 나따뿟따Nigaṇṭha Nātaputta와 같은 고행주의자들은 즐겁든 괴롭든 그 둘 다가 아니든 간에 개인이 경험하는 모든 것은 이전의 행위, 즉 과거의 업으로부터 온 것이라는 견해를 가지고 있었다.[107] 그러나 붓다께서는 과거에 의한pubbekatahetu 것이라는 이 배타적 결정론을 받아들이지 않으셨다. 많은 현상이 이생에서 행한 우리 자신의 행위와 외부적인 원인의 결과다.

호기심이 있는 사람은 '윤회하는 영원한 영혼 또는 자아의 환생이 없다면 윤회하는 것은 무엇인가?' 하고 물을지도 모른다. 그 대답은 환생, 즉 윤회하는 영혼·자아ātman의 성질을 갖고 있는 영원한 실체는 없다는 것이다. 변화 없이 계속되는 어떤 것을 생각한다는 것은 불가능하다. 모든 것은 끊임없는 변화의 상태로 존재한다. 이른바 삶이란 앞에서 언급한 오온의 작용 또는 단순한 에너지, 힘의 형태로 된 몸과 마음의 작용이다. 그것들은 연속하는 순간순간에도 결코 동일하지 않다.

우리는 몸과 마음의 집합체 속에서 영원한 어떤 것도 찾을 수 없다. 성인은 어린 시절의 자신이 아닐 뿐만 아니라 그와는 전혀 다른 사람이다. 둘 사이에는 단지 연속적인 관계성만이 있을 뿐이다. 몸과 마음의 집합체, 즉 정신·물질인 에너지는 죽는다고 해서 사라지는 것이 아니다. 힘, 에너지

◎

107. M. 101. '데와다하 경'. 이러한 견해는 A. i. 173.에서 나타난다.

는 결코 사라지지 않기 때문이다. 이것은 변화하고, 새로운 조건 속에서 다시 형성된다. 이것을 윤회, 재생punabbhava이라고 한다.

업유kammabhava는 끊임없이 현재의 생으로부터 미래의 생을 조건짓는 에너지다. 이 과정에서 한 생에서 다른 생으로 재생하는 것은 아무것도 없다. 단지 변화의 운동만이 끊어지지 않고 계속된다. 여기서 죽어 다른 곳에서 태어난 존재는 이곳에서와 동일한 존재도 아니고 완전히 다른 존재도 아니다na ca so na ca añño.[108]

바로 이전의 생에 속하는 마지막 순간의 '죽음 마음cuti citta'이 있고, 바로 그다음 순간에 이 마음은 소멸한다. 이 마음에 조건지어져서 재생연결식paṭisandhi viññāṇa[109]이라 불리는 현재 생의 첫 마음이 생긴다. 마찬가지로 이 생의 '마지막 순간의 의문인식과정last thought-moment'이 다음 생의 첫 마음을 조건짓는다. 이런 방식으로 의식은 생겼다가 사라지고 새로운 의식에게 자리를 내준다. 이렇게 이 마음의 영속적인 흐름은 존재가 사라질 때까지 계속된다. 어떤 면에서 존재란 살고 지속하려는 의지인 마음이다.

현대생물학에 따르면 새로운 인간의 생명은 아버지로부터 나온 정자가 어머니의 난자와 합쳐지는 기적적인 순간에 시작된다. 이것이 탄생의 순간이다. 과학에서는 이 두 육체적인 일반적 요인을 언급하나, 불교에서는 정신적인 세 번째 요인만을 말하고 있다.

'갈애 멸진의 긴 경Mahātaṃhāsaṃkhaya-sutta'[110]에 의하면, 세 가지 요소

◎

108. Milindapañha.
109. 12연기의 세 번째인 식viññāṇa이다.
110. M. 38. '갈애 멸진의 긴 경'.

가 결합되어야 임신이 된다. 아버지와 어머니가 함께 있어도, 어머니가 임신이 가능한 시기가 아니고, 다시 태어나야 할 존재인 간답바gandhabba가 존재하지 않으면 생명의 싹은 트지 않는다. 아버지와 어머니가 함께 있고 어머니가 임신 가능 시기에 있다 하더라도 간답바가 존재하지 않으면 임신이 되지 않는다. 아버지와 어머니가 함께 있고 어머니가 임신이 가능한 시기이며 간답바가 존재할 때 비로소 생명의 싹은 트기 시작한다.

여기서 말하는 세 번째 요소는 '재생연결식paṭisandhi viññāṇa'을 말한다. 이 재생연결식은 선하거나 악한 행위의 과보를 겪는 영혼이나 자아가 아니라는 것을 명백히 이해해야 한다.[111] 의식은 또한 조건에 의해서 생긴다. 조건이 없다면 의식도 일어나지 않는다.

우리는 의식의 흐름에 태어남, 죽음, 사고 작용 따위의 이름을 붙인다. 그러나 거기에는 의식의 순간만이 존재한다. 위에서 보았듯이 의식의 마지막 순간을 죽음이라 하고, 의식의 첫 번째 순간을 탄생이라 한다. 탄생과 죽음은 이 의식의 흐름 속에 존재한다. 그것은 의식의 순간이 계속 이어지는 것에 지나지 않는다.

무명과 갈애 때문에 사람들이 존재에 집착하고 있는 한 그들에게 죽음은 마지막이 아니다. 그들은 존재의 바퀴를 윤회할 것이다. 이것은 갈애에 의해 몰려가며, 무명에 의해 숨겨졌으며, 끊임없는 업으로 인해 계속되는 행위action와 반응reaction의 무한 반복이다. 업, 즉 행위는 우리 자신이 하는 것이기에 우리는 이 윤회의 끝없는 사슬을 부수어버릴 힘을 가지고 있

◎
111. 이러한 견해는 M. 38에서 논의된다.

다. 실제로 존재의 굴레saṃsāra는 무명avijjā과 갈애taṇhā라는 맹렬한 힘, 존재하려는 갈망, 살려는 의지taṇhā를 뿌리째 뽑아냄으로써 사라진다. 그래서 붓다께서는 다음과 같이 설하신다.

"어떻게 미래에 다시 태어남이 없습니까?"

"무명이 빛바래고 명지明知가 생기고 갈애가 소멸하기 때문에 이와 같이 미래에 다시 태어남이 없습니다."[112]

깨달음을 얻은 후 붓다께서는 다음과 같은 게송을 읊으셨다.

수많은 태어남인 윤회 속에
집 짓는 이를 찾아 나는 떠돌았다.
거듭된 태어남은 괴로움이다.

집 짓는 자여, 그대는 보았다.
다시는 집을 짓지 않으리라는 것을.
그대의 모든 서까래는 부러졌고 대들보는 파괴되었다.
열반에 도달한 마음은
갈애의 소멸을 이루었다.[113]

anekajātisaṁsāraṁ sandhāvissaṁ anibbisaṁ
gahakārakaṁ gavesanto dukkhā jāti punappunaṁ

112. M. 43. '교리문답의 긴 경'.
113. Dhp. 153, 154.

gahakāraka diṭṭhosi puna gehaṁ na kāhasi

sabbā te phāsukā bhaggā, gahakūṭaṁ visaṅkhitaṁ

visaṅkhāragataṁ cittaṁ taṇhānaṁ khayamajjhagā

5. 괴로움의 소멸

앞에서 괴로움과 괴로움의 원인에 대해 이야기했다. 이제 열반nibbāna(Skt. nirvāṇa)이라고 하는, '괴로움의 소멸dukkha-nirodha'이 갖는 의미를 알아보자. nibbāna의 어원을 살펴보면 ni+vāna로, 갈애로부터의 자유, 갈애를 떠남 또는 nir+vā, 즉 불이 꺼진다는 의미다.

빠알리어와 산스끄리뜨어의 어원적 의미가 이 말을 이해하는 데에는 도움을 주지만 열반의 기쁨을 맛보도록 도와주지는 않는다. 깨달음은 다음 장에서 알아볼 계율sila, 삼매samādhi, 지혜paññā를 통해서 일어난다. 열반은 궁극적 실재인 법dhamma이며 경험할 수 있으며, 설명될 수 없는 것이다. 이것은 출세간lokuttara이며, 궁극적이며, 조건지어지지 않은 것asaṃkhata이다. 열반은 각자가 지혜를 통해서 얻는 것이다.

열반은 말할 것도 없고, 가령 과거에 설탕을 맛본 적이 없는 사람에게 그것의 화학적 성질을 설명해주는 책을 읽으라고 함으로써 그 맛을 가르쳐

줄 수는 없다. 그러나 설탕 한 덩어리를 혀 위에 올려놓고 그 달콤한 맛을 보게 하고 나면, 더는 설탕에 대해 설명할 필요가 없어진다.

'열반이란 무엇인가?'라는 문제는 불교도건 아니건 간에, 맨 처음에 묻고 싶어하는 질문이다. 이것은 어제오늘의 질문이 아니다. 현명한 해답이 주어져 열반이 분명한 말로 설명된다 해도 이론적인 설명은 우리를 열반에 한 발짝도 가까이 데려다주지 못한다. 왜냐하면 열반은 언어, 논리, 추론을 초월한 것atakkāvacara이기 때문이다. 이것은 말로 표현할 수 없기 때문에 열반이 아닌 것이 무엇인지를 말하는 쪽이 더 쉽고 의미 있는 일이다.

열반은 말로 나타내거나 전달할 수 없다. 우리는 열반을 표현하고 제한된 의미를 지닌, 세계에서 쓰고 있는 말을 사용한다. 그러나 최상의 정신적 훈련과 지혜를 통해 실현되는 절대적 실재인 열반은 어떤 우주적인 경험이나 사변의 영역도 초월해 있다. 그렇다면 왜 이것에 대해 쓰고 있는가? 그것은 불교에서 말하는 열반에 대한 오해를 막기 위해서다.

붓다께서는 열반에 대해 다음과 같이 설하셨다.

"비구들이여, 그런 내게 이런 생각이 들었다. '내가 증득한 이 법은 심오하여 보기 어렵고 깨닫기 어렵고 고요하고 수승하고 사유의 영역을 넘어섰고, 오로지 현자들만이 알아볼 수 있는 것이다. 그러나 사람들은 집착을 좋아하고 집착을 기뻐하고 집착을 즐긴다. 집착을 좋아하고 집착을 기뻐하고 집착을 즐기는 사람들이 이런 경지, 즉 '조건지어 일어남'인 연기를 보기는 어려울 것이다. 또한 모든 형성된 것들의 가라앉음, 모든 재생의 근거를 완전히 놓아버림, 갈애의 멸진, 탐욕의 빛바램, 소멸, 열반을 보기도 어려울 것이다. 설혹 내가 법을 가르친다 하더라도 저들이 내 말을 이해하지 못한다면 그것은 나를 피로하게 만들 뿐이고, 나를 성가시게 할 뿐이다."[114]

붓다께서 갈애의 완전한 소멸nibbāna은 보기 어렵고 이해하기 어렵다는 것을 명백히 지적하신 것이다.

붓다께서는 첫 번째 설법에서 세 번째 고귀한 진리를 설명하면서 다음과 같이 설하신다.

"비구들이여, 이것이 괴로움의 소멸이라는 고귀한 진리이니, 바로 갈애의 완전한 소멸nirodho, 포기cāgo, 버림paṭinissaggo, 해탈mutti, 초연anālayo이다."[115]

여기서 열반이라는 말은 언급되지 않았지만 '갈애의 완전한 소멸'이 열반을 의미한다. 붓다께서는 어디에서나 이러한 사실을 분명히 하고 계신다.

"라훌라여, 갈애의 소멸taṇhakkhayo이 열반이다."[116]

붓다께서는 범천에게 대답하면서 "갈애를 버리는 것taṇhāya vippahānena이 열반이다."[117]라고 하신다. 사리뿟따는 열반을 설명하면서 "오온에 대한 탐욕과 욕망chandarāga을 제거하는 것이 괴로움의 소멸이다.[118]"라고 말한다.

이렇게 볼 때 소멸nirodha, 열반nibbāna은 갈애taṇhā의 소멸과 사라짐이라는 것이 확실하다. 앞 장에서 보았듯이 갈애는 괴로움의 원인이고, 이 괴로움은 그 원인인 갈애가 사라질 때에만 사라진다. 갈애를 포기하면 괴로움

◎

114. M. 26: S. i. 136. 《맛지마니까야》 1권, 대림스님 옮김, pp. 627~630.
115. S. v. 421.
116. S. iii. 190.
117. S. i. 39.
118. M. 28. '코끼리 발자국 비유의 긴 경'.

과 관계된 모든 것이 사라진다. 그래서 열반은 '괴로움의 소멸'로 풀이된다.

열반을 정의하기 위해 종종 부정적인 말들이 사용된다 하더라도 열반이 단순히 자아를 부정하는 것은 아니라는 것을 알아야 한다. 여기서 부정이란 절대적인 없음空이 아니라 단순히 어떤 것이 없다는 의미다. 열반을 실현한 아라한은 갈애로부터 자유롭다. 그에게는 더 이상 갈애가 존재하지 않는다. 이것은 단지 자아 없음, 즉 자아의 소멸이 아니다. 왜냐하면 거기에는 소멸될 자아가 없기 때문이다.

경전에서는 평온khemaṃ, 청정suddhi, 현명paṇditaṃ, 고요santi, 해탈vimutti과 같은 긍정적인 말들도 조건지어지지 않은 열반을 나타내기 위해 사용되고 있다. 이러한 말들이 갖는 중요성은 중생세계의 알려진 경험 속에 한정된다. 모든 긍정적인 뜻은 현상세계에 살고 있는 우리들의 경험에서 나온 것이다. 사물에 대한 세속적인 개념은 생성된 것이다. 그러므로 열반과 관계된 모든 개념도 생성된 것들이다. 그래서 우리는 열반의 진정한 모습을 알 수 없다. 우리의 모든 생각·개념·언어는 제한되어 있고 조건지어진 것이다. 따라서 그러한 것들은 생겨난 것도, 조건지어진 것도, 합성된 것도 아닌 무위의 열반에 적용될 수 없다.

관습에 따라 우리는 긍정적이거나 부정적인 언어를 쓰는데 그것은 다른 모든 것이 그러하듯 상대적이다. 그러나 열반은 긍정과 부정을 초월해 있고 조건지어져 있는 어떤 것과도 관계가 없다. 붓다께서는 세간적인 언어가 갖고 있는 제한성을 알고서 그것을 사용하셨다. 열반이란 무엇인가라는 질문에 대한 붓다의 대답을 들어보자.

"비구들이여, 두 가지 열반의 요소界, 유여열반과 무여열반의 요소가 있다.

비구들이여, 유여열반의 요소saupādisesa-nibbāna-dhātu란 어떠한 것인가? 비구들이여, 세상에 아라한인 비구는 번뇌를 부수고, 청정한 삶을 이루었고, 해야 할 일을 마쳤고, 짐을 내려놓았고, 자신의 이상을 실현하였고, 존재의 결박을 끊었고, 올바른 궁극의 앎으로 해탈하였다. 그에게 다섯 감각기관이 아직 존재하고 사라지지 않았으므로, 그는 즐거움과 불쾌함을 경험하고 즐거움과 괴로움을 느낀다. 그에게는 탐욕이 부서지고, 성냄이 부서지고, 어리석음이 부수어진다. 비구들이여, 그것을 유여열반의 요소라고 한다.

비구들이여, 그렇다면 무여열반의 요소anupādisesa-nibbāna-dhātu란 어떠한 것인가? 비구들이여, 세상의 수행승들이 아라한으로 번뇌를 부수고, 청정한 삶을 이루었고, 해야 할 일을 해 마쳤고, 짐을 내려놓았고, 자신의 이상을 실현하였고, 존재의 결박을 끊었고, 올바른 궁극의 앎으로 해탈하면 그에게 모든 느껴진 것은 환희의 대상이 아닌 청량한 것이 된다. 비구들이여, 이것을 무여열반의 요소라 한다."

붓다께서는 이것을 다음과 같은 게송으로 읊었다.

이러한 두 가지 열반의 요소는 눈 있는 자,
의착하지 않는 자, 여여한 자에 의해서 밝혀진 것이다.
첫 번째가 이 세상에서 현세의
존재의 통로가 부수어진 것이 유여요소有餘界이다.
반면에 당래 일체의 존재들[119]이

소멸된 것이 무여요소無餘界이다.
그 조건지어지지 않은 진리를 알고
존재의 통로를 부수고 마음을 해탈하여
진리의 핵심에 도달하여 소멸을 즐기는 님들,
그 여여한 님[120]들은 일체의 존재를 버린다.[121]

Duve imā cakkhumatā pakāsitā
Nibbānadhātū anissitena tādinā
Ekā hi dhātu idha diṭṭhadhammikā
Saupādisesā bhavanettisaṅkhayā
Anupādisesā pana samparāyikā
Yamhi nirujjhanti bhavāni sabbaso
Ye etadaññāya padaṃ asaṅkhataṃ
Vimuttacittā bhavanettisaṅkhayā
Te dhammasārādhigamā khaye ratā
Pahaṃsu te sabbabhavāni tādino'ti

인간은 오온, 정신 · 물질로 구성되어 있다. 오온은 끊임없이 변하기 때문에 영원하지 않다. 그것은 존재했다가 사라진다. '일어난 모든 것은 소멸하는 법이다'.[122]

◎

119. bhavanetti는 갈애taṇhā와 동의어다.
120. dhammasārā. 이 문장에서는 아라한을 뜻한다.
121. Iti. pp. 38~39. '이띠붓따까 여시어 경', 전재성 역주, p. 107.

인간이 가진 탐욕貪·성냄嗔·어리석음痴이 계속되는 삶을 가져온다. 경전에 "탐욕·성냄·어리석음을 버리지 않으면 윤회에서 벗어나지 못한다."[123]라고 한다.

탐·진·치를 뿌리 뽑으면 살아 있는 동안에 해탈하여 아라한이 될 수 있다. 앞에서 언급했듯이 이것이 유여열반이다. 아라한의 오온은 그의 무한한 과거에 있었던 탐욕·성냄·어리석음에 조건지어져 있다. 그가 살아 있는 동안 그의 오온은 작용하여, 감각기능이 감각대상과 접촉해서 일으키는 육체적 즐거움과 괴로운 느낌을 느낀다. 그러나 그는 집착·분별·자아의 개념이 없기 때문에 이러한 느낌에 동요하지 않는다.[124]

아라한이 생명이 다하면 그의 오온, 즉 남아 있는 구성요소들은 기능이 정지한다. 오온은 죽음과 함께 완전히 부서지고 느낌도 더는 존재하지 않는다. 탐·진·치가 뿌리째 뽑혔기 때문에 그는 다시 태어나지 않고, 자연히 더 이상 느낌을 받아들이지도 않는다. 그러므로 "그의 느낌은 싸늘하게 식을 것이다sitibhavissanti."라고 말한다. 이러한 생각은 《우다나Udāna》에 다음과 같이 표현되어 있다.

몸은 부서지고 인식은 소멸하였고

모든 느낌은 식었고 상카라는 그치고

122. M. iii. 280 : S. v. 423 : S. iv. 47, 107 ; Vinaya Mhvg.

123. A. ii. i. 6.

124. 아라한 소나Sona의 말을 참조하면, "형상·소리·맛·냄새·느낌 등은 확고한 사람을 흔들리게 하지 못한다. 그의 마음은 확고하고 완전히 자유롭다." A. iii. 377.
아라한의 마음을 아름다운 마음인 작용만 하는 마음이라 하며, 더 이상 업을 짓지 않는 마음이다. 이 책의 부록 참조.-옮긴이

의식은 사라졌다.[125]

이것이 무여열반이다.

아라한의 상태, 즉 완성된 인간의 경지는 이미 언급한 것에 의해서 명백해졌다. 윤회로 인도하는 탐욕 · 성냄 · 어리석음을 완전히 제거했을 때, 그는 윤회의 족쇄에서 해방된다. 그는 완전히 자유롭다. 그는 윤회의 완전한 소멸, 즉 열반을 실현했기 때문에 중생으로 다시 태어나게 하는 어떤 것도 더 이상 가지고 있지 않다bhava-nirodha. 그는 평범하지만 세속적인 활동을 초월했고, 아직은 이 세상에 살면서 이 세상을 초월한 경지로 스스로를 끌어올린다. 그의 행위는 결과를 낳지 않는다. 즉 업에 물들지 않는다. 왜냐하면 그의 행위는 탐 · 진 · 치라는 번뇌kilesa로 일어나는 것이 아니기 때문이다. 그는 모든 악과 마음의 번뇌에 면역이 된다. 그에게는 잠재된 번뇌anusaya가 없다. 그는 선악을 초월했으며, 좋고 나쁨 둘 다를 모두 버렸다.[126] 그는 과거와 미래뿐만 아니라 현재에 대해서도 걱정하지 않는다. 그는 세상에 있는 어떤 것에도 집착하지 않는다. 그의 마음은 세간에서 일어나는 뜻하지 않은 사건들을 만나도 흔들리지 않는다. 그는 슬픔이 없고asokaṃ, 탐욕이 빛바래고virajaṃ, 평온하다khemaṃ.[127] 이와 같이 열반은 바로 이생에서 도달할 수 있는 한 '상태'다diṭṭhadhamma-nibbāna. 탐구적인 사람은 이 상태를 이해하기가 어렵지 않을 것이다. 이 상태는 이 세상에서든

◎

125. Ud. viii. 9.
126. Dhp. 39.
127. Sn. Maṅgala-sutta 11.

천상의 즐거움이 있는 세계에서든 다른 어떤 존재가 아니라 바로 아라한만이 얻을 수 있는 것이다.

중생이 인생의 불만족스러운 본질을 이해해서 직접적으로 괴로움이 무엇이고 번뇌가 무엇이며 갈망이 무엇인지를 안다 하더라도, 그는 번뇌를 완전히 끊어버리는 것이 어떤 것인지를 알지 못한다. 자신이 한 번도 경험해 본 적이 없기 때문이다. 만약 그것을 안다면 그는 자신의 깨달음을 통해 번뇌가 없는 상태가 어떠한 것인지, 열반이 무엇인지, 진정한 행복이 무엇인지를 알게 될 것이다. 아라한은 소문이 아닌 자신의 경험으로 열반을 안다. 그러나 아라한도 자신이 깨달았다고 해서 다른 사람에게 열반을 이해시킬 수는 없다.

갈증을 해소한 사람은 자신이 갈증에서 해방되었다는 것은 알지만 그 해방감을 다른 사람에게 설명해줄 수는 없다. 그가 어떻게 이야기한다 하더라도 다른 사람은 그것을 경험할 수 없다. 왜냐하면 그것은 자신의 경험이고 깨달음이기 때문이다. 깨달음은 각자에게 개별적이다. 각자 자신을 위해 먹고 잠자야 한다. 그리고 병을 낫게 하기 위해 자신을 치료해야 한다. 이런 것은 단지 일상적인 요구다. 하물며 인간의 내적인 발전, 특히 마음의 해탈과 관계되었을 때는 자신의 힘이 얼마나 많이 필요하겠는가.

이해하기 어려운 것은 무여열반anupādisesa-nibbāna, 다른 말로 반열반parinibbāna인 아라한의 죽음이다.

다음은 《우다나》에 나오는 자주 인용되는 구절이다.

수행승들이여, 태어나지 않고

생겨나지 않고 만들어지지 않고 형성되지 않은 것이 있다.
태어나지 않고 생겨나지 않고
만들어지지 않고 형성되지 않은 것이 없다면,
세상에서 태어나고 생겨나고 만들어지고
형성되는 것으로부터의 여읨이 알려질 수 없다.
그러나 비구들이여, 태어나지 않고 생겨나지 않고
만들어지지 않고 형성되지 않는 것이 있으므로,
세상에서 태어나고 생겨나고 만들어지고
형성되는 것으로부터의 여읨이 알려진다.[128]

거기에는 땅도 없고 물도 없고 불도 없고 바람도 없고
무한공간의 세계도 없고 무한의식의 세계도 없고
아무것도 없는 세계도 없고
지각하는 것도 아니고 지각하지 않는 것도 아닌 세계도 없고,
이 세상도 없고 저 세상도 없고
태양도 없고 달도 없다.

거기에는 오는 것도 없고
가는 것도 없고 머무는 것도 없고
죽는 것도 없고 생겨나는 것도 없다고 나는 말한다.

◎
128. Ud. viii. 3. 《우다나 - 감흥 어린 시구》, 전재성 역주. p. 522,

그것은 의처依處를 여의고
전생轉生을 여의고 대상對象을 여읜다.
이것이야말로 괴로움의 종식이다.[129]

이상에서 볼 때 반열반parinibbāna은 오온(색·수·상·행·식)과 오온과 관계된 모든 것이 사라진 상태다. 그러므로 이것은 상대성을 지닐 여지가 없는 상태다. 이것은 상대적인 모든 것을 넘어서 있고 범위 밖에 있다. 이것은 원인의 결과도 아니고 원인이 결과를 낳게 하지도 않는다. 길magga도 아니고 결과phala도 아니다. 이것은 절대적인 것, 조건지어지지 않은 것, 형성되지 않은 것이다.

괴로움과 괴로움의 원인인 갈애는 세간lokiya에 속하지만, 열반은 세간이 아니고 조건지어진 것들 밖에 있다. 원인과 결과를 넘어서 있다. 세간의 모든 것들은 상대적이지만 열반은 상대성이 없는 절대적인 것이다.

연기와 사성제에 대해서 상세하게 설명하고 있는 매우 중요한 '두 가지 관찰의 경Dvayatānupassanā-sutta'[130]에서 붓다께서는 제자들에게 다음과 같이 말씀하신다.

"세상 사람들이 '이것은 진리이다'라고 생각한 것을 성자들은 '이것은 허망하다.'라고 사실대로 바른 지혜를 가지고 본다. 세상 사람들이 '이것은 허망하다'라고 생각한 것을 성자들은 '이것은 진리이다.'라고 사실대로 바

◎
129. Ud. viii. 1. 'Sara-sutta', Devata samyutta 참조. 《우다나 - 감흥 어린 시구》, 전재성 역주, pp. 518~520.
130. Sn.

른 지혜를 가지고 본다."

그리고 붓다께서는 말씀하신다.

"열반은 허망한 것이 아니다. 성자들은 이것을 진리로 아는 님들이다. 그들은 진리를 이해하기 때문에 탐욕 없이 완전한 열반에 든다."[131]

붓다께서는 열반을 대신하는 말로 진리만을 사용한 것은 아니다. 다음과 같은 구절들도 있다.

"비구들이여, 궁극적 실재reality는 열반의 이름이다."[132]

"궁극적 실재에서 그들은 자유로워지고 존재의 갈애를 파괴한다."[133]

'요소의 분석 경Dhātuvibhaṅga-sutta'[134]에 나오는 것처럼, "탐욕 · 성냄 · 어리석음이 완전히 사라져 완벽하게 고요해진 아라한은 즐겁거나 괴롭거나 괴롭지도 즐겁지도 않은 느낌을 경험해도 그것이 영원하지 않음을 알고, 나라든가 내 것이라는 생각에 집착하지도 않으며, 즐거움을 느끼지도 않는다. 즐겁거나 괴롭거나 괴롭지도 즐겁지도 않은 느낌을 느끼면 그는 거기에 매이지 않고 그것을 느낀다visaṃ-yutto. 생명의 마지막 느낌을 느낄 때 '나는 지금 생명의 마지막 느낌을 느낀다.'라고 꿰뚫어 안다. 그리고 그는 '이 몸 무너져 목숨이 끊어지면, 바로 여기서 이 모든 느낌들은 기뻐할 것이라고는

◉

131. Sn. 758.
132. S. iv. 195 : 'yathābhūtaṃ vacanaṃ ti kho bhikkhu nibbānassetaṃ adhivacanaṃ.'
133. Iti. ii. 12 'yathabhūte vimuccanti-bhavataṇhā parikkhayā.'
Reality = yathabhuta = nibbāna
134. M. 140. '요소의 분석 경'.

없게 되고 싸늘하게 식고 말 것이다sitibhavissanti.'라고 꿰뚫어 안다. 이것은 마치 호롱불이 기름과 심지를 의지하여 타는데 기름과 심지가 다하고 다른 연료를 공급해주지 않으면 연료 부족으로 꺼지고 마는 것과 같다. 그와 같이 비구는 몸의 마지막 느낌을 느낄 때 '나는 지금 몸의 마지막 느낌을 느낀다.'라고 꿰뚫어 안다. 생명의 마지막 느낌을 느낄 때 '나는 지금 생명의 마지막 느낌을 느낀다.'라고 꿰뚫어 안다. 그리고 그는 '이 몸 무너져 목숨이 끊어지면, 바로 여기서 이 모든 느낌들은 기뻐할 것이라고는 없게 되고 싸늘하게 식고 말 것이다.'라고 꿰뚫어 안다. 그러므로 이와 같이 구족한 비구는 이런 최상의 통찰지의 토대를 구족하였다. 비구여, 이것이 최상의 성스러운 통찰지이니 바로 모든 괴로움의 소멸에 대한 지혜이다.

이런 그의 해탈은 진리에 확고하여 흔들림이 없다. 비구여, 허황한 법mosa-dhamma은 거짓이고 허황하지 않는 법인 열반은 진리이기 때문이다. 그러므로 이와 같이 구족한 비구는 이런 최상의 진리의 토대를 구족한다. 비구여, 이것이 최상의 성스러운 진리이니 바로 허황하지 않는 법인 열반이다."[135]

'보배경Ratana-sutta'[136]에서는 다음과 같이 말한다.

그들의 과거는 소멸했고 새로운 것[137]은 일어나지 않으니

◎

135. 《맛지마니까야》 4권, 대림스님 옮김, pp.495~496.
136. Sn. 14.
137. 여기서 '과거'와 '새로운 것'은 업kamma을 말한다.

마음은 미래의 생존에 집착하지 않고,

번뇌의 종자[138]를 파괴하고 그 성장을 원치 않으니

현자들은 마치 등불 꺼지듯이 사라져 간다.[139]

Khīṇaṃ purāṇaṃ nava natthi sambhavaṃ

virattacittāyatike bhavasmiṃ

Te khīṇabījā avirūḷhichandā

nibbanti dhīrā yathāyaṃ padīpo

이것이 아라한의 반열반parinibbuto이다. 하늘을 날아다니는 새들의 자취를 좇을 수 없듯이[140] 그의 길은 추적할 수 없다. 아라한이나 붓다께서 '닙바나nibbāna에 들었다'고 하는 것은 잘못이다. 왜냐하면 열반은 장소나 상태 또는 영원히 삶을 지속하는 천상이 아니기 때문이다. 열반은 위치를 갖고 있지 않다. 경전에서는 붓다나 아라한의 마지막 죽음을 '완전히 끝난', '완전히 소멸한'이라는 의미를 지닌 '빠리닙부또 빠리닙바이parinibbuto, parinibbāyi'로 표현한다. 존재의 소멸bhavanirodha, 즉 삶의 여행이 완전히 끝났다는 것을 확실히 보여준다. 붓다나 아라한이 완전히 사멸한 뒤에 무엇이 일어나는지 정의할 수도 이론화할 수도 없다. 거기에는 무게도 없고 부피도 없다. 이것은 대답될 수도 없고 결정될 수도 없는 문제다avyākata. 최상의 진리는 표현할 수도 없고 정의할 수도 없다anakkhāta.

◎

138. 여기서 종자bījā는 재생연결식을 말한다.
139. 등불이 꺼지는 것을 보고 붓다께서 말씀하셨다고 한다.
140. Dhp. 92, 93.

우빠시와Upasīva가 죽은 사람은 다시는 존재하지 않는지, 아니면 축복 속에서 영원히 존재하는지에 대해 물었을 때 붓다의 대답은 다음과 같이 명백했다.

> 소멸해버린 자는 헤아려질 기준이 없다.
> 그들이 언명할 수 있는 것이 그에게는 없다.
> 모든 현상들이 깨끗이 끊어지면 언어의 길도 완전히 끊어져버린다.[141]
> Atthaṅgatassa na pamāṇamatthi upasīvāti bhagavā
> yena naṃ vajjuṃ taṃ tassa natthi
> sabbesu dhammesu samohatesu, samūhatā vādapathāpi sabbeti

영혼이나 자아ātman가 없는데 무엇이 열반을 얻고 누가 열반을 실현하는가 하는 문제는 난해한 질문이다. 먼저 존재란 무엇인지 혹은 누구인지 이해해보자. 존재란 정신·물질의 집합체다. 그것은 연속되는 순간순간에도 똑같은 형태로 남아 있지 않는, 변화를 겪는 과정에 불과하다. 그리고 이 속에는 영원한 어떤 것이 존재하지 않는다. 정신·물질의 범주에 속하는 이 흐름, 이 작용의 완전한 소멸이 반열반(완전히 불이 꺼진 소멸한 상태)이다. 나·자아 또는 영혼이 열반으로 들어가는 것이 아니라 그런 것들이 열반 속에서 소멸된다.

'무엇이 열반을 얻는가?' 또는 '누가 열반을 실현하는가?' 하는 의문은

◎

141. Sn. 1076. 왓차Vaccha에 대한 붓다의 대답과 비교해보라. "그(아라한)가 다시 태어난다는 말은 경우에 맞지 않다. 그가 다시 태어나지 않는다고 말하는 것도 경우에 맞지 않다." M. 72. '왓차곳따 불 경'.

'나ahaṃkāra'와 '나의 것mamiṃkāra'이라는 강한 개념 때문에 일어난다. 모든 의문들은 이 '나'와 관계된 것이지만, 우리들의 정신적 · 언어적 · 육체적인 행위 뒤에 존재하는 '나' 또는 '자아'라는 것은 존재하지 않는다. 행위를 '행하는 자'는 없다. 생각을 '생각하는 자'는 없다. 열반은 그것을 깨닫는 사람(존재)이 있는 것이 아니다. 현상만이 흘러갈 뿐이다. 관습적인 언어에서 우리는 남자, 여자, 나 따위를 언급하지만 궁극적인 의미에서 보면 그런 개인은 존재하지 않는다. 단지 흐름만이 생겨났다가 사라질 뿐이다.

"형성된 모든 것은 소멸하는 법이다."[142]

오온에 대한 집착이 '존재'를 형성한다. 괴로움의 원인인 갈애는 오온에 대한 집착으로 일어난다. 갈애의 소멸도 이 오온 안에서 이루어진다. 흐름이 생겨났다 사라질 뿐 오온을 만들어내는 영원한 '나' 또는 '자아'는 없다. 그리고 마침내는 오온마저 사라져버리므로 영원한 어떤 것이 존재할 수는 없다. 존재가 있는 곳에 존재의 소멸도 있다. 이것이 바른 견해다.

불교에서 말하는 열반은 '최상의 행복paramaṃ sukhaṃ'이다. 그런데 이 행복은 앞에서도 보았듯이 완전한 고요, 즉 모든 느낌이 완전히 사라짐으로써 생긴다. 그런데 감각기능을 통해서 많은 즐거운 느낌을 느껴 온 우리는 이 말이 당혹스러울 따름이다.

붓다의 제자인 우다이Udayi는 바로 이 문제에 직면했다. 사리뿟따가 "벗들이여, 열반은 바로 행복이다."라고 말하자, 우다이는 "느낌이 없는데 무엇이 행복인가?"라고 묻는다. 그러자 사리뿟따는 "벗이여, 느낌이 없는 것,

◎

142. M. iii. 280 '여섯씩 여섯 경'; S. iv. 47, 107.

바로 그것이 행복이다."[143]라고 말한다.

다음과 같은 붓다의 말씀이 사리뿟따의 말을 뒷받침해준다.

"느껴진 것은 무엇이든지 괴로움에 포함된다.[144]

yaṃ kiñci vedayitaṃ taṃ dukkhasminti"

붓다께서는 괴로움을 제거하는 길, 즉 열반으로 인도하는 필요한 내용을 알려주셨다. 그것은 순수한 행복과 삶의 혼란으로부터 최상의 휴식을 가져올 수 있도록 마음을 조심스럽게 계발하는 것이다. 그 길은 참으로 험난한 길이지만, 알아차림과 마음챙김으로 주의 깊게 계속 걷다 보면 어느 날에는 목적지에 도달하게 될 것이다. 아기는 어렵게 차근차근 일어서기와 걷기를 배운다. 마찬가지로 완성을 향해 나아가는 모든 위대한 사람들도 거듭되는 실패를 무릅쓰며 한 발짝씩 마지막 성공을 향해 나아가는 것이다.

옛 수행자들을 상기하고

그들의 삶을 되새겨

비록 오늘이 그 뒤라 하더라도[145]

영원한 평화를 얻을 것이다.[146]

◎

143. A. iv. 414.
144. S. ii. 53.
145. 붓다의 입멸 후.

Saritvā pubbake yogi

tesaṃ vattaṃ anussaraṃ

kiñcāpi pacchimo kālo

phuseyya amataṃ padaṃ

◉

146. Thag. 947.

6. 괴로움의 소멸에 이르는 길

열반에 즈음하여 붓다께서는 제자들에게 다음과 같이 말씀하셨다.

"내가 가고 난 후에는 내가 그대들에게 가르치고 천명한 법과 율이 그대들의 스승이 될 것이다."[147]

이것으로 볼 때 붓다의 생활방식과 종교체계는 법과 계율로 구성되어 있음을 알 수 있다. 계율은 말과 육체적인 행위를 잘 길들여 도덕적으로 훌륭하게 하는 것으로, 불교에서 가르치는 행위에 대한 규범이다. 이것은 일반적으로 선행의 훈련 또는 도덕적인 훈련을 의미하는 실라sila, 계율이라고 알려져 있다. 마음을 길들이고 인간의 정신적 훈련을 다루는 수행으로 삼매samādhi와 지혜paññā의 수행이 있다. 이 세 가지, 즉 계율 · 삼매 · 지혜는 중요한 가르침이다. 이 세 가지를 닦은 사람은 더 높은 정신생활로, 어

◎

147. D. 16. '대반열반경Mahāpārinibbāna-sutta'.

둠에서 빛으로, 산란함에서 고요로, 혼란에서 평온으로 갈 수 있다.

이 세 가지는 서로 분리되어 있는 것이 아니라 맞물려 있으며 수행의 필수 요소들이다. 이러한 생각은 모든 붓다의 분명한 가르침 속에 구체화되어 있다.

> 모든 악을 행하지 말고 선을 계발하여
> 마음을 깨끗이 하라. 이것이 붓다들의 가르침이다.[148]
> Sabbapāpassa akaraṇaṃ, kusalassa upasampadā
> Sacittapariyodapanaṃ, etaṃ buddhāna sāsanaṃ.

자주 인용되지만 볼 때마다 새로운 이 구절은 청정과 해탈로 가는 길을 가르쳐주는 붓다의 메시지를 간결하게 전달해준다. 이 길을 팔정도라고 한다. 팔정도를 고귀한 여덟 가지 길ariyo aṭṭhaṃgiko maggo이라고 하는데, 이때 아리안āriyan은 종족 · 카스트 계급을 의미하는 것이 아니라, '고귀한 · 뛰어난'이라는 의미다.

팔정도는 계율, 삼매, 지혜의 세 부문으로 이루어져 있다.[149] 이것을 삼학라고 한다. 이 팔정도는 불교에만 있는 고유한 것으로서 불교와 다른 종교 · 철학을 구별하는 기준이 된다. 팔정도를 살펴보면 다음과 같다.[150]

◉

148. Dhp. 183.
149. M. 44. '교리문답의 짧은 경'.
150. M. 44. '교리문답의 짧은 경'.

1 바른 견해sammā-diṭṭhi 2 바른 사유sammā-saṁkappa	}	지혜paññā : 혜학
3 바른 말sammā-vācā 4 바른 행위sammā-kammanta 5 바른 생계sammā-ājiva	}	계율sila : 계학
6 바른 노력sammā-vāyāma 7 바른 사띠sammā-sati 8 바른 집중sammā-samādhi	}	삼매samādhi : 정학

첫 설법[151]에서 붓다께서는 팔정도를 말씀하시면서 이것을 중도라고 하셨다. 그것은 두 극단을 피하는 것이기 때문이다. 비천하고 세속적인 감각적 욕망에 탐닉하는 것은 해를 가져오니 한 극단이요, 고통스럽고 비참한 극단적 고행으로 자신을 괴롭히는 것도 해를 가져오니 또 다른 극단이다.

노래와 춤, 사치와 쾌락에 빠진 생활을 해본 보살Bodhisatta, 즉 깨달음을 얻기 전의 붓다는 경험을 통해 감각적 욕망이 인류를 진정한 행복과 해탈로 이끌어주지 않는다는 것을 알았다. 고행자로서 그는 엄격한 고행을 하고 6년 동안 청정과 궁극적인 열반을 좇아 열심히 수행했지만 아무런 결실도 없었다. 그것은 헛되고 무익한 노력이었다. 그래서 그는 이 두 극단을 피

151. 진리의 수레바퀴를 돌리기 시작한 것Dhamma-cakkappavattana을 말한다. S. v. 420 ; Vin. i. 10.

해 도덕적 · 정신적 수행의 길을 따라갔고, 자신의 체험을 통해 삼학으로 구성된 중도를 발견했다.

이 장에서는 삼학에 대해서 간단히 설명하고, 삼학이 어떻게 팔정도를 이루고 완성시키는지에 대해 논할 것이다. 팔정도에 대해서는 3부에서 상세히 다룰 것이다.

길道이라는 말은 단지 비유적인 표현에 지나지 않는다는 것을 항상 명심해야 한다. 관습적으로 길을 밟는다고 말하지만 엄격히 말하자면 팔정도는 여덟 가지 정신적인 요소를 의미한다. 팔정도는 상호 의존적이고 서로 밀접히 관련되어 있다. 그리고 높은 단계에서는 동시에 기능을 하며, 순차적으로 차례차례 따라가거나 수행하는 것이 아니다. 낮은 단계에서도 각각의 모든 요소들에 바른 견해가 있어야 한다. '바른 견해'는 불교의 요지다. 먼저 붓다의 말씀을 들어보자.

> "비구들이여, 네 가지를 깨닫지 못하고 꿰뚫지 못하였기 때문에 나와 그대들은 이처럼 긴 세월을 치달리고 윤회하였다. 무엇이 네 가지인가? 성스러운 계, 성스러운 삼매, 성스러운 통찰지, 성스러운 해탈을 깨닫지 못하고 꿰뚫지 못하였기 때문에 나와 그대들은 이처럼 긴 세월을 치달리고 윤회하였다. 비구들이여, 이제 성스러운 이 네 가지를 깨닫고 꿰뚫었다. 그러므로 존재에 대한 갈애는 잘라졌고, 존재로 인도함은 부수어졌으며, 다시 태어남은 이제 더 이상 존재하지 않는다."[152]

◎

152. D. 16. '대반열반경'.

붓다께서는 덧붙여서 다음과 같이 말씀하신다.

> "계를 철저히 닦아서 생긴 삼매는 큰 결실이 있고 큰 이익이 있다. 삼매를 철저히 닦아서 생긴 통찰지는 큰 결실이 있고 큰 이익이 있다. 통찰지를 철저히 닦아서 생긴 마음은 바르게 번뇌들로부터 해탈하나니, 그것은 바로 이 감각적 욕망에 기인한 번뇌, 존재에 기인한 번뇌, 무명에 기인한 번뇌이다."[153]

붓다의 이러한 언급은 계 · 정 · 혜 계발의 역할과 목적을 설명해준다. 해탈이란 사람의 마음을 괴롭히는 악의 세 가지 원인인 탐욕lobha과 성냄dosa과 어리석음moha이 사라지는 생생한 경험을 의미한다. 탐욕 · 성냄 · 어리석음은 계·정·혜, 즉 삼학을 닦음으로써 제거된다. 붓다의 가르침은 최상의 청정, 완전한 정신적 건강, 모든 오염원으로부터의 해방을 목표로 하고 있다.

정신적 번뇌로부터의 해탈, 병으로부터의 자유는 다른 인간이나 신의 손에 달려 있는 것이 아니라 전적으로, 절대적으로 인간 자신의 손에 달려 있다. 붓다조차도 존재의 족쇄로부터 사람들을 풀어줄 수 없다. 단지 그들에게 풀려날 수 있는 길을 알려주실 뿐이다.

설법 속에서 세 가지 수행tividhā-sikkhā으로 언급되고 있는 계율, 삼매, 지혜는 어느 것도 그 자체가 목적이 아니다. 이들 각각은 목표로 가기 위한

◎
153. D. 16. '대반열반경'.

수단들이다. 또한 하나가 다른 것에 독립해서 기능할 수 없다. 삼각대에 다리 하나가 없으면 넘어지듯이 삼학에서도 다른 두 가지가 뒷받침되지 않으면 하나마저도 기능을 할 수 없다. 이 세 가지는 서로를 지탱해주며 함께 간다. 계율, 즉 절제된 행위는 삼매를 강화시켜 주고 또한 삼매는 지혜를 촉진시킨다. 지혜는 사물에 대한 흐릿한 시야를 밝게 하여 있는 그대로 삶을 볼 수 있도록 도와준다. 지혜는 삶과 삶에 관계된 모든 것을 생겼다가 사라지는 것으로 볼 수 있게 해준다.

법과 계율Dhamma-vinaya 또는 앎과 행위vijjā-caraṇa의 상호작용 속에서 이 두 가지는 서로 성장해 나가는 하나의 과정을 구성한다.

"손으로 손을 씻고 발로 발을 씻는 것과 같이 계를 통해서 청정하게 되는 것이 지혜이고 지혜에 의해서 청정하게 되는 것이 계이다."[154]

불교를 공부하는 사람들은 이러한 사실을 명심해야 한다. 왜냐하면 붓다의 가르침을 단순한 사색이나 실용적인 가치 혹은 중요성이 없는 단순한 형이상학적인 교리로 간주하는 경향이 있기 때문이다. 이러한 경향은 학술적인 모임에서 특히 강하다.

그러나 불교도들에게 삶의 여정이란 말과 행동과 마음을 깨끗이 하는 강력한 과정이다. 그것은 스스로 계발하고 스스로 정화한다. 그것은 실용적인 결과를 강조하는 것이지 공허한 철학적 사색이나 논리적인 추상 또는 단순한 생각을 강조하는 것이 아니다.

붓다께서는 그저 경전만을 배우는 제자들에게 강한 어조로 경고하셨다.

◎

154. D. 4. '소나단다 경'.

"비록 많은 경전을 외우고 있더라도 게을러 행하지 않는 자는 소 치는 자가 다른 사람의 소를 세는 것과 같아서 청정한 삶의 결실을 갖지 못한다."

"비록 경전을 조금밖에 외우지 못하더라도, 가르침에 따라 행동하고 탐욕·성냄·어리석음을 버리고 올바르게 이해하고, 마음이 완전히 해탈되어 이 세상이나 저 세상의 집착을 여의면 그는 청정한 삶의 결실을 이룬다."[155]

이러한 사실은 무명으로부터 완전한 지혜를 일깨우는 불교도들의 생활 방식과 최상의 진리를 파악하는 방법은 단순히 학술적인 지적 계발에 의존하는 것이 아니라, 제자들을 깨달음과 궁극적인 해탈로 인도해주는 실용적인 가르침이라는 것을 명확히 보여준다.

붓다께서는 무정물보다 유정물에 더 깊은 관심을 두셨다. 그의 유일한 목적은 존재의 비밀을 풀어 생성의 문제를 해결하는 것이었다. 그는 궁극적 진리인 사성제를 완전히 이해함으로써 그 목적을 성취했다.

그는 사성제를 찾는 사람들에게 사성제의 지식을 알리려 했으나 그것을 결코 강요하지 않으셨다. 강요와 위압은 그의 교수법과 거리가 멀었기 때문이다. 그는 결코 다른 사람들에게 자신을 따르라고 강요하거나 설득하지 않았다. 그는 제자들이 맹목적으로 그를 믿도록 부추기지도 않았다. 그는 제자들이 자신의 가르침을 검토해보기를 원하셨다. 그의 가르침은 또한 그것을 찾는 사람들에게 "와서 보라ehipassika."라고 권유한다. 붓다의 가르침은 보고 이해하는 것이지 맹목적으로 믿는 것이 아니다.

155. Dhp. 19, 20.

내면의 세계를 이해하기 위해서는 내적인 기능, 즉 마음을 닦아야 한다. 붓다께서는 "마음에 주의를 기울여라."[156], "현명한 사람은 자신을 길들인다."[157]라고 말씀하신다.

오늘날 사람들은 더 나은 세상을 위해 여러 면에서 끊임없이 무언가를 하고 있다. 과학자들은 지칠 줄 모르는 활기와 결단력으로 연구를 진행시키고 실험을 한다. 현대의 발명품과 교통 및 통신수단은 놀랄 만한 결과를 낳았다. 이 모든 진보가 유익함을 가져다주기는 했지만 그것들은 전적으로 물질적이고 외부적인 것들이다. 반면에 인간이라는 물질·정신 합일체 안에는 오랫동안 과학자들을 사로잡아 온 탐험되지 않은 놀라움이 들어 있다.

불교적 관점에서 보면, 사실 과학자들이 개선하려고 꾸준히 노력하고 있는 이 세계는 모든 면에서 쉽게 변하기에 존재는 괴로움으로부터 벗어날 수 없다. 우리의 인생은 늙음으로 우울해지고, 죽음으로 질식할 것 같고, 변화의 족쇄에 묶여 있다. 게다가 이러한 성질들은 마치 풀은 푸르고 키니네는 쓴 것처럼 고유한 것이어서 어떤 마법이나 과학의 힘으로는 결코 바꿀 수 없다.

오늘날 사람들은 변화하는 인생에 대해서 이야기한다. 그들은 그 변화를 알지만 그것을 가슴속에 깊이 새겨두지 않고 무관심하게 이야기한다. 그 변화는 그들을 불행하게 만들지만 그들은 윤회의 수레바퀴를 전속력으로 좇아 번뇌의 바퀴살 사이에서 비틀리고 갈가리 찢어진다.

◎

156. D. 16. '대반열반경'.
157. Dhp. 80.

과학자나 보통 사람들이 행위가 매우 중요하고 한시라도 빨리 성실한 노력을 기울여야 하며 지혜를 생활에 적용해야 한다는 사실을 이해하지 못한다면, 불교의 관점에서는 그들은 인생의 마라톤에서 열반nibbāna이라는 불멸의 상을 받기 전에 아직도 더 많은 장애물을 헤쳐 나가야 하는 어리석은 사람들이다.

과학은 내면의 세계를 이해하는 데 그다지 도움이 되지 못할지도 모른다. 과학에서 궁극적인 진리를 발견할 수는 없다. 과학자에게 지식이란 점점 더 강하게 자신을 중생으로 묶어두는 어떤 것이다. 그런 지식은 사람들을 구하는 지식이 아니다. 세상을 관조하고 모든 것을 바른 시각으로 수용하는 사람에게 인생에 대한 일차적인 관심사는 고도의 상상력으로 상상의 세계를 그려보거나 생각해보는 것이 아니라 괴로움으로부터 진정한 행복과 자유를 얻는 것이다. 그는 주로 다음과 같은 질문으로 진정한 지식을 판단한다. 이 지식은 사실에 근거한 것인가? 이 지식은 정신적인 평화와 평온, 그리고 진정한 행복을 얻는 데 유용한 것인가?

내면의 세계를 이해하기 위해 우리에게는 안내인, 즉 유능하고 성실한 선각자의 가르침이 필요하다. 선각자의 명료한 시각과 깊은 통찰력은 인생의 가장 깊숙한 부분을 꿰뚫어서 모든 현상 밑에 놓여 있는 진정한 본성을 인식한다. 참으로 그는 진정한 철학자이며 변화의 의미를 완전하게 파악한 진정한 과학자다. 그는 그 의미를 사람들이 헤아릴 수 있는 가장 심오한 진리로 바꾸어준다. 가장 심오한 진리란 진리의 세 가지 특성ti-lakkhaṇa인 무상anicca, 고dukkha, 무아anatta를 말한다. 그는 더 이상 공포에 떨거나 무상한 사물의 매력에 강한 충동을 느끼지도 않는다. 그는 더 이상 현상에 대해

뒤바뀐 시야를 가질 수 없다. 왜냐하면 통찰력vipassanā ñāṇa만이 가져다주는 완전한 면역으로 그는 잘못을 저지를 수 있는 모든 가능성을 초월했기 때문이다.

붓다께서는 그러한 선각자이시다. 해탈로 인도하는 그의 가르침은 볼 수 있는 눈이 있고 이해할 수 있는 마음이 있는 모든 사람에게 열려 있다. 그의 가르침은 구원을 가르치는 다른 가르침과는 다르다. 붓다께서는 신자이건 승려이건 자신의 해탈에 대한 전적인 책임은 각자에게 있다고 가르치신다.

인간은 외적인 혼란뿐만 아니라 내적인 혼란에도 빠져 있다. 그리고 그것에 대한 붓다의 확실한 치료법을 간단히 말하면 다음과 같다.

"통찰지를 갖춘 사람은 계에 굳건히 머물러서 마음과 통찰지를 닦는다. 근면하고 슬기로운 비구는 이 엉킴을 푼다."[158]

아라한이 된 60명의 제자들에게 붓다께서는 맨 먼저 세상에 대한 자비심으로 많은 사람들의 이익과 행복을 위해 법을 설해야 한다고 말씀하셨다. 붓다의 모든 가르침은 자비라는 탁월한 자질로 가득 차 있다.[159]

수행의 첫 단계인 계율은 이 자비에 기초를 두고 있다. 왜 인간은 다른 사람에게 해를 끼치는 행위나 약탈을 경계해야 하는가? 그것은 자신과 다른 사람들에 대한 자애 때문이 아니겠는가. 왜 사람들은 가난하고 곤란함에 처한 사람들을 도와야 하는가? 다른 사람들에 대한 연민 때문이 아니겠는가.

◎

158. S. i. 13.
159. Vinaya, Mahāvagga.

불교가 가르치는 행위의 규범인 계율은 나쁜 일을 경계하고 선한 일을 하도록 하기 위한 것이다.[160] 여기에 자비가 없어서는 안 된다. 계율은 그 속에 사랑 · 겸손 · 관용 · 자애 · 연민 · 다른 사람의 성공을 함께 기뻐하는 마음 등이 포함된다. 삼매와 지혜는 마음의 훈련과 관계가 있다.

위에서 보았듯이 팔정도 가운데 세 가지 요소가 불교도들의 행위규범인 계율을 형성한다. 세 가지 요소란 바른 말, 바른 행위, 바른 생계(다른 사람에게 피해나 고통을 주는 잘못된 생계 수단을 버리는 것)를 말한다.

바른 말

1 거짓말을 하지 않고 항상 진실만을 말하는 것
2 불일치와 부조화를 가져오는 이간하는 말을 하지 않고 화합과 조화에 도움이 되는 말을 하는 것
3 거친 말과 욕설을 하지 않고 상냥하고 순수한 말을 하는 것
4 잡담, 무익한 이야기를 하지 않고 대신에 의미 있고 비난받지 않을 만한 말을 하는 것이다.

바른 행위

1 살생하지 않고
2 도둑질하지 않고

◎
160. Vism: sīlaniddesa.

3 부정한 성적인 탐닉을 경계하고 자비심을 닦고 자신에게 주어진 것만 가지고 청정한 삶을 사는 것이다.

바른 생계

1 무기와 흉기를 거래하지 않고

2 도살을 위한 동물을 거래하지 않고

3 사람 거래(붓다 당시에 만연했던 노예의 거래)를 하지 않으며

4 주류를 거래하지 않고

5 독약의 거래를 경계하고

비난받지 않으며 자신이나 다른 사람에게 피해를 주지 않는 직업으로 살아가는 것이다.

불교 윤리의 이러한 관점에서 볼 때 붓다께서 설한 행위규범(계율)은 부정적인 금지조항이 아니라, 전 인류의 복지와 행복을 위한 선한 의도로 선을 행하는 긍정적인 것이다. 이 도덕적 원리는 사람들 사이의 단합과 조화, 바른 관계를 촉진함으로써 사회를 안정시키는 것을 지향하고 있다.

이 행위규범은 불교도들의 생활방식에서의 첫 디딤돌이다. 이것은 정신 계발을 위한 토대다. 삼매, 즉 마음의 집중을 닦으려는 사람은 계율을 잘 닦아야 한다. 계율은 정신적 생활의 영양분이며 정신적 생활을 안정되고 고요하게 해준다.

열반으로 가는 길의 다음 단계는 마음의 단련, 즉 집중이다. 이것을 보통 삼매라고 하는데 팔정도 가운데서 바른 노력, 바른 사띠, 바른 집중이 여

기에 속한다.

바른 노력

1 마음속에 아직 일어나지 않은 악한 생각이 일어나는 것을 막고

2 이미 일어난 악한 생각들은 버리고

3 아직 일어나지 않은 선한 생각은 일어나도록 하고

4 일어난 선한 생각은 촉진하고 유지하려는 끈기 있는 노력이다.

그러므로 바른 노력은 모든 악한 생각을 빈틈없이 검토하고, 마음속에서 일어나는 선하고 순수한 마음을 증장시키고 유지하는 것이다. 계율을 닦아 언어와 육체적인 행위를 잘 다스리는 현명한 사람은 이제 그의 마음과 마음부수들을 잘 조사해서 마음이 혼란스러워지는 것을 막으려고 열심히 노력을 다한다.

바른 사띠

1 몸에 대한 관찰kāyānupassanā

2 느낌에 대한 관찰vedanānupassanā

3 마음에 대한 관찰cittānupassanā

4 법에 대한 관찰dhammānupassanā이다.

팔정도의 여러 요소들이 서로 의존적이고 협동적이듯 바른 사띠는 바른 노력을 돕는다. 그래서 이 두 가지가 함께 협동했을 때 악한 마음이 일어나는 것을 막을 수 있고, 이미 가지고 있는 선하고 유익한 마음을 닦을 수 있다. 자신의 몸·입·마음에 대해 방심하지 않는 사람은 그의 정신적인 진보에 방해가 되는 모든 것을 피한다. 이러한 사람은 정신적으로 게으르거

나 방일할 수 없다. 잘 알려져 있는 '대념처경Mahāsatipaṭṭhāna-sutta'에서 사념처에 대해 포괄적으로 다루고 있다.

바른 집중은 바람이 없는 곳에서 등불이 흔들리지 않듯이 마음이 움직이지 않도록 하는 것이다. 이것은 마음을 바르게 고정시켜 움직이거나 동요되지 않도록 하는 것이다. 삼매(집중, 정定)의 바른 수행은 마음과 마음부수들이 균형 상태를 유지하는 것이다. 수행자는 많은 정신적 장애물을 만나지만 완전히 집중된 마음이 바른 노력과 바른 사띠의 도움을 받아 그 장애물들, 즉 수행자를 방해하는 생각들을 떨쳐버릴 수 있다. 완전히 집중된 마음은 바른 시각으로 사물을 있는 그대로 보기 때문에 대상들에 의해 미혹되지 않는다.

마음을 정복해 더 이상 마음의 지배를 받지 않는 수행자는 진정한 지혜paññā를 닦는다. 이것은 팔정도의 첫 번째와 두 번째 요소이면서 수행의 마지막 단계인 바른 견해와 바른 사유로 구성되어 있다.

바른 사유

1 출리의 사유nekkhamma-saṃkappa

2 악의 없음의 사유avyāpāda-saṃkappa

3 해코지 않음의 사유avihiṃasā-saṃkappa이다.

이러한 사유는 종족, 계급, 혈족이나 신조에 관계없이 모든 중생을 향한 것이다. 그것은 살아 숨 쉬는 모든 것을 포함하기 때문에 거기에는 타협적인 제한이란 없다. 이와 같은 고귀한 생각은 자기중심적이고 이기적인 사람들에게는 불가능한 일이다.

붓다의 가르침에 따르면 지식 있고 박식한 사람이라 할지라도 바른 사유가 부족하다면 그는 이해력과 통찰력을 갖지 못한 어리석은 사람bāla이다. 냉철한 통찰력을 가지고 사물을 본다면 감각적 욕망과 악의와 해코지는 진정한 지혜와 함께할 수 없다는 것을 이해할 것이다. 바른 견해, 즉 진정한 지혜는 바른 사유로 가득 차 있고 바른 사유를 결코 잃어버리지 않는다.

바른 견해는 삶을 있는 그대로 이해하는 것이다. 사성제, 즉 괴로움, 괴로움의 원인, 괴로움의 소멸, 괴로움의 소멸로 인도하는 길에 대한 명확한 이해가 바른 견해다. 바른 견해, 즉 통찰력이 있는 지혜는 근면하게 수행하며 열심히 마음을 닦아 온 결과로 생긴다. '바른 견해'를 갖춘 사람이 현상을 잘못 보는 일은 없다. 그는 번뇌에서 벗어나 흔들리지 않는 마음의 해탈akuppā ceto vimutti을 얻었기 때문이다.

주의 깊은 독자들은 이제 계, 정, 혜 삼학이 '마음의 해탈ceto vimutti'이라는 하나의 공통된 목적을 얻기 위해 어떻게 함께 작용하고 있는가를 이해할 수 있을 것이다. 또한 어떻게 진정한 수행을 통해, 마음과 말과 행동의 제어를 통해 청정함을 얻게 되는가도 이해할 수 있을 것이다. 수행자가 자유를 얻는 것은 바로 스스로의 노력과 계발을 통해서이지 외적인 존재에게 빌거나 간청해서 되는 것이 아니다. 붓다께서 발견하셨고 완전한 깨달음을 얻기 위해 사용했으며 다른 사람들에게 전했던 법이 이것을 잘 나타내주고 있다. 그 내용은 다음과 같다.

계와 삼매와 통찰지와 위없는 해탈
명성을 가진 고따마는 이 법들을 깨달았노라.
괴로움을 끝내었고 혜안을 가졌고
모두 멸진한, 깨달은 스승은
법을 최상의 지혜로 안 뒤에
이제 그 법을 비구들에게 설하노라.[161]

꾸준히 발전하고 있는 과학적인 지식에도 불구하고 세상 사람들은 두려움과 불만족으로 불안해하고 괴로워하고 있다. 그들은 명성, 부, 권력을 얻으려는 탐욕과 감각적 욕망을 만족시키려는 욕구로 흥분되어 있다. 증오 · 불신 · 이기적 욕망 · 폭력이 난무하는 이 고통스러운 세계에 자비와 지혜를 설하는 붓다의 가르침, 즉 팔정도는 시의적절한 것이다. 붓다께서는 이렇게 말씀하신다.

이것은 유일한 길이다. 통찰의 청정을 위한 다른 길은 없다.
그대들은 이 길을 따르라. 이것은 마라를 당혹케 할 것이다.

이 길을 따르는 그대들은 괴로움의 종식을 이루리라.
화살[162]의 제거를 알기에 나는 그 길을 보여주었다.

◎
161. A. ii. 2 ; A. iv. 106 ; D. 16. ; Vimuttimagga, *The Path of Freedom*, Colombo, 1961, p. 1.

그대들은 열심히 정진해야 한다. 여래는 단지 알려주는 이일 뿐이다.

그 길을 따르며 명상하는[163] 이들은 마라의 속박에서 벗어날 것이다.[164]

Eseva maggo natthañño dassanassa visuddhiyā

Etañhi tumhe paṭipajjatha mārassetaṃ pamohanaṃ

Etañhi tumhe paṭipannā dukkhassantaṃ karissatha

Akkhāto vo mayā maggo aññāya sallakantanaṃ

Tumhehi kiccamātappaṃ akkhātāro tathāgatā

Paṭipannā pamokkhanti jhāyino mārabandhanā

◎

162. 탐욕 등의 화살을 말한다.
163. 사마타와 위빳사나 수행 두 가지를 말한다.
164. Dhp. 274, 275, 276.

3부

수행

팔정도

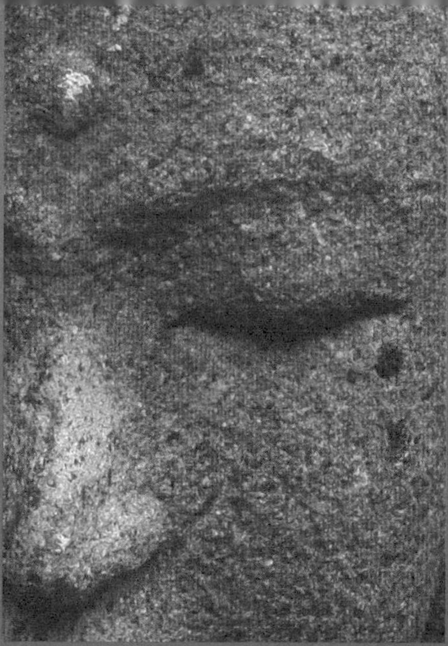

7. 바른 견해

"바닷물이 오직 한 가지 맛, 짠맛만 있듯이 이 법도 오직 한 가지 맛, 자유의 맛만 있다."[165]

붓다의 가르침은 속박으로부터 자유로워지고 다시는 거기에 얽매이지 않을 것[166]을 분명하게 전해준다. 붓다께서는 바로 이 자유를 향한 길을 알려주신다.

갈림길에서 나그네는 가야 할 길을 몰라 어느 길로 갈지 당황한다. 그는 도움이 될 만한 것을 찾아 주위를 돌아보다가 반갑게도 방향을 알려주는 이정표를 찾아낸다. 이제 목적지에 도달하려면 그는 망설일 필요가 없다. 조심조심 열심히 나아가기만 하면 된다.

마찬가지로 윤회 속에서 살아가는 사람들은 자유로 가는 길을 알지 못할 때 당황한다. 붓다께서는 이정표처럼 앎과 자유로 가는 최상의 길을 가르쳐주신

◎

165. Udāna. p. 56.
166. M. 26. '성스러운 구함 경'.

다. 그러나 사람들은 여전히 더 깊은 괴로움의 혼란 속으로 인도하는 엉뚱한 길을 가고 있다. 그것은 그들이 윤회하는 삶의 정글 속을 방황하는 동안 이전에 갖고 있던 습관으로 존재의 집을 지었기 때문이다.

습관화된 행위나 사고방식을 버리기는 참으로 어렵다.[167] 그러나 세속적인 생활의 번거로운 근심 걱정을 정복하고 진정한 행복과 자유를 얻으려면 우리는 겉보기에 그럴듯한 것들을 점차 멀리하고 모든 시대의 붓다께서 밟으셨고 그분들이 가르쳐주신 길, 즉 '옛길The ancient path'로 들어가야 한다.[168]

그 옛길을 따라 한 발짝씩 나아감으로써 우리는 마지막 목표인 자유에 이르게 된다. 자유를 단숨에 얻을 수는 없다. 바다가 점차적으로 깊어지듯이 붓다의 법과 계율에는 점진적인 훈련, 점진적인 실천, 점진적인 수행이 있다.[169] 삶에서 생기는 괴로움으로 인한 정신적 번뇌를 제거해 최상의 평화와 행복을 얻게 해주는 붓다의 모든 실용적인 가르침과 교훈은 팔정도 속에서 찾을 수 있다.

현대를 살아가는 사람들에게 냉철한 통찰력으로 바라보는 바른 견해는 매우 절실하다. 아니, 인간생활에 없어서는 안 될 것이다. 현대과학의 발달과 더불어 사람들은 점점 더 물질적인 세계에 집착하고, 내면세계인 정신 영역은 거의 무시하는 것 같다. 그래서 그들은 균형을 잃은 것 같고, 심지어 근성이 나쁜 것처럼 보인다. 광고 문구나 정치 선전은 인간의 마음과 삶을 기계적으로 만든다. 그래서 인간은 다른 사람에 의해서 조종되는 꼭두각시가 되어 왔다.

◉

167. S. ii. Discourse 61.
168. S. ii. 106, purāṇamaggaṃ, purāṇaṃjasaṃ, pubbakehi sammā-sambuddhehi anuyātaṃ.
169. A. iv. 200 ; Udāna. p. 54.

현대인은 똑똑한 사람이건 어리석은 사람이건 갖가지 형태의 생각, 견해, 의견, 이념에 빠져 있다. 그들은 영화, 텔레비전, 라디오, 컴퓨터에 빠져 있다. 오늘날 매스컴과 인터넷, 성적 욕망을 다루고 있는 몇몇 소설 · 그림 · 영화는 사람들을 혼란에 빠뜨리고, 정직과 바른 이해의 길에서 멀어지게 한다.

말다툼 · 증오 · 사소한 싸움, 심지어 전쟁조차도 탐욕과 성냄에 의한 잘못된 사고방식과 잘못된 견해의 결과다. 어느 시대보다도 오늘날에는 인류가 삶의 혼란에서 벗어나도록 안내해줄 바른 견해가 요구된다. 또한 화살 만드는 이가 화살을 똑바르게 하듯이,[170] 들떠 있는 마음을 가라앉히고 정의와 정직을 따르도록 하기 위해서도 바른 견해가 필요하다.

초기 경전을 보면 붓다께서는 한쪽으로 치우친 스승이 아니셨음 알 수 있다. 왜냐하면 그의 길은 중도이기 때문이다. 붓다께서는 방종과 고행, 상주와 단멸, 우연론adhiccasamuppanna과 숙명론niyati-vāda을 피하셨다. 극단적인 경향을 갖고 있는 어떤 '주의'인 모든 극단을 피하셨다. 그의 생활방식은 첫 설법에서 나타나듯 중도다. 그의 가르침은 한쪽으로 치우친 견해나 감정 없이 인류의 생활에 바로 직결되는 것이었다. 이것이 바로 붓다의 모든 가르침이 갖고 있는 능동적이고 실용적인 측면이다. 이것은 사람들로 하여금 팔정도 각각을, 그리고 팔정도 전체를 진지하게 인생에 적용하도록 한다. 또한 인간의 마음을 사로잡고 있는 번뇌로부터의 자유라는 유일한 목적을 얻기 위해 인생의 진정한 의미를 이해하는 데 몰두하도록 하기 때문에 이것은 단순한 사색, 철학적 연구, 합리화가 아니다.

◎
170. Dhp. 33.

팔정도의 첫 번째 요소인 바른 견해는 사물을 보이는 대로가 아니라 있는 그대로 이해하는 것이다. 불교에서 말하는 바른 견해는 일반적으로 생각하는 것과는 다른 특별한 의미를 가지고 있다는 것을 이해하는 것이 중요하다. 바른 견해는 오온에 대한 집착에 통찰력을 적용해 오온의 참된 속성을 이해하는 것, 즉 자신을 이해하는 것이다. 그것은 자기반성이며 자기관찰이다. 이 점에 대해서는 곧 거론하게 될 것이다.

바른 견해가 가장 중요하다. 왜냐하면 팔정도의 다른 일곱 가지 요소들은 이 바른 견해에 의해서 인도되기 때문이다.[171] 이것은 바른 사유를 유지하고 생각들을 정리해준다. 사유와 생각들이 분명하고 선해져서 인간의 말과 행동 또한 바르게 된다. 또한 해롭거나 무익한 노력을 포기하고 바른 사띠와 바른 노력을 닦는 것도 바로 이 바른 견해를 통해서 이루어진다. 바른 견해에 의해 인도된 바른 노력과 바른 사띠는 바른 집중을 가져온다. 이와 같이 불교의 핵심인 바른 견해는 조화를 이루는 팔정도의 다른 부분들이 서로 적절한 관계 속에서 움직일 수 있도록 해준다.[172]

바른 견해로 이끄는 두 가지 조건이 있다. 다른 사람들paratoghosa로부터 정법saddhamma을 듣는 것[173]과 현명한 주의기울임yoniso-manasikāra[174]이다. 첫 번째 조건은 외부적인 것, 즉 우리가 외부로부터 얻는 것인 반면에 두 번째 조건은 내적인 것으로 우리 스스로 계발해야 하는 것(manasikāra, '마음이 행하는 doing in the mind'이라는 뜻)이다.

◎

171. M. 117. '위대한 마흔 가지 경'.
172. M. 117. '위대한 마흔 가지 경'.
173. 우빠띳사가 아라한 앗사지로부터 법을 들은 경우가 그 예다.
174. M. 43. '교리 문답의 긴 경'.

듣는 것[175]은 우리가 생각할 수 있는 자료가 되고, 우리 자신의 견해를 형성하도록 이끌어준다. 그러므로 들을 필요가 있다. 그러나 바른 견해에 도움이 되는 것만 듣고 바른 사유를 가로막는 해롭고 악한 말들은 듣지 말아야 한다.

두 번째 현명한 주의기울임은 계발하기가 더욱 어렵다. 이것은 우리가 일상생활에서 만나는 것들을 지속적으로 관찰해야 가능하기 때문이다. 설법에서 종종 쓰이는 현명한 주의기울임, 요니소 마나시까라yoniso-manasikāra는 사물을 겉으로만 보는 것이 아니라 깊이 꿰뚫어(yoniso, 문자적으로 '사물이 발생하는 곳을 통해서'란 뜻) 본다는 의미이며 매우 중요하다. 이것은 비유적으로 '근본적인radical 또는 이치에 맞는reasoned 주의기울임'이다.

아요니소 마나시까라ayoniso-manasikāra, 현명하지 못한 또는 이치에 맞지 않는 주의기울임은 오온을 통찰하거나 조건을 파악하는 데 전혀 도움이 안 되기 때문에 붓다께서는 항상 이것을 경계하라 하셨다. 그러므로 현명한 주의기울임을 계발하고 현명하지 못한 주의기울임을 경계하는 일은 중요하다. '배움과 현명한 주의기울임', 이 두 조건이 함께 바른 견해를 계발하도록 돕는다.

진리를 찾는 사람은 단지 사물의 외적인 모습만 보는 피상적인 지식에 만족하지 않는다. 그는 깊이 탐구해서 육안으로 볼 수 없는 것을 보고자 한다. 이것이 불교가 바라는 탐구로서 바른 견해를 가져다준다. 분석가는 사물을 여러 가지 성질로 분석한 뒤 그것에 대해 서술한다. 그는 그것을 적절한 순서대로 늘어놓아 모든 것이 분명해지도록 한다. 그는 사물을 전체적으로 파악해 그것을 단일한 것이라고 서술하는 것이 아니라 두드러진 특징에 따라 분류한다. 그래

175. 옛날 사람들은 듣고 배워서 '박식한bahussuta(learned)' 사람이 되었고, 오늘날은 주로 읽고 배워서 박식한(well read) 사람이 된다.

서 관습적인 것과 최상의 진리가 섞이지 않고 이해될 수 있도록 한다.

붓다께서는 최상의 식별력을 가진 분별론자vibhajjavādi셨다. 과학자가 손발을 조직들로 분해하고 조직을 다시 세포들로 분해하듯이, 붓다께서도 합성되고 조건지어져 있는 사물들을 더 이상 분해할 수 없는 궁극적인 요소들로 분해해 얕은 생각이나 현명하지 못한 주의기울임을 경계했다. 얕은 생각이나 현명하지 못한 주의기울임은 사람을 어리석게 만들어서 궁극적 실재에 대한 탐구를 방해한다. 모든 조건지어진 현상이 일어나고 사라지는 인과를 볼 수 있는 것도 바로 이 바른 견해를 통해서다. 법에 대한 진리도 이러한 방법으로 파악되는 것이지 맹목적인 믿음이나 잘못된 견해나 사색 또는 추상적인 철학에 의해서 파악되는 것은 아니다.

붓다께서는 "이 법은 현명한 사람들을 위해 있는 것이지 현명하지 못한 사람들을 위해 있는 것이 아니다."[176]라고 말씀하신다. 그리고 단계적으로 지혜를 얻고 잘못된 견해를 경계하는 방법과 수단을 설명해주신다. 바른 견해는 가르침 전체에 들어 있다. 그것은 법의 전반에 퍼져 있으며 불교에서 핵심 기능을 한다.

그러면 바른 견해란 무엇인가? 그것은 모든 존재의 괴로움, 괴로움의 원인, 괴로움의 소멸, 괴로움의 소멸에 이르는 길을 이해하는 것이다.[177]

인생의 본질에 대한 무명은 근본적으로 사성제에 대한 무명이다. 이러한 무명은 중생들이 윤회에 얽매여 거듭 태어난다는 진리를 모르기 때문에 생긴다. 그래서 붓다께서는 다음과 같이 말씀하신다.

◎

176. A. iv. 232.
177. D. 22 '대념처경' ; M. 141. '진리의 분석 경'

"비구들이여, 너희들이나 내가 그렇게 오랫동안 윤회하고 그 안에서 방황해 온 것은 바로 사성제를 이해하지 못하고 통찰하지 못했기 때문이다. 그러나 이 사성제를 이해하고 통찰했을 때 존재하려는 욕망은 뿌리 뽑히고 새로운 태어남으로 인도하는 것은 파괴되어 더 이상의 태어남은 없게 된다."[178]

다섯 수행자들에게 했던 첫 설법 '초전법륜경'에서 붓다께서는 다음과 같이 말씀하셨다.

"비구들이여, 내가 이와 같이 세 가지 양상과 12가지 형태[179]를 갖추어서 네 가지 성스러운 진리를 있는 그대로 알고 보는 것이 지극히 청정하게 되지 못하였다면 나는 위없는 바른 깨달음을 실현했다고 신과 마라와 범천을 포함한 세상에서, 사문·바라문과 신과 사람을 포함한 무리 가운데서 스스로 천명하지 않았을 것이다. 그러나 이 네 가지 성스러운 진리를 있는 그대로 알고 보는 것이 지극히 청정하게 되었기 때문에 나는 위없는 바른 깨달음을 실현했다고 신과 마라와 범천을 포함한 세상에서, 사문·바라문과 신과 사람을 포함한 무리 가운데에서 스스로 천명하였다."[180]

이 말은 바른 견해가 사성제에 대한 이해라는 것을 명확히 보여준다. 사성제를 파악하는 것은 자연의 복잡함을 이해하는 것이다. "사성제를 완전히 이해한 사람은 통찰지를 가진 자라고 한다."[181]

◎

178. S. v. 431 ; D. 16 ; Vin. i. 231.

179. '세 가지 양상tiparivaṭṭa'이란 ①진리에 대한 지혜 ②역할에 대한 지혜 ③성취된 지혜를, '12가지 형태'란 사성제 각각에 대해서 위의 세 가지 지혜를 곱해 나오는 12가지 형태를 말한다.- 옮긴이

180. Mhvg. v. 423.

바른 견해에는 세간과 출세간 두 종류가 있다. 도덕적인 인과관계인 업kamma과 업의 과보(업보)kamma-vipaka를 아는 범부[182]의 앎과 그 앎과 함께 사성제saccānulomikañāṇa를 아는 것을 세간lokiya의 바른 견해라고 한다. 이것은 그 견해가 아직 번뇌로부터 자유를 가져다주는 것이 아니므로 세속적이다. 이것은 '이해anubodha'라고 할 수 있다. 그러나 깨달음의 네 단계 중 어떤 한 단계를 얻는 순간에 경험되는 바른 견해를 출세간lokuttara의 바른 견해라고 한다. 이것을 꿰뚫음, 통찰paṭivedha이라고 한다. 이렇게 범부puthujjana의 바른 견해와 성인ariya의 바른 견해가 있다. 바른 견해가 팔정도의 나머지 일곱 요소들과 더불어 완성에 도달하는 것은 세속을 초월한 출세간 단계에서다.

바른 견해가 부족하기 때문에 보통 사람들은 인생의 본질을 알지 못하고 인생의 보편적 진실인 괴로움을 보지 못한다. 세속적인 즐거움에 빠져 있는 사람들, 즉 점점 더 감각적인 욕망의 만족을 갈망하고 고통을 싫어하는 사람들이 '괴로움이라는 생각'을 불쾌하게 여기고 등을 돌려버리는 것은 당연한 일일 것이다. 그들은 '괴로움이라는 생각'을 싫어하고 사물에 대한 자신들의 편리하고 낙천적인 견해에 집착하기에 자신들이 영원히 되풀이되는 인생의 괴로움에 여전히 사로잡혀 있다는 사실을 알지 못한다.

사람들은 심리적으로 자신의 본성을 드러내기를 꺼려하고 그들의 마음 깊숙한 곳에 있는 것을 털어놓고 싶어하지 않는다. 반면에 다른 사람들이 자신을

181. M. 43. '교리 문답의 긴 경'.
182. '범부worldling, putthujjana'란 깨달음의 네 단계 중 어느 것도 깨닫지 못한 사람이다. 깨달음의 네 단계 중 첫 번째는 수다원sotapatti(흐름에 들어섬stream entry), 두 번째는 사다함sakada gami(한 번 돌아옴once-return), 세 번째는 아나함anagami(욕계로 돌아오지 않음non-return), 네 번째는 아라한Arahatta, arahatship으로 모든 번뇌를 제거한 이를 말한다.

원기왕성하고 걱정과 고난으로부터 자유로운 사람이라고 생각해주기를 바란다. 의식적이든 그렇지 않든 간에 많은 사람들이 괴로움이라는 보편적인 질병에 대해 말하거나 듣고 싶어하지 않는 것도 바로 그런 사실과 똑같은 심리적인 이유 때문이다. 그들은 즐거움을 사랑하고 자신들은 안전하며 마음이 만들어낸 천국 속에 살고 있다고 상상한다.

사람들이 변화를 존재의 두드러진 특징으로 알고 받아들인다 하더라도 그들은 일반적으로 변화가 사람들에게 가져다주는 매혹과 짜릿함에서 벗어날 수 없다. 그들은 바로 이 변화 속에서 행복을 발견할 수 있고, 무상한 이 순환 속에서 안전을 찾을 수 있다는 믿음을 가지고 있다. 그들은 비록 이 세계가 불확실하지만 그것을 확실하게 만들 수 있고 그것에 견고한 토대를 마련할 수 있다고 생각한다. 그래서 이 세상의 무상을 몰아내기 위한 무자비한 투쟁이 끈기 있는 노력과 무익한 열정 속에서 계속된다.

모든 가능한 방법으로 그들 자신과 세상을 개선하고 인간 생활의 모든 면에서 더 좋은 상태를 확보하며 위험에 대한 안전을 지키려는 노력은 무익하다. 이 세상에는 진정한 행복도 진정한 휴식도 없다는 사실을 알아야 한다. 세상이 불만족스러운 성질, 즉 고통의 모습을 하고 있다는 사실은 볼 수 있는 눈이 있고 이해할 수 있는 마음이 있는 사람이면 누구나 알 수 있다. 우리들의 눈앞에 인생의 참모습을 보여주는 것은 바로 바른 견해다. 이것은 사물을 긍정적으로 보느냐, 부정적으로 보느냐 하는 낙천주의나 염세주의라는 문제가 끼어들 틈 없이 사실 그대로를 보는 것yathabhuta dassana이다.

《맛지마니까야》에 있는 아홉 번째 '바른 견해 경Sammādiṭṭhi-sutta'을 살펴보면 바른 견해를 얻는 방법을 설명하는 데 16가지가 있음을 알 수 있다. 이것을 우리는 다음과 같이 네 가지로 줄일 수 있다.

1 업과 업의 법칙에 의한 설명

2 사성제에 의한 설명

3 음식에 의한 설명

4 연기에 의한 설명

두 번째와 네 번째의 설명방식은 거의 동일한 것이다. 왜냐하면 둘 다 일어나는 작용samudaya과 사라지는 작용nirodha, 다시 말하면 존재bhava와 존재의 소멸bhava-nirodha이라는 똑같은 특징적 모습을 설명하고 있기 때문이다.

음식āhāra에는 네 종류가 있다.

1 일반적인 먹는 음식kabaliṅkārāhāra

2 접촉phassāhāra

3 의식viññāṇāhāra

4 의도manosañcetanāhāra[183]

여기서 경전에서 언급된 모든 방법을 설명할 필요는 없을 것이다.[184]

세간의 바른 견해는 업과 업의 법칙에 관한 이해kammassakata ñāṇa이다. 그

◎

183. M. 9. '바른 견해 경'.

184. 상세한 설명은 Soma Thera, *Right Understanding*, Buddhist Literature Society, Colombo, 1946 참조.
《아비담마 길라잡이》 하권, 각묵스님, 7장 21, pp. 611~612.- 옮긴이

것은 '10선업kusala kamma, 十善業'과 10악업akusala kamma, 十惡業'을 의미한다. 선한 행위는 좋은 결과를 가져오고 가치가 있으며 인간을 현재와 미래에 행복으로 인도한다. 그래서 10선업을 '선한 행위의 길kusala kamma patha'이라고 한다. 악한 행위는 나쁜 결과를 가져온다. 그것은 가치가 없고, 인간을 현재와 미래에 괴로움과 고통스러운 일들로 인도한다. 그러므로 10악업을 '악한 행위의 길akusala kamma patha'이라고 한다.

붓다께서는 여러 곳에서 다음과 같이 업kamma의 중요성을 강조하신다.

"비구들이여, 의도가 업이라고 나는 말하노니 의도한 뒤 몸과 말과 마음으로 업을 짓는다."[185]

슬기로운 사람들이 악을 피하고 선을 행하는 것은 바로 업과 업보에 대한 이해가 있어서다. 업과 업보를 이해하는 사람은 그의 인생을 비참하게 만드는 것도 그 반대의 것도 바로 자신의 행위라는 것을 잘 안다. 그는 사람들이 이생에서 다양한 모습으로 태어나는 것은 전생이나 이생에서 자신이 행한 선하고 악한 행위의 결과라는 것을 안다. 자신의 성격은 자기 자신의 선택에 의해서 결정된다. 자신이 선택한 생각과 행위, 즉 습관이 자신을 형성한다. 그래서 이 신비스러운 우주 속에 있는 자신의 위치를 이해하고 도덕적이고 정신적인 진보를 촉진할 수 있는 방식으로 행동한다. 세간의 바른 이해는 이러한 형태를 통해 연기와 사성제로 가는 길을 열어준다.

이제 사성제를 통해서 바른 견해를 얻는 방법에 대해 이야기해보자. 우리는 앞에서 사성제가 오온과 따로 분리되어 있지 않으며 사성제는 오온 밖에서

◎

185. A. iii. 415. 《앙굿따라니까야》 4권, 대림스님 옮김, p. 262.

는 발견될 수 없다는 사실을 보았다. 오온의 본성을 이해한다는 것은 바로 사성제를 깨닫는다는 말이 된다. 그러므로 오온에 대해서 분명히 알아둘 필요가 있다.

이른바 존재를 늘 변하는 오온으로 나눈 붓다의 분석은 무더기蘊의 상속 khandha-santati 안에는 영속적인 것, 영원히 항상하는 것은 없다는 사실을 명확히 해준다.

변화, 즉 무상은 존재의 근본적인 특성이다. 우리는 생물이건 무생물이건 "이것은 영원하다."라고 말할 수 없다. 그렇게 말하는 동안에도 그것은 변하기 때문이다. 오온은 결합되어 있고 조건지어져 있다. 그러므로 늘 원인과 결과에 영향을 받는다. 의식 또는 마음과 마음부수들이 끊임없이 변하듯 비록 속도가 느리긴 해도 물질도 순간순간 변한다. 무상한 오온을 무상하다고 바르게 보는 사람은 바른 견해를 지닌 사람이다.[186]

붓다께서는 오온의 변화하는 성질을 설명하기 위해서 다섯 가지 탁월한 비유법을 사용하셨다. 그는 물질을 물결에 비유했고, 느낌을 물거품에, 인식을 아지랑이에, 상카라를 야자나무에, 의식을 요술에 비유했다. 그리고 다음과 같이 물으셨다.

"비구들이여, 어떤 실체가 물결, 물거품, 아지랑이, 야자나무, 요술 속에 있을 수 있겠느냐?"

그는 계속해서 말씀하셨다.

"비구들이여, 그와 같이 그것이 과거의 것이건 미래의 것이건 현재의 것이

◎

186. S. iii. 51.

건, 안의 것이건 밖의 것이건, 거칠건 미세하건, 저열하건 수승하건, 멀리 있건 가까이 있건 비구는 그것을 쳐다보고 면밀히 살펴보고 근원적으로 조사한다. 그가 그것을 쳐다보고 면밀히 살펴보고 근원적으로 조사해보면, 그것은 텅 빈 것으로 드러나고 공허한 것으로 드러나고 실체가 없는 것으로 드러난다. 비구들이여, 물질에 무슨 실체가 있겠는가?"

붓다께서는 나머지 오온의 네 가지 요소에 대해서도 똑같은 방법으로 다음과 같이 물으셨다.

"비구들이여, 느낌, 인식, 상카라, 의식에 무슨 실체가 있겠는가?"[187]

이와 같이 우리는 오온을 분석함으로써 깊이 숙고하게 된다. 통찰vipassanā로 알려져 있는 바른 견해가 작용하기 시작하는 것도 바로 이 단계에서다. 오온의 본성이 무상·고·무아라는 세 가지 특성ti-lakkhaṇa으로 파악되고 보이는 것도 이 통찰을 통해서다. 이것을 붓다께서는 다음과 같이 설하신다.

"비구들이여, 물질은 (…) 느낌은 (…) 인식은 (…) 상카라는 (…) 의식은 무상하다. 무상한 것은 괴로움이요, 괴로움인 것은 무아다. '이것은 내 것이 아니고, 이것은 내가 아니고, 이것은 나의 자아가 아니다.'라고 있는 그대로 바른 통찰지sammappaññāya로 보아야 한다. 이와 같이 있는 그대로 바른 통찰지로 보면 마음은 탐욕이 빛바래고 취착 없이 번뇌들로부터 해탈한다."[188]

나가르주나는 이 말을 다음과 같이 풀이했다.

"아뜨만, 자아 또는 영혼이라는 개념이 사라졌을 때 '나의 것'이라는 개념 또한 사라진다. 그러면 나와 나의 것이라는 개념으로부터 자유롭게 된다."[189]

◎

187. S. iii. 140. 《상윳따니까야》 3권, 각묵스님 옮김, p. 387.
188. S. iii. 44. 《상윳따니까야》 3권, 각묵스님 옮김, p. 188.

오온만이 무상하고 괴로움이고 무아인 것이 아니라 오온을 만들어낸 원인과 조건 또한 무상하고 괴로움이고 무아다. 붓다께서는 이 점을 다음과 같이 분명히 하고 계신다.

"비구들이여, 물질은 (…) 느낌은 (…) 인식은 (…) 상카라는 (…) 의식은 무상하다. 의식이 일어나는 원인과 조건도 역시 무상하다. 비구들이여, 의식은 무상에서 발생하였나니 그 어디에 항상함이 있겠는가?"

물질 (…) 느낌은 (…) 인식은 (…) 상카라는 (…) 의식은 괴로움이다. 의식이 일어나는 원인과 조건도 역시 괴로움이다. 비구들이여, 괴로움에서 발생하였나니 그 어디에 즐거움이 있겠는가?

비구들이여, 물질은 (…) 느낌은 (…) 인식은 (…) 상카라는 (…) 의식은 무아다. 의식이 일어나는 원인과 조건도 역시 무아다. 비구들이여, 무아에서 발생하였나니 그 어디에 자아가 있겠는가?

비구들이여, 이렇게 보는 잘 배운 성스러운 제자sutavā ariyasāvako는 물질 · 느낌 · 인식 · 상카라 · 의식에 대해서도 염오한다. 염오하면서 탐욕이 빛바래고, 탐욕이 빛바래므로 해탈한다. 해탈하면 해탈했다는 지혜가 있다. '태어남은 다했다. 청정범행은 성취되었다. 할 일을 다해 마쳤다. 다시는 어떤 존재로도 돌아오지 않을 것이다.'[190]라고 꿰뚫어 안다."

무명이 빛바래고 명지明知가 생기고 갈애가 소멸하기 때문에 이와 같이 미래에 다시 태어남이 없다.[191]

◎

189. Mādhyamika-kārikā, xviii. 2.
190. S. iii. 23. sutta 7, 8, 9는 생략되었다.
191. M. 43. '교리문답의 긴 경'.

우리는 시야가 흐려져서 항상 사물의 본성을 보지 못한다. 선입견과 탐욕, 혐오, 좋아함과 싫어함으로 우리는 감각기능과 감각대상들이 가진 각각의 객관적인 성질들을 알지 못한다. 그래서 신기루와 허깨비를 쫓아다닌다. 감각기능들은 우리를 기만하고 잘못 인도한다. 그래서 우리는 바른 시각으로 사물을 보지 못하고 사물을 보는 방식이 전도된다viparita dassana.

붓다께서는 인간의 마음을 왜곡하는 세 가지 전도vipallāsa, 顚倒 에 대해 언급하신다. 그것은 인식의 전도saññā vipallāsa, 마음의 전도citta vipallāsa, 견해의 전도diṭṭhi vipallāsa다. 이 전도에 빠져 있을 때 사람들은 거꾸로 인식하고 거꾸로 생각하고 거꾸로 보게 된다.

1 무상함을 항상함(영원함)으로

2 괴로움을 즐거움으로

3 무아를 자아로

4 깨끗하지 못한 것을 깨끗한 것으로 인식한다.

인식에서처럼 생각하고 보는 데서도 전도에 빠진다. 이와 같이 각각의 전도는 네 가지 방식[192]으로 작용해서 사람들로 하여금 길을 잃게 하고 시야를 흐리게 해서 혼란에 빠뜨린다. 이것은 현명하지 못한 주의기울임, 이치에 맞지 않는 주의기울임ayoniso-manasikāra에서 기인한다. 바른 견해만이 전도를 제거하고 궁극적 실재를 볼 수 있게 한다. 먹구름 뒤에서 환하게 나타나는 보름달처

◎

192. A. ii. 52.

럼 진정한 지혜로 빛나게 되는 것은 전도의 안개 속에서 벗어날 때다.

붓다께서는 회의론자들에게 의심스럽거나 질문할 만한 것은 자유롭게 의심하고 질문하라고 하셨다. 그의 가르침에는 비밀이라고는 없었기 때문이다.

"비구들이여, 여래에 의해 공포되고 제정된 법과 계율은 숨겨져 있는 것이 없으며, 어두운 곳이 아니라 밝은 곳에 있을 때 빛난다."[193]

제자들은 법에 대해서 붓다께 자유롭게 질문했다. 예를 들면 깟짜야나는 붓다께 다가가서 다음과 같이 물었다.

"세존이시여, '바른 견해', '바른 견해'라고들 합니다. 바른 견해는 어떻게 해서 있게 됩니까?"

"깟짜야나여, 이 세상은 대부분 두 가지를 의지하고 있나니 그것은 있다는 관념과 없다는 관념이다.

깟짜야나여, 세상의 일어남을 있는 그대로 바른 통찰지로 보는 자에게는 세상에 대해 없다는 관념이 존재하지 않는다. 깟짜야나여, 세상의 소멸을 있는 그대로 바른 통찰지로 보는 자에게는 세상에 대해 있다는 관념이 존재하지 않는다.

깟짜야나여, 세상은 대부분 집착과 취착과 천착에 묶여 있다. 그러나 바른 견해를 가진 성스러운 제자는 마음이 머무는 곳이요 천착하는 곳이요 잠재하는 곳인 그러한 집착과 취착을 '나의 자아'라고 가까이하지 않고 취착하지 않고 고수하지 않는다. 그는 '단지 괴로움[194]이 일어날 뿐이고, 단지 괴로움이 소멸할 뿐이다.'라는 데 대해 의문을 가지지 않고 의심하지 않는다. 여기에 대한 그의 지혜는 다른 사람을 의지하지 않는다. 깟짜야나여, 이렇게 해서 바른 견해

193. A. i. 283.
194. '비구들이여, 괴로움이란 무엇인가? 취착의 다섯 가지 무더기 자체가 괴로움이다.' S. ii. 158.

가 있게 된다.

깟짜야나여, '모든 것은 있다'는 이것이 하나의 극단이고, '모든 것은 없다'는 이것이 두 번째 극단이다. 이러한 양 극단을 의지하지 않고 중간majjhena, 中에 의해서 여래는 법을 설한다.

무명을 조건으로 의도적 행위들이, 의도적 행위들을 조건으로 알음알이가, 알음알이를 조건으로 정신 · 물질이, 정신 · 물질을 조건으로 여섯 감각장소가, 여섯 감각장소를 조건으로 감각접촉이, 감각접촉을 조건으로 느낌이, 느낌을 조건으로 갈애가, 갈애를 조건으로 취착이, 취착을 조건으로 존재가, 존재를 조건으로 태어남이, 태어남을 조건으로 늙음 · 죽음과 근심 · 탄식 · 육체적 고통 · 정신적 고통 · 절망이 발생한다. 이와 같이 전체 괴로움의 무더기가 발생한다. 무명이 남김 없이 빛바래어 소멸하기 때문에 의도적 행위들이 소멸하고, (…) 이와 같이 전체 괴로움의 무더기가 소멸한다."[195]

우리가 일상생활에서 남자 · 여자 또는 개인이라 부르는 이 존재는 정지하고 있는 어떤 것이 아니라 끊임없이 지속적으로 변하는 상태에 있는, 움직이고 있는 존재라는 것이 확실해졌다. 인생과 인생에 관계된 모든 것을 이러한 관점에서 보고, 나라는 존재를 정신 · 물질 집합체의 단순한 연속이라고 분석적으로 이해할 때 우리는 사물을 있는 그대로 보게 된다. 그래서 우리는 '내가 있다'는 잘못된 견해sakkāya-diṭṭhi, 즉 자아나 영혼에 대한 믿음을 가지지 않게 된다. 우리는 바른 견해를 통해서 모든 존재가 인과관계로 서로 의존하고 있다paṭicca-

◎

195. S. ii. 17. 《상윳따니까야》 2권, 각묵스님 옮김, pp. 139~144.

samuppanna는 것, 즉 각 존재는 다른 존재에 의해 조건지어져 있고 그 존재는 그 조건과 관계되어 있다는 것을 알게 된다. 그 결과 우리는 인생의 흐름 속에는 나, 영속적인 영혼의 실재, 자아의 원리, 즉 자아라든가 자아와 관계된 것은 없다는 것을 알게 된다. 그러므로 우리는 소아jīvātma (microcosmic soul)나 대아 paramātma(macrocosmic soul)의 개념으로부터 자유롭게 된다.

사성제에 대한 이해는 오온을 완전히 이해하고 완전히 통찰함으로써, 다시 말하면 오온을 무상하고 괴로움이고 무아라고 봄으로써 점점 더 분명해진다. 그래서 붓다께서는 제자들에게 존재란 오온에 의해서 만들어지는 것임을 분석적으로 이해하라고 거듭 말씀하신다. 제자들이 '어떻게 오온의 본성을 깨달아 마음의 해탈을 얻게 되었는가?' 하는 많은 예가 《테라 가타》와 《테리 가타》에 기록되어 있다. 예를 들면 밋따 깔리는 다음과 같은 게송으로 그녀의 경험을 생동감 있게 표현하고 있다.

오온이 일어나고 사라지는 것을
있는 그대로 숙고함으로써
나는 번뇌로부터 마음의 자유를 얻었다.
붓다의 말씀은 완성되었다.[196]

위에서 보았듯이, 정신·물질인 이 무더기들은 끊임없이 원인과 결과의 지배를 받는다. 이 무더기들은 끊임없이 일렁이는 바다의 파도처럼 놀랄 만큼 빠

◎
196. 《테리 가타Theri gatha》 게송 96.

른 속도로 일어나고uppāda 머물고ṭhiti 사라진다bhaṅga. 인생이란 끊임없이 변하면서 흘러가는 시냇물에 비유될 수 있다.[197]

불교에서 가르치는 변화에 대한 법(무상)의 요지는, 존재를 조건짓고 있는 모든 구성요소들은 하나의 흐름이지 고정된 실체가 아니라는 것이다. 변화가 빠르게 연속적으로 일어나기 때문에 사람들은 몸과 마음을 불변하는 실체로 여긴다. 그것들이 일어나고 사라지는 것을 보지 못하고 뭉뚱그려서 하나의 뭉쳐진 덩어리로서 견고하게 인식ghana-saññā[198]한다.

"비구들이여, 어떤 사문들이든 바라문들이든 여러 가지 방법으로 자아를 관찰하는 자들은 모두 취착의 다섯 가지 무더기를 관찰하는 것이지 그 외 다른 것을 관찰하는 것이 아니다.

어떤 것이 다섯 가지인가? 비구들이여, 여기 배우지 못한 범부는 성자들을 친견하지 못하고 성스러운 법에 능숙하지 못하고 성스러운 법에 인도되지 못하고 참된 사람들을 친견하지 못하고 참된 사람의 법에 능숙하지 못하여 물질을 자아라고 관찰하고, 물질을 가진 것이 자아라고 관찰하고, 물질이 자아 안에 있다고 관찰하고, 물질 안에 자아가 있다고 관찰한다. 그는 느낌을 (…) 인

◎

197. A. iv. 137. 헤라클레이토스Heraclitus의 비유와 비교해보라. 붓다 입멸 후 몇 년 뒤에 헤라클레이토스는 아테네에서 'Panta Rhei(flux theory, 유전론流轉論)'을 가르쳤다. 그래서 사람들은 그 가르침이 인도로부터 전해진 것이 아닌가 생각한다. 헤라클레이토스는 "정지된 존재는 없다.", "변하지 않는 실체는 없다.", "변화, 움직임이 우주의 주主다. 모든 것은 생성의 상태, 지속적인 흐름流轉의 상태에 있다."라고 말했다. 그리고 그는 "당신은 똑같은 강물에 두 번 들어갈 수 없다. 왜냐하면 새로운 강물이 계속해서 흘러오기 때문이다."라고 말한다(A. K. Rogers, *A Student's History of Philosophy*, London, 1920, p. 15). 그러나 법의 근본을 이해하는 사람은 한 걸음 더 나아가 다음과 같이 말할 것이다, "동일한 사람이 동일한 강에 두 번 들어갈 수 없다. 정신·물질의 흐름일 뿐인 인간이라는 존재는 연속되는 두 순간에도 결코 동일하게 남아 있지 않기 때문이다(Piyadassi Thera, *Philosophy of Change*, Dharmodaya Sabha, Kathmandu, Nepal, 1956, p. 7)."

198. ghana에는 santati-ghana, samuha-ghana, ārammaṇa-ghana, kicca-ghana 네 가지가 있다. 자세한 설명은 《11일간의 특별한 수업》, 아신 빤딧짜스님, pp. 358~363 참조.- 옮긴이

식을 (…) 심리현상들을 (…) 알음알이를 자아가 있다고 관찰한다.[199] 이와 같이 하여 사견을 통한 관찰과 '나는 있다'는 사량분별이 그에게서 사라지지 않는다."[200]

몸과 마음, 그리고 마음이 투영된 외부세계를 분리될 수 없는 결합으로 생각하는 데 익숙한 사람들이 '덩어리(견고)'라는 것에 대한 잘못된 생각을 버리는 것은 어려운 일이다. 사물을 흐름이나 움직임으로 보지 못하면 그들은 결코 붓다께서 설한 무아anatta의 법을 이해하지 못할 것이다. 그것이 바로 사람들이 성급하게 다음과 같은 질문을 하는 이유다.

"자아 또는 영혼과 같은 영속하는 실체 불변하는 본체가 없다면 무엇이 현재나 미래에 행위의 결과를 경험하게 되는가?"

다른 두 경[201]에서 이 심각한 문제가 거론되고 있다. 붓다께서는 제자들에게 상세히 오온의 무상함을 설명하며 사견과 자만을 어떻게 떨쳐버리는지에 대해 말씀하셨다. 그러자 한 비구가 마음속으로 다음과 같은 생각을 했다.

'물질적인 육체도 내(자아)가 아니다, 느낌도 내가 아니다, 인식도 내가 아니다, 상카라도 내가 아니다, 의식도 내가 아니다. 그렇다면 내가 없이 지은 행위의 결과는 무엇이 받게 되는가?'

붓다께서는 그 비구의 마음을 읽고 그 질문은 요점을 벗어났다고 말씀하신 뒤, 비구들에게 오온이 무상하고 괴로움이고 무아인 것을 이해시켜 주신다.

199. '나(자아)'라는 생각은 네 가지 방식으로 오온에 적용되어 20가지가 된다. 이것이 20가지 자아에 대한 견해viṃsatiākāra sakkāyadiṭṭhi이다(M. i. 8 ; iii. 17 ; Vbh. 364. 참조). 이렇게 자아에 대한 견해가 사라졌을 때 62가지 잘못된 견해도 사라진다. 62가지 잘못된 견해에 대해서는 D. 1. '범망경Brahmajala sutta' 참조.

200. S. iii. 46 sutta 47. 《상윳따니까야》 3권, 각묵스님 옮김, p. 191.

201. M. 109. '보름밤의 긴 경' ; S. iii. 103, sutta 82.

"행위를 한 자가 그 행위의 결과를 경험하는 자와 동일하다고 말하는 것은 잘못이다. 마찬가지로 행위를 한 자와 그 행위를 경험하는 자는 서로 다른 둘이라고 말하는 것도 잘못이다."[202]

그것은 앞에서 보았듯이 인생이란 정신·물질 작용의 흐름 또는 끊임없이 일어나고 사라지는 에너지의 흐름이어서 매 순간 변하기에 행위의 결과를 행위자 자신이 경험한다고 할 수 없기 때문이다. 그러나 동시에 인생의 연속성, 즉 사건의 연속과 경험의 지속성이 상실되지 않고 끊임없이 계속된다는 사실 또한 잊지 말아야 한다. 아기는 청년과 같지 않고 청년은 어른과 같지 않다. 그들은 같지도 않고 전혀 다른 사람도 아니다.[203] 단지 정신·물질 작용의 흐름이 있을 뿐이다. 그래서 옛 선인들은 이렇게 말했다.

업을 짓는 자도 없고
과보를 경험하는 자도 없고
순수한 법들만이 일어날 뿐이니
이것이 바르게 봄見이다.[204]

이것은 무엇을 의미하는가? 그 해답은 이 정신·물질 작용 속에 '자아'나 '영혼'의 형태를 띤 '나'라거나 '나의 것'은 없다는 것이다. 보고 느끼고 경험하는 것은 있지만, 그것들 너머에 변하지 않는 영원한 자아나 영혼은 없다. 그것이

◎

202. A. ii. 70.
203. Milindapañha.
204. Vism. xix. 《청정도론》 3권, 대림스님 옮김, p. 208.

전부다.[205]

이 장을 마무리 짓기 전에 '무아anatta의 법'에 대해 몇몇 사람들이 제기한 도전적인 질문들을 살펴보자. 불교의 무아라는 말을 이른바 자아에 정반대되는 어떤 것으로 생각하는 사람들은 "만약 자아atta가 없다면 어떻게 무아anatta를 이야기할 수 있겠는가?"라고 묻는다. 그들은 자아와 무아를 상대적인 말로 받아들인다. 우리는 붓다께서 말씀하시는 무아가 진정 무엇을 의미하는지 바로 알아야 한다. 붓다께서는 자아에 상반되는 어떤 것도 결코 언급하지 않으셨다. 붓다께서는 이 두 단어를 나란히 놓고 "이것이 자아에 반대되는, 내가 말한 무아다."라고 말씀하지 않았다. 무아라는 말의 접두어 'an'은 존재하지 '않음'을 의미하지 '반대'를 의미하는 것은 아니다. 문자 그대로 단순히 '자아가 아니다', '자아가 존재하지 않는다'는 의미다.

자아를 믿는 사람들은 그들의 자아를 유지하려고 노력한다. 붓다께서는 그 자아에 접두사 an을 붙임으로써 그것을 간단히 부정하셨다. 붓다께서 만났던 많은 사람들의 생각에는 자아나 영혼이라는 개념이 깊이 뿌리내려 있었기 때문에, 그는 학식 있는 사람들, 변증론자들, 논쟁자들의 자아에 대한 심각한 질문에 상세히 말씀하셨다. 붓다의 수천 가지 설법이 기록되어 있는 경장은 주로 자아에 대한 이러한 질문들 때문에 대단히 방대해졌다. 독자들이 그 설법을 주의 깊게 읽으면, 자아에 대한 난처한 질문과 관계된 붓다의 대답과 설명이 왜 긴 설법으로 전개되어 가는가를 알 수 있을 것이다.

앞서 설명한 붓다의 설법에서 볼 때 가장 높은 단계의 바른 견해는 단순히

◎

205. 무아론anatta에 대한 상세한 설명은 Walpola Rahula, *What the Buddha Taught*, Gordon Fraser, London, 1959, 6장 참조.

모든 잘못된 견해, 즉 왜곡과 전도를 피하는 것이다. 불교에서는 자아의 개념이나 개체가 상주한다는 믿음 때문에 그러한 왜곡과 전도가 일어난다고 본다. 이것은 바로 오온이 일어나고 사라지는 것을 이해하는 것이다. 오온의 이해를 통해, 즉 존재의 본성을 바르게 파악함으로써 사성제에 대한 이해가 점점 분명해진다.

붓다께서 설한 무상anicca과 괴로움dukkha은 인도인들에게는 새로운 것이 아니었다. 《찬도가야》와 같은 초기 우빠니샤드에서 "자아에 대한 지식을 통해 사람들은 슬픔(의 세계)을 건너간다tarati sokam atmavid."와 같은 표현을 만나게 된다. 그러나 인도의 사상가들을 당혹케 했던 것은 불교의 '무아anatta론'이었다. 그들은 자아에 대한 믿음이 매우 강했기 때문에 붓다께서 자아를 부정하고 그에 반대하는 설법을 하자 큰 충격을 받았다. 그래서 그들은 그들의 종교와 철학 속에서 오랫동안 계속되어 온 중심 개념인 자아를 보호하기 위해 무장하게 되었다.

그들은 무아의 의미를 이해하지 못했기 때문에 서슴없이 붓다를 허무주의자라고 불렀다.[206] 자아 또는 영혼이 환상이라는 인식이 바로 붓다의 가르침을 혁명적으로 만든 것이다. 무아론은 세계의 종교와 철학사에서 유일무이한 것이다.

"불교의 두드러진 특징은 그것이 새로운 선에서 출발했고, 인간이 풀어야 하는 가장 심오한 문제들을 전혀 다른 관점에서 다루었다는 점이다. 불교는 줄곧 미신에 사로잡힌 정신과 심오한 정신 둘 다를 그렇게 완전히 장악하고 지배해 온 위대한 자아론 전체를 쓸어냈다. 불교는 역사상 처음으로 하나님이나 크

◎

206. M. 22. '뱀의 비유 경'.

고 작은 신들을 전혀 언급하지 않고 이 생애에서 자신의 힘으로 각자가 구원을 얻을 수 있다고 선언했다.

우빠니샤드처럼 불교에 있어 첫 번째로 중요한 것이 지식이다. 그러나 그것은 신에 대한 지식만이 아니라 인간과 사물에 대한 본성을 있는 그대로 바르게 아는 것이었다. 그리고 불교는 거기에 지혜 · 청정 · 공손· 정직 · 평화, 그리고 무량하여 한계가 없는 자애라는 필수품을 더했다."[207]

◉
207. T. W. Rhys Davids, *The Hibbert Lectures*, 1881, p. 28.

8. 바른 사유

팔정도의 두 번째인 바른 사유는 바른 견해에서 나온다. 이 두 가지가 팔정도 중 지혜인 혜학 부문이다. 바른 사유는 사물을 있는 그대로 보는 결과로 생긴다. 사유는 매우 중요하다. 인간의 말과 행동은 사유에서 나오기 때문이다. 사유가 변한 것이 말이고 행동이다. 말과 행위의 선과 불선은 전적으로 그 사람의 사유와 사유방식에 달려 있다. 왜곡되지 않은 바른 사유를 아는 것은 매우 중요하다. 자주 인용되는 《담마빠다》의 1번 게송은 사유의 중요성을 말한다.

모든 것은 마음이 앞서 있고 마음이 최상이며 마음으로 이루어진다.
만약 나쁜 마음으로 말하거나 행동하면
괴로움이 그를 따른다, 수레바퀴가 소의 발걸음을 따르듯이.
Manopubbaṅgamā dhammā manoseṭṭhā manomayā
Manasā ce paduṭṭhena bhāsati vā karoti vā

Tato naṃ dukkhamanveti cakkaṃva vahato padaṃ

모든 것은 마음이 앞서 있고 마음이 최상이며 마음으로 이루어진다.

만약 깨끗한 마음으로 말하거나 행동하면

행복이 그를 따른다, 그림자가 그를 따르듯이.

Manopubbaṅgamā dhammā manoseṭṭhā manomayā

Manasā ce pasannena bhāsati vā karoti vā

Tato naṃ sukhamanveti chāyāva anapāyinī

붓다의 이러한 말씀으로 볼 때, 사람의 말과 행위의 선악은 그의 사유에 달려 있음이 분명하다. 사유는 우리가 상상할 수 있는 그 어떤 것보다 빠르게 움직인다. 그래서 원하는 대로 어디든지 돌아다닐 수 있다. 사유가 우리들과 외부세계에 미치는 영향은 대단히 크다. 악하고 해롭고 비도덕적인 사유는 어느 것이나 다 인간의 마음을 오염시키고 막대한 해를 가져온다. 나쁜 말과 나쁜 행위는 나쁜 마음 상태의 표현이다. 그러나 바른 견해를 가지고 바른 사유에 집중한다면, 마음이 만들어낼 수 있는 좋은 결과는 무한하다.

그러면 바른 사유란 무엇인가?

그것은 출리出離의 사유nekkhamma-saṅkappa, 악의 없음의 사유abyāpāda-saṅkappa(자애), 해코지 않음의 사유avihiṃsā-saṅkappa(연민)이다.[208] 그 반대는 감각적 욕망의 사유kāma-saṅkappa, 악의의 사유byāpāda-saṅkappa, 해코지의

◉

208. M.17, 117 등 여러 곳.

사유vihiṃsā-saṅkappa이다.[209]

'두 가지 사유 경'[210]에서 붓다께서는 깨달음을 얻기 전 자신이 어떻게 두 갈래의 사유를 경험했는지 상세히 설하신다. 붓다께서는 감각적 욕망 · 악의 · 해코지의 마음을 한 범주로 묶었고, 출리 · 악의 없음 · 해코지 않음을 다른 범주로 놓으셨다. 붓다께서는 감각적 욕망 · 악의 · 해코지의 사유가 일어나면 자신과 다른 사람들에게 해가 되고, 통찰에 장애가 되고, 고통을 초래하고, 열반으로 인도하지 않는다고 아셨다. 그래서 그러한 사유를 계속해서 제거하고 쫓아 다시는 일어나지 않게 하셨다.

출리 · 악의 없음 · 해코지 않음의 사유가 그에게 일어났을 때 붓다께서는 이러한 것들은 자신에게도 다른 사람들에게도 해를 끼치지 않으며 통찰을 계발하고, 고통을 초래하지 않고, 열반으로 인도해준다는 것을 아셨다. 계속해서 붓다께서는 숙고를 통해서 어떻게 자신의 마음을 견고하게 했고 고요하게 했으며 명상의 대상에 마음을 집중할 수 있었는가를 설하신다. 그러고 나서 그는 어떻게 해서 악한 마음에서 벗어나 초선, 이선, 삼선, 사선에 들어가고 마침내 있는 그대로 사성제를 이해하게 되었는가를 설하신다.

여기서 우리는 모든 불선의 세 가지 뿌리인 탐욕 · 성냄 · 어리석음을 제거하는 일이 어떻게 해서 바른 견해, 바른 사유에 달려 있는가를 관찰하는 것이 중요하다. 무명의 다른 표현인 어리석음은 앞에서 보았듯이 바른 견해에 의해 제

209.M. 78, 117 등 여러 곳.
210. M. 19, '두 가지 사유 경'.

거된다. 감각적 욕망과 악의는 바른 사유에 의해 제거된다. 팔정도의 나머지 여섯 요소가 바른 이해와 바른 사유를 도와준다.

이제 불선한 사유를 버리는 일이 얼마만큼 중요한지 어떻게 그것을 버리는지 살펴보자. 그것은 출리 · 악의 없음(자애) · 해코지 않음(연민)을 바르게 닦음으로써 제거된다. 마음이 탐욕이나 성냄에 사로잡혀 있을 때는 사물을 있는 그대로 보기 어렵다. 그러나 이 장애물들을 제거하는 것은 마음을 사로잡고 있는 불선한 생각들과 싸우는 것이 아니다. 그와 같은 생각과 직면해서 그것들이 어떻게 일어나고 또 일어나는지, 어떻게 마음을 압도하는지 관찰하고 알아야 한다. 즉 불선한 마음들의 본질을 탐구해야 한다. 만약 마음이 계속 탐욕과 성냄의 사유를 일으키도록 놔두고 그런 사유를 통제하려고 노력하지 않는다면, 이러한 사유는 점점 강력해져서 마음을 휘어잡게 될 것이다. 그러나 진정으로 불선한 사유를 제거하려고 노력한다면, 불선한 사유들을 몰아낼 선한 사유들을 계발하려고 점차 노력할 것이고 결국 마음이 깨끗해질 것이다. 예를 들면 보고 듣는 것 등으로 불선한 마음이 일어날 때, 출리의 사유는 마음을 평온하게 해줄 것이다. 마찬가지로 자애와 연민은 악의와 성냄, 잔인함, 복수에 불타는 마음을 완화시킬 것이다. 그러나 이것은 절대 쉬운 일이 아니다. 여기에는 대단한 결단력과 노력이 필요하다.

어떤 이들은 감각적 욕망은 자연스러운 욕구이므로 억누를 필요가 없다고 한다. 또 어떤 사람은 그것은 억지로 억눌러야 한다고 생각한다. 궁극적 경지에서 본다면 탐욕이나 성냄은 마음부수의 하나일 뿐이다. 자신의 탐욕을 제멋대로 내버려두거나 그것을 억누르기 전에, 어떤 편견도 없이 탐욕이라는 생각 그 자체를 보려고 노력해야 한다. 그러면 그 생각의 일어남의 원인을 볼 수 있을 것이다. 탐욕이 커지도록 내버려두는 것도 그것을 없애려는 것도 모두 자신에게 달려 있다. 다시 말하자면 감각기능이 감각대상을 만나거나 마음이 마음의 대상을 만났을 때, 대상이 원하지 않는 것이면 성냄·혐오·악의·증오의 원인이 되는 갈등이 일어난다.

이와 같이 감각기능에서 일어나는 자극을 통해서 어리석음으로 인한 탐욕과 성냄과 다른 불선한 생각들이 생기게 된다. 어떤 사람이 외부 대상에 현혹되면 그의 내부에는 느낌이 일어난다. 그러면 그는 이 감각대상을 좋아하거나 싫어하게 된다anurodhavirodhaṁ samāpanno.[211] 원자들처럼 서로 끌어들이거나 반발하는 것이다. 주위를 둘러보면 인간 사회는 이 두 가지 강한 충동, 즉 탐욕과 성냄에 사로잡혀 있는 것을 보게 된다. 이러한 번뇌에 영향을 받는 한, 인생의 변화는 그를 계속 억누를 것이다. 그러나 이러한 번뇌를 완전히 제거하지는 못했다 할지라도 다스릴 수만 있다면, 그는 변화에 크게 영향을 받지 않을 것이다. 인간은 이 세상에 살아 있는 한 인생의 변화를 완벽하게 피할 수 없다. 그러나 마음을 닦아서 이러한 변화들이 가져다주는 충격에 동요되지 않으면서 살 수 있는 길을 스스로 터득할 수 있다.

붓다께서는 체계적으로 법Dhamma을 설하셨다. 그는 자신이 만난 모든 사람에게 가르침의 핵심인 사성제를 설하지는 않으셨다. 상대방이 심오한 법을 이해할 만큼 성숙되지 못했다고 생각되면 점진적인 방법으로 먼저 단순한 관점에서 법을 가르치셨다. 보시dāna, 지계sīla, 천상(이 세 가지가 단순한 관점이다)[212]에 대해 이야기하시고, 감각적 욕망이 주는 즐거움의 불이익과 공허함과

211. M. 38. '갈애 멸진의 긴 경'.

깨끗하지 않음, 출가의 이익에 대해 이야기하셨다.

붓다께서는 상대방이 마음의 준비가 되어 있고 유연하고 장애가 없으며 고양되었고 기쁠 때에 법을 설하셨다.[213] 법이란 모든 깨달은 이들이 발견한 고유의 것으로 '괴로움, 괴로움의 원인, 괴로움의 소멸, 괴로움의 소멸에 이르는 길'에 대한 진리다.

앞서 보았듯이 감각적 욕망에 대한 사유를 버릴 준비가 되어 있다면 인간의 마음은 최상의 진리를 얻을 수 있다. 마음이 불선한 사유에서 놓여났을 때에야 진리를 깨달아 바른 견해를 얻게 된다. 바른 사유와 바른 견해는 서로 의존하며 바른 지혜sammā-paññā를 일으킨다.

붓다께서는 소문이 아닌 자신의 경험을 통해서 출가에 대해 이야기하신다. 그 자신의 출가에 대한 다음과 같은 이야기가 있다.

"비구들이여, 내가 보살이었을 때 태어나고 늙고 병들고 죽고 슬퍼하고 번뇌에 물들기 쉬운 것들을 찾아다녔다. 비구들이여, 그때 내게 왜 태어나고 늙고 병들고 죽고 슬퍼하고 번뇌에 물들기 쉬운 것을 찾는가, 하는 생각이 떠올랐다. '만약 태어나고 (…) 번뇌에 물드는 내가 다시 태어나지 않음, 속박으로부터 완전히 벗어난 닙바나를 추구하면 어떨까?' 비구들이여, 나는 얼마 뒤 (…) 인생의 한창 나이, 빛나는 청년기에 머리와 수염을 깎고 물들인 가사를 입고 집 없는 생활, 출가를 했다."[214]

◎

212. 불교에서는 보시dāna와 지계sīla의 실천은 선처에 태어나는 원인이 된다. 그러나 좋은 곳에 태어난다고 해서 고통에서 완전히 자유로워지는 것은 아니며 윤회의 멈춤인 열반nibbāna을 성취하는 것도 아니다.

213. Vinaya Mhvg. 유연하고 부드러운 마음은 감각적 욕망에서 벗어날 때 생긴다.

214. M. 26, '성스러운 구함 경' M. 36, '삿짜까 긴 경'.

이것은 숭고한 구도ariya-pariyesana다. 이러한 생각은 자신의 왕관을 포기하고 홀로 있음을 시작한 고따마의 출가를 묘사한 '출가의 경'에 잘 나타난다.[215] 경에 따르면, 어느 날 그는 탁발하기 위해 라자가하 시로 들어갔다. 궁전에서 내려다보고 있던 빔비사라 왕은 발우를 들고 눈을 내리뜨고 침착하게 걷는 고따마를 보았다. 그의 모습에 감명을 받은 왕은 신하를 보내어 그가 어디에 머무는지 알아내게 했다. 빔비사라 왕은 보고를 받고 바로 빤다와 산으로 달려가 고따마를 만나 다음과 같이 말했다.

"그대는 젊음의 황금기에 있으며 풍채가 훌륭하며 크샤트리아 계급으로 보입니다."[216]

"대왕Mahārāja이여, 나는 태양의 일족인 사꺄족Sākyan입니다. 나는 가문을 떠났습니다. 나는 감각적 욕망을 추구하지 않습니다. 감각적 욕망에서 위험을 알고 출리에서 평화를 보기에, 나는 최상의 출가인 열반을 향한 노력의 길을 갑니다. 나의 마음은 감각적 욕망에서가 아니라 노력에서 기쁨을 느낍니다."

이를 통해서 출가pabbajjā와 감각적 욕망으로부터 떠남인 출리nekkhamma는 동일하다는 것을 알 수 있다. 출가의 목적은 탐욕kilesa-kāma과 오욕의 대상vatthu-kāma을 물리치는 데 있다. 출가는 진정한 자기희생이다. 그래서 출가가 좋은 결실을 맺으려면 출가하겠다는 생각이 진정한 마음에서 우러나와야 한다.

출가는 모든 사람이 따를 수 있는 길이 아니다. 세상의 화려하고 감각적인

◎

215. Sn. '출가의 경Pabbajja-sutta'
216. 인도에는 바라문(Brāhmaṇas, 사제 계층), 크샤트리아(Kṣatriyas, 통치 계층), 바이샤(Vaiśyas, 평민 계층), 수드라(Śūdras, 천민, 최하 계급)의 네 가지 카스트caste가 있었다.

생활을 뒤로하고 떠난다는 것은 쉬운 일이 아니다. 모든 사람이 세상과 자신을 잡아당기는 것들에서 떨어져 나오는 것은 불가능할 것이다. 그래서 붓다께서는 그를 따르는 모든 사람이 출가하리라 기대하지는 않으셨다.

"집에서 집이 없는 곳으로의 출가는 어렵다. 출가 생활에서 즐거움을 얻는 것 또한 어렵다."[217]

붓다께서는 제자들을 가르치실 때 출가 생활이 어렵다고 해서 승가를 떠나는 제자들에게 아무런 제재도 가하지 않으셨다. 강제나 강압은 전혀 없었으며 떠난다고 비난하지도 않았다.

붓다께서는 말씀하셨다.

"비구들이여, 두 종류의 행복이 있다. 세속적 생활의 행복gihisukhaṁ과 출가의 행복pabbajjāsukhaṁ, 즉 욕계의 행복kāma sukhaṁ과 출리의 행복nekkhamma sukhaṁ이다. 비구들이여, 이들 가운데 출가의 행복, 출리의 행복이 수승하다."[218]

이것이 붓다께서 세속 생활을 경시한다는 의미는 아니다. 붓다께서는 단지 자신의 경험을 말씀하실 뿐이다. 사실 그는 두 가지(욕계와 출리) 행복을 모두 누리셨다. 그러나 한 가지 사실은 기억해야 한다. 그것은 출가자이건 재가자이건 같은 길, 계·정·혜를 닦는 '옛길'을 따라가야 한다는 사실이다.

진정한 출가는 현실도피가 아니라는 사실을 명심해야 한다. 출가의 진정한 의미를 알지 못하고 게으르며 쓸모없이 빌붙어 사는 거짓 수행자들의 모습을

◎

217. Dhp. 302.
218. A. i. 80.

보고 출가를 판단하는 사람들은 성급하게 출가가 일종의 현실도피이며 이기적인 생활방식이라고 결론짓는다. 그러나 올바른 수행자인 비구는 사회로부터 최소한의 것을 취하고 많은 것을 되돌려주는 최상의 이타주의자다. 《담마빠다》에서는 다음과 같이 말씀하신다.

> 꽃에 아무런 해도 끼치지 않고 꿀을 취하는 벌처럼,
> 성자는 마을에서 그와 같이 행동해야 한다.[219]
> Yathāpi bhamaro pupphaṃ vaṇṇagandhamaheṭhayaṃ
> Paleti rasamādāya evaṃ gāme munī care

시간이 지남에 따라 많은 변화가 일어났지만, 세속의 즐거움을 포기한 진정한 비구는 비구 생활의 범위 내에서 사심 없이 사람들에게 봉사하고, 마음의 해탈을 얻으려는 숭고한 목적을 가지고, 자발적으로 청빈하고 완전히 금욕적인 생활을 하려고 끊임없이 노력한다. 비구들의 생활에는 두 가지 방식이 있다. 수행에 전념하는 삶vipassanā-dhura과 수행을 하면서 법을 공부하고 가르치는 삶gantha-dhura이다. 모든 비구들은 자신의 기질, 나이, 환경에 따라 의무적으로 이 두 가지 생활방식 가운데 하나를 택해야 한다.

비구가 되는 출가의 문제를 거론할 때, 불교의 수행은 출가자만을 위한 것이고 재가자를 위한 것이 아니라고 생각해서는 안 된다. 붓다의 가르침인 팔정도는 남자와 여자, 재가자와 출가자 모든 사람을 위한 것이다. 법을 단지 몇몇

◎
219. Dhp. 49.

수행자들에게만 한정시킬 수 있겠는가?

비구 생활이 노고와 의무가 가득한 세속 생활보다 불선한 사유를 버리고 수행하는 데 훨씬 도움이 되는 것은 사실이다. 재가 생활을 하면서 '고귀한 삶'을 살기는 쉽지 않다. 집안 걱정과 여러 가지 세속적인 근심들로부터 벗어나 자유로운 출가자의 생활이 완전한 청정을 계발하기에 훨씬 적합하다. 이러한 사실을 부정할 수는 없지만 그렇다고 재가자가 정신적 청정을 얻을 수 없는 것은 아니다. 재가 생활을 하면서도 변덕스러운 마음을 길들일 수 있고 감각적 욕망의 탐닉과 성적인 욕망과 자극을 제어할 수 있다면, 그도 출가자들이 즐기는 완전한 청정에 도달할 수 있다. 물론 완전한 청정과 해탈이 완전한 초연함과 출리에서 온다는 것은 말할 필요도 없다. 이러한 모든 성취는 그가 재가자이건 출가자이건 간에 그의 마음이 어떻게 작용하느냐에 달려 있다.

도시의 혼란에서 벗어나 숲 속에 산다 할지라도 마음이 집중되지 않고 시끄럽고 불선한 생각들로 혼란스럽다면 그는 그 숲을 떠나야 한다. 왜냐하면 그가 숲으로 들어간 목적을 달성하지 못했기 때문이다. 마음이 고요해서 번뇌가 사라질 때에만 숲 속에서 기쁨을 얻을 수 있다. 반면에 사람들이 많은 마을에 살면서도 마음을 고요하게 할 수 있다면 그는 마음이 오염된 채 숲 속에 머무는 사람보다 낫다.[220]

이와 관련된 메기야Meghiya 존자의 이야기는 흥미롭다. 붓다께서 깨달음을 얻은 지 13년이 되던 해, 메기야는 붓다의 시자로 붓다와 함께 짤리까Cālika 언

◎
220. 상세한 내용은 M. 5, 17을 보라.

덕에 머물렀다. 그때의 이야기를 요약하면 다음과 같다.

강 근처에 있는 아름다운 망고나무 숲에 매료당한 메기야 존자는 붓다께서 허락을 하신다면 수행하러 그곳으로 가야겠다고 생각했다. 그래서 그는 붓다께 자신의 바람을 이야기했다.

붓다께서는 "메기야여, 우리 둘뿐이니 다른 비구들이 도착할 때까지 잠시만 기다려라."라고 말씀하셨다. 붓다의 만류에도 불구하고 그는 거듭해서 붓다께 간청했다. 그러자 붓다께서는 "메기야여, 네가 수행하겠다고 하는데 내가 무슨 할 말이 있겠느냐? 좋을 대로 하거라."라고 말씀하셨다.

메기야 존자는 수행하기 위해 그 망고나무 숲으로 갔다. 거기에 있는 동안 그에게 세 가지 나쁘고 해로운 감각적 욕망, 악의, 해코지에 대한 생각 일어났다. 존자에게 이런 생각이 들었다. '참으로 놀랍구나. 나는 믿음으로 집을 나와 출가했다. 그런데도 나는 감각적 욕망에 대한 생각과 악의에 대한 생각과 해코지에 대한 생각의 세 가지 나쁘고 해로운 생각에 빠져 있다니!' 그래서 그는 붓다께 되돌아가서 자신에게 일어난 일을 이야기했다. 그때 붓다께서는 다음과 같이 말씀하셨다.

"메기야여, 다섯 가지 법은 아직 성숙하지 않은 마음의 해탈을 성숙하게 한다. 무엇이 다섯인가?

메기야여, 여기 비구는 좋은 친구kalyāṇamitta, 좋은 동료kalyāṇasahāya, 좋은 벗kalyāṇasampavaṅka을 가졌다. 이것이 아직 성숙하지 않은 마음의 해탈을 성숙하게 하는 첫 번째 조건이다.

다시 메기야여, 여기 비구는 계를 잘 지킨다. 그는 계목의 단속으로 단속하면서 머문다. 바른 행실과 행동의 영역을 갖추고 작은 허물에 대해서도 두려움을 보며 학습 계목을 받아 지녀 공부짓는다. 이것이 두 번째 조건이다.

다시 메기야여, 여기 비구는 엄격하고 마음을 여는 데 도움이 되는 이야기, 즉 소욕에 대한 이야기, 지족에 대한 이야기, 한거에 대한 이야기, 교제하지 않는 이야기, 열심히 정진함에 대한 이야기, 계·삼매·통찰지 해탈·해탈지견에 대한 이야기 등을 원하기만 하면 얻을 수 있고, 힘들이지 않고 얻을 수 있고, 어려움 없이 얻을 수 있다. 이것이 세 번째 조건이다.

다시 메기야야여, 여기 비구는 해로운 법들을 제거하고 유익한 법들을 두루 갖추기 위해 열심히 정진하며 머문다. 그는 굳세고 분투하고 유익한 법들에 대한 임무를 내팽개치지 않는다. 이것이 네 번째 조건이다.

다시 메기야여, 여기 비구는 통찰지를 가졌다. 그는 일어나고 사라짐을 꿰뚫고, 성스럽고, 통찰력이 있고, 바르게 괴로움의 소멸로 인도하는 통찰지를 구족했다. 메기야여, 이것이 아직 성숙하지 않은 마음의 해탈을 성숙하게 하는 다섯 번째 조건이다."[221]

감각적 욕망을 버리는 것이 출가의 특징이다. 출가는 세속적이고 감각적인 욕망kāma과는 정반대다. 그것은 모든 마음을 자연스럽게 열반이란 대상으로 집중하는 것이다.

붓다께서는 여러 설법에서 감각적 욕망의 위험과 불이익을 설하셨다. 붓

◎

221. 이 설법의 전문은 A. iv. 354 ; Ud. p.34에 나온다. 간단하게는 Dhp. com. I. 287에서 찾아볼 수 있다. Thg(66)에 존자의 게송이 있다. 여기에 나오는 메기야 존자는 사꺄족의 메기야라고 한다. Dhp. 게송 33, 34는 다음과 같다. "불안하고 변덕스러운 마음은 지키기 어렵고 다스리기 어렵다, 궁사가 화살을 바르게 하듯이 현자는 마음을 바르게 한다.", "땅바닥에 내팽개쳐 펄떡이는 물고기처럼 마음은 요동친다. 그러니 마라의 세계(탐욕)는 반드시 버려야 한다."

다께서는 첫 번째 설법에서 감각적 욕망에 빠지는 것은 저속하고 천하고 저열하고 세속적인 것이라고 말씀하셨다. 감각적 욕망을 포기해야 할 필요성을 제자들에게 역설하시면서 감각적인 욕망을 해골, (마른) 뼈다귀, 살점, 불타는 건초, 달구어진 석탄 조각, 꿈, 빌린 물건, 과일나무, 도살장, 칼과 도마, 화형대, 뱀의 머리에 비유했다. 이것들은 고통과 실망을 초래하며 큰 위험을 품고 있다.[222]

또 붓다께서는 다음과 같이 말씀하신다.

"비구들이여, 감각적 욕망은 무상하고 허망하고 거짓되고 부질없는 것이다.[223] 그것은 환영이고 어리석은 자들의 지껄임이다. (…) 이것 때문에 나쁘고 해로운 마음의 상태인 욕심과 악의와 성급함이 일어난다."[224]

바른 사유의 세 가지 중 두 번째는 악의 없음이며 세 번째는 해코지 않음의 사유다. 이는 각각 사무량심brahma-vihāra에 속하는 자애mettā와 연민karuṇā에 일치한다. 자애와 연민은 숭고한 삶에 도움이 되는 두 가지 고귀한 마음이다. 이것은 이기심과 부조화를 멀리하고 이타주의 · 조화 · 형제애를 촉진시킨다. 자애와 연민은 인종, 계급, 피부색, 공동체, 교리, 동서양에 상관없이 모든 중생을 향해 계발되어야 하는 마음이다. 이것은 무량한 상태appamaññāyo로 열려 있다. 제한이 없고 무한히 확장되기 때문이다. 이것은 계층, 자질, 지위, 권력, 학식, 가치 등에 따라 누군가를 편애하지 않고 등급 매기지 않고 모든 이를 포용한다. 자애와 연민은 모든 살아 있는 존재에게 편안함을 준다.

◎

222. M. 22. '뱀의 비유 경'. 참고로 M. 54. '뽀딸리야 경'과 비교해보라.
223. aniccā, tucchā, musā, mosadhammā.
224. M. 106. '흔들림 없음에 적합한 길 경'.

경전에 따르면 이 두 가지 미덕은 직접 사람들을 대할 때뿐 아니라 수행을 통해서도 계발될 수 있다. 이를 '거룩한 마음가짐의 수행brahmavihārabhāvanā' 이라 한다. 수행자가 이 두 미덕을 열심히 체계적으로 수행하면 선정jhāna, 즉 삼매를 성취할 수 있다.

붓다께서는 라훌라에게 다음과 같이 말씀하신다.

"라훌라여, 자애의 수행을 닦아라. 자애의 수행을 닦으면 어떤 악의라도 다 제거될 것이다. 라훌라여, 연민의 수행을 닦아라. 연민의 수행을 닦으면 어떤 잔인함이라도 다 제거될 것이다." [225]

이로 보아 멧따mettā와 까루나karuṇā는 악의와 해코지의 정반대임이 명백하다. 감각적 욕망과 같이 악의나 해코지는 감각기능과 감각대상이 만날 때 일어난다. 사람들은 자신의 사고방식상 불쾌한 시각대상을 만날 때, 올바르고 현명하고 주의를 기울이지 못하면 강한 반감이 일어난다. 이는 귀와 소리, 코와 냄새, 혀와 맛, 몸과 접촉, 마음과 마음의 대상이 만날 때도 마찬가지다. 아주 즐거운 느낌을 주었던 좋은 대상(생물이건 무생물이건)에 혐오감이나 악의를 일으킬 수 있다. 예를 들면 어떤 사람이 사랑하는 사람에게 구애를 했지만 상대방이 자신과 같은 애정을 보이지 않거나 기대에 반하는 행동을 하면 갈등과 분노가 일어난다. 바른 사유를 하지 않고 신중하지 못하다면 그는 어리석은 짓을 할지도 모르고, 그의 행동은 불행을 초래할지도 모르며, 심지어 살인자가 되거나 자살을 할지도 모른다.

이것은 그릇된 사유micchā-saṅkappa의 본질을 이해하고 그릇된 사유를 지

◎

225. M. 62. '라훌라를 교계한 경'.

닌 사람들이 어떤 불이익을 겪는가를 이해하는 데 좋은 실례가 된다. 이 경우에 통제되지 않은 감각적 욕망은 강한 악의를 불러일으킬 수 있다. 그런데 이 악의는 결국 죽음, 슬픔, 한탄으로 끝나게 되는 피해와 폭력을 불러일으킨다.

> 적이 적에게 어떤 짓을 하더라도
> 원수가 원수에게 어떤 짓을 하더라도
> 악의의 마음이 스스로에게 짓는 해가 더 크다.[226]

이와 관련해 아리야데와Āryadeva의 다음 말은 주목할 만하다.

"동일한 대상에 대해 한 사람에게는 탐욕이, 다른 사람에게는 성냄이, 또 다른 사람에게는 어리석음이 일어난다. 그러므로 감각대상은 어떠한 고유한 의미를 갖고 있지 않다."[227]

세상 사람들이 악하고 나쁜 마음을 가지는 것은 당연하다. "엉성한 초가지붕으로 비가 스며들듯 닦여지지 않은 마음에 탐욕이 스며든다."[228] 탐욕은 사람을 혼란스럽게 한다. 눈먼 사람들의 탐욕은 성냄을 비롯한 온갖 괴로움을 초래하다. "세상의 적은 탐욕이다. 탐욕을 통해 모든 악이 생긴다. 탐욕이 어떤 이유로든 방해받을 때 탐욕은 성냄으로 바뀐다."

인간은 인간 본성에 잠재해 있고 무한한 가능성을 갖고 있는 선하고 바른

◎

226. Dhp. 42.
227. 'Tatraiva rajyate kascid-kascit tatraiva dusyati
Kascin muhyati tatraiva-tasmāt kāmo nirathakah.' (177).
Vidushekhara Bhattāchārya (ed.), *The Catuhśataka of Āryadeva*.
228. Dhp. 13.

사유를 계발하고 펼치도록 노력해야 한다. 그러기 위해서는 삼매를 닦아야 samādhi-sikkhā 한다. 마음을 점검하고 다스려서cittaṁ vasaṁ vatteti[229] 그것의 노예가 되지 않고 그 지배를 받지 않게 되는 것cittassa vasena vattati[230]은 바로 점진적인 수행을 통해서다. 마음을 닦는 수행을 통해 감각대상의 영향에서 벗어날 수 있다. 이와 같이 계율을 지키고 삼매를 닦고 진리의 빛을 손에 넣은 성자가 때가 되어 죽게 되면, 그에 대해서 진실로 이렇게 말할 수 있을 것이다.

> 자신을 정복할 수 있다면 그가 최고의 승리자다.[231]
>
> Ekañca jeyyamattānaṃ sa ve saṅgāmajuttamo

> 승리는 원한을 낳고 패한 자는 고통 속에 잠든다.
>
> 평온한 자는 승리와 패배를 버리고 행복하게 잠든다.[232]
>
> Jayaṃ veraṃ pasavati dukkhaṃ seti parājito
>
> Upasanto sukhaṃ seti hitvā jayaparājayaṃ

불교인들에게 멧따mettā(Skt. maitri)는 친숙한 말이지만 이 말의 정확한 의미를 전달해줄 우리말은 없다. 우정, 박애, 선의, 보편적인 사랑, 자애가 널리 쓰이는 번역어다. 멧따는 구분이나 제한 없이 모든 살아 있는 존재의 행복과 안녕을 바라는 마음이다. 이것은 자애로운 친구와 같은 성격을 지닌다. 자애의 직

◎

229. M. 32. '고싱가살라 긴 경'.
230. M. 32. '고싱가살라 긴 경'.
231. Dhp. 103.
232. Dhp. 201.

접적인 적은 악의다. 반면에 간접적인 적, 즉 숨어 있는 적은 세속적 사랑이나 이기적인 성적 욕구pema다. 이것은 자애mettā와 완전히 다른 것이다. 세속적인 사랑이 멧따인 양 가장했을 때 자신과 다른 사람에게 피해를 끼칠 수 있다. 그러므로 이 숨어 있는 적에 대해서 경계해야 한다.

종종 사람들은 세속적 애착을 지니고 있으면서 이것을 진정한 멧따라고 착각해 멧따를 계발하고 있다고 생각한다. 그래서 그들은 자신이 잘못된 길로 가고 있다는 사실을 모른다. 만약 어떤 사람이 냉철하게 그와 같은 생각을 자세히 살필 수 있다면, 그는 자신의 생각이 세속적인 애착으로 물들어 있다는 것을 깨닫게 될 것이다. 사랑의 결과가 애착과 집착이라면 이 사랑은 멧따일 수 없다.

세속적인 사랑pema은 갈망의 일종으로 괴로움, 슬픔, 비탄을 낳을 수 있다. 붓다께서는 설법에서 이러한 사실을 명확히 설하신다. 《담마빠다》의 16장에서 이를 다섯 게송으로 강조하신다.

> 사랑스러운 것으로부터 슬픔이 생기고, 사랑스러운 것으로부터 두려움이 생긴다.
> 사랑하는 것으로부터 자유로운 자에게 슬픔이 없는데 어찌 두려움이 있겠는가.
> Piyato jāyatī soko piyato jāyatī bhayaṃ
> Piyato vippamuttassa natthi soko kuto bhayaṃ
>
> 애착으로부터 슬픔이 생기고…
> 즐김으로부터 슬픔이 생기고…

욕망으로부터 슬픔이 생기고…

갈애로부터 슬픔이 생기고….[233]

Pemato jāyatī soko…

Ratiyā jāyatī soko…

Kāmato jāyatī soko…

Taṇhāya jāyatī soko

누군가를 사랑하다는 것은 그 사람에게 애착이 강하다는 것을 의미한다. 두 사람이 서로 사랑하면 그들 사이에 애착이 생기지만, 짝사랑이거나 한쪽의 애정이 식으면 남은 사람은 비참해지고 어리석은 행동을 할 수도 있다. '괴로움의 고귀한 진리'에서 붓다께서는 다음과 같이 말씀하신다.

"싫어하는 사람과 만나는 것이 괴로움이고 사랑하는 사람과 헤어지는 것도 괴로움이며 바라는 것을 얻지 못하는 것도 괴로움이다."

멧따mettā는 마치 수은이 다른 것에 달라붙을 수 없는 것처럼 인간 마음에 있는 아주 순수하고 지고한 상태다. 이것은 고요하며 독단적이지 않은 미덕 가운데 최고의 완화제다.

초연하게 아무 집착도 없이 '나'라든가 '나의 것'이라고 하는 어떤 이기심도 없이 한 사람을 사랑하기는 어렵다. 사람들에게 '나'라는 관념은 지배적이기 때문에 이것과 저것 사이에 어떤 구별도 두지 않는 사랑, 사람들 사이에 벽을 만들지 않는 사랑, 그리고 무한한 마음으로 모든 사람을 형제자매로 여기는 것은

◎

233. Dhp. 212~216.

거의 불가능해 보인다. 그러나 조금이라도 노력하는 사람에게는 보상이 있을 것이다. 그럴 만한 가치가 있는 일이다. 멈추지 않는 노력과 결단력으로 점차 목적지에 도달할 것이다.

> 사람들은 자신의 이익을 위해
> 관계를 맺고 다른 사람에게 봉사한다.
> 사욕이 없는 친구를 찾기 어렵다.
> 단지 자신의 이익만 생각하는 사람은 추한 사람이니
> 홀로 걸어가라, 마치 무소의 뿔처럼.[234]

자애는 어떤 존재에 대해서도 집착하지 않기 때문에 마음이 감각적 욕망에 덜 사로잡혔을 때 훨씬 더 계발하기 쉽다. 앞에서 보았듯이 출리nekkhamma는 감각적 욕망을 버리는 것을 의미하고, 자애는 감각적 욕망의 집착이 없는 우정을 의미한다. 출리와 자애는 조화를 이루며 서로 뒷받침하는 덕목이다. 초기 경전 중에서 자애에 대해 언급하는 몇몇 설법을 찾아볼 수 있는데 그중에서도 '자애경Metta-sutta'[235]이 가장 잘 알려져 있다. 이 경은 두 부분으로 나누어져 있다. 첫 번째 부분은 청정과 평온을 얻으려는 사람의 자질을 자세히 설명하고, 두 번째 부분은 자애를 실천하는 방법을 상세히 설명하고 있다. 그 내용은 다음과 같다.

◎
234. Sn. 75.
235. Sn. '자애경Metta-sutta'.

유익한 일에 능숙하여 적정의 경지를 이루려는 이는
유능하고 정직하고 고결하며 온순하고 부드럽고 겸손해야 합니다.
Karaṇīyamatthakusalena yanta santaṁ padaṁ abhisamecca
Sakko ujū ca suhujū ca suvaco cassa mudu anatimānī

만족할 줄 알고 공양하기 쉬우며 분주하지 않고 생활이 간소하며
감관은 고요하고 슬기로우며 거만하거나 탐착하지 말아야 합니다.
Santussako ca subharo ca appakicco ca sallahukavutti
Santindriyo ca nipako ca appagabbho kulesuva'nanugiddho

슬기로운 이가 나무랄 일은 그 어떤 것도 하지 않으며
안락하고 평화로워 모든 중생 행복하기를!
Na ca khudda'mācare kiñci yena viññū pare upavadeyyuṁ
Sukhino vā khemino hontu sabbasattā bhavantu sukhitattā

살아 있는 생명 어떤 것이든 움직이거나[236] 움직이지 않거나[237] 남김 없이
길거나 크거나 중간이거나 짧거나 작거나 비대하거나
Ye keci pāṇabhūt'atthi tasā vā thāvarā vā navasesā
Dīghā vā ye va mahantā ṃajjhimā rassakā aṇukathūlā

◎
236. 아직 아라한이 아닌 사람.
237. 아라한.

보이거나 안 보이거나 가깝거나 멀거나

이미 있거나 앞으로 태어날 모든 중생 행복하기를!

Diṭṭhā vā yeva addiṭṭhā ye va dūre vasanti avidūre

Bhūtā va sambhavesī va sabbasattā bhavantu sukhitattā

서로 속이지도 말고 얕보지도 말지니 어느 곳, 누구든지

분노 때문이든 증오 때문이든 남의 고통을 바라지 말아야 합니다.

Na paro paraṁ nikubbetha nātimaññetha katthaci na kañci

Byārosanā paṭighasaññā nāññamaññassa dukkhamiccheyya

마치 어머니가 하나밖에 없는 아들을 목숨으로 보호하듯

모든 생명을 향해 가없는 자애를 키워 나가야 합니다.

Mātā yathā niyaṁ puttamāyusā ekaputtam'anurakkhe

Evampi sabbabhūtesu mānasaṁ bhāvaye aparimāṇaṁ

또한 일체의 세계에 대해 위로 아래로 옆으로

장애 없이 원한 없이 적의 없이 무량한 자애를 닦아야 합니다.

Mettañca sabbalokasmiṁ mānasaṁ bhāvaye aparimāṇaṁ

Uddhaṁ adho ca tiriyañca asambādhaṁ averaṁ asapattaṁ

서 있거나 걸을 때나 앉아서나 누워서나 깨어 있는 한

자애의 마음을 굳게 새기는 이것이 거룩한 마음가짐입니다.

Tiṭṭhaṁ caraṁ nisinno vā sayāno vā yāvatā'ssa vitamiddho

Etaṁ satiṁ adhiṭṭheyya brahma'metaṁ vihāra'midha māhu

사견에 빠지지 않고 계행과 정견을 갖추어

감각적 욕망을 제거하면 다시는 윤회의 모태에 들지 않을 것입니다.

Diṭṭhiñca anupagamma sīlavā dassanena sampanno

Kāmesu vineyya gedhaṁ na hi jātu'ggabbhaseyya puna retī

또 다른 설법에서 붓다께서는 자애를 수행하는 자에게 있을 열한 가지의 이익에 대해서 말씀하신다.

"편안하게 잠들고, 편안하게 깨어나고, 신들이 보호하고, 불이나 독이나 무기가 영향을 미치지 못하고, 마음이 쉽게 삼매에 들고, 안색이 맑고, 매하지 않은 채 죽고, 더 높은 경지를 통찰하지 못하더라도 범천의 세상에 태어난다. 비구들이여, 자애를 통한 마음의 해탈을 반복하고, 닦고, 많이 공부짓고, 수레로 삼고, 기초로 삼고, 확립하고, 굳건히 하고, 부지런히 닦으면 이러한 열한 가지 이익이 기대된다."[238]

원한과 잔인함과 같은 불선한 마음은 그 마음을 품는 사람 자신에게 엄청난 손해와 피해를 끼친다. 사람들이 화를 낼 때 몸과 마음 둘 다 어떤 변화를 받게 된다. 심장박동이 빨라지고 그 결과 몸과 마음의 에너지가 흐트러진다. "화내지 마라. 화내면 늙는다."라는 옛 속담은 사실이다. "화내면 추해 보이고, 고

◎

238. A. v. 342. 《앙굿따라니까야》 6권, 대림스님 옮김, p. 562.

통스러우며, 화는 마음을 덮어서 옳고 그름을 구별하지 못한다. 화난 사람은 의미를 알지 못하고, 생각을 보지 못하며, 마치 눈먼 사람처럼 어둠에 휩싸인다."[239] 이것이 성냄의 결과다. 그러므로 화가 완전히 제거될 때까지는 화를 통제할 필요가 있다.

자애는 성냄을 치료하는 가장 좋은 해독제다. 자애는 화내는 사람들을 위한 가장 좋은 약이다. 자유롭고 넓은 마음으로 이것이 필요한 모든 사람에게 자애를 넓혀가자.

설법 속에서 붓다께서 제자들을 만나면 다음과 같이 말씀하시는 것을 본다.

"그대들은 견딜 만한가? 잘 지내는가? 탁발하는 데 어려움은 없는가? 그대들은 사이좋게 화합하고 정중하고 다투지 않고 물과 우유가 잘 섞이듯 서로를 우정 어린 눈으로 보면서 머무는가?"[240]

붓다께서는 자애의 화신이시다. 그는 교훈과 모범으로써 자애를 실천한 대표적인 인물이시다. 모든 경전을 보아도 붓다께서 화를 내거나 누구에게도 심지어 반대자나 적에게조차도 불친절한 말씀을 한 경우는 한 번도 없다. 자신과 자신의 가르침에 반대하는 사람들이 있었지만 붓다께서는 그들을 적으로 여기지 않으셨다. 그는 논쟁을 할 때도 침착했고 동요하거나 화내지 않고 상대를 만나셨다. 논쟁을 즐기는 자인 삿짜까Saccaka는 붓다와의 토론 끝에 다음과 같이 말했다.

"경이롭습니다, 고따마 존자시여. 놀랍습니다, 고따마 존자시여. 이와 같이 거듭되는 무례한 말과 비방하는 조의 말투로 대응해도 피부색이 깨끗하고

◎

239. A. iv. 94.
240. M. 31, 128. A. i. 70 등 여러 곳.

안색이 밝으시니 참으로 아라한·정등각자에 어울립니다."[241]

사람들이 상스러운 말로 공격하고 강한 어조로 비난했어도 붓다께서는 결코 안색을 흐리지 않으셨다. 오히려 "그가 미소 지었다mihitapubbaṅgama."라는 언급이 종종 나온다. 이와 관련된《담마빠다》320번 게송의 배경 이야기가 흥미롭다.

붓다께서 라자가하Rājagaha에 머물고 계실 때였다. 마간디야는 사람들을 매수해서 붓다께서 탁발을 하러 마을로 들어오면 욕을 하도록 시켰다. 이교도들은 붓다를 따라다니며 "강도, 못된 놈, 바보, 낙타, 황소, 얼간이, 지옥에 갈 자, 짐승 같은 자, 구제받지 못할 자, 지옥에서 영원히 고통을 받을 자."라고 10가지 모욕적인 말로 비방하고 욕설을 퍼부었다. 이 욕설을 듣고 아난다 존자는 붓다께 간청했다.

"세존이시여, 이 도시 사람들은 우리에게 욕설과 비방을 퍼붓고 있습니다. 다른 곳으로 가시지요."

"아난다여, 어디로 간단 말인가?"

"세존이시여, 다른 도시로 가야 합니다."

"아난다여, 그 도시에서도 욕설과 비방을 퍼붓는다면 그땐 어디로 가야 하는가?"

"세존이시여, 그러면 또 다른 도시로 가야 합니다."

"아난다여, 거기서도 욕설과 비방을 퍼붓는다면 그땐 어디로 가야 하는

◎

241. M. 36. '삿짜까 긴 경'.

가?"

"세존이시여, 또 다른 도시로 가야 합니다."

"아난다여, 그렇게 해서는 안 된다. 어려움이 일어나면 어려움이 가라앉을 때까지 그곳에서 기다려야 한다. 어려움이 가라앉은 다음에 다른 곳으로 가야 한다. 아난다여, 누가 너에게 욕설과 비방을 퍼붓느냐?"

"하인들과 종들과 이교도들 모두가 우리에게 욕설과 비방을 퍼붓고 있습니다."

"아난다여, 여래는 전쟁터에 나간 코끼리와 같다. 전쟁터에 나간 코끼리가 사방에서 날아오는 화살을 참고 견디듯, 여래는 사악한 자들이 내뱉는 말을 참고 견딘다."[242]

붓다께서 제자들에게 자애를 닦아야 할 필요성을 강조하는 내용은 다음의 설법에서도 찾아볼 수 있다.

"비구들이여, 만약 양쪽에 날이 달린 톱으로 도둑이나 첩자가 사지를 마디마디 잘라낸다 하더라도 그들에 대해 마음을 더럽힌다면 그는 나의 가르침을 따르는 자가 아니다. 비구들이여, 여기서 그대들은 이와 같이 배우고 익혀야 한다.

'내 마음은 그것에 영향을 받지 않으리라. 악담을 내뱉지 않으리라. 이로움과 함께 연민을 가지고 머물리라. 자애로운 마음을 가지며 증오를 품지 않으리라. 나는 그 사람에 대해 자애가 함께한 마음으로 가득 채우고 머물리라. 그리고 그 사람을 대상으로 삼아 모든 세상을 풍만하고, 광대하고, 무량하고, 원한

◎

242. 《법구경 이야기》 3권, 무념·응진 옮김, 옛길, pp. 271~272.

없고, 악의 없는, 자애가 함께한 마음으로 가득 채우고 머물리라.'라고 그대들은 이와 같이 배우고 익혀야 한다."[243]

제자들에게 붓다께서는 다음과 같이 말씀하신다.

"비구들이여, 그대들은 남들이 나를 비방하고 법을 비방하고 승가를 비방하더라도 거기서 적대감을 가져서는 안 되고 기분 나빠해서도 안 되고 마음으로 싫어해서도 안 된다. 그대들이 거기에 자극받아서 분노하고 싫어하는 마음을 낸다면 그것은 그대들에게 장애가 된다. 비구들이여, 남들이 나를 비방하고 법을 비방하고 승가를 비방한다고 해서 그대들이 자극을 받아 분노하고 싫어하는 마음을 낸다면 그대들은 남들이 말을 잘했는지 잘못했는지 제대로 알 수 있겠는가?"

"알 수 없습니다, 세존이시여."

"비구들이여, 남들이 나를 비방하거나 법을 비방하거나 승가를 비방한다면 거기서 그대들은 사실이 아닌 것은 사실이 아니라고 설명해주어야 한다. '이러하기 때문에 이것은 사실이 아닙니다. 이러하기 때문에 이것은 그렇지 않습니다. 우리에게는 이러한 것이 없습니다. 이것은 우리에게는 알려지지 않은 것입니다.'라고."[244]

붓다께서는 증오를 증오로 극복할 수 있다고 믿지 않으셨다. 그는 다음과 같이 말씀하신다.

결코 이 세상에서 증오는 증오에 의해서 가라앉지 않는다.

◎

243. M. 21. '톱의 비유 경'.
244.D. 1. '범망경'.

증오하지 않음으로 가라앉는다. 이것은 오래된 법이다.[245]

Na hi verena verāni sammantīdha kudācanaṃ

Averena ca sammanti esa dhammo sanantano

계발된 자애에는 마음을 끄는 힘이 있는 것 같다. 이 무량한 마음을 퍼뜨림으로써 사람들에게 영향을 주고 마침내 자기편으로 끌어들일 수 있는 것이다. 붓다의 삶을 통해 보았듯이 자애의 힘은 그가 설한 많은 이야기 속에서 찾아볼 수 있다. 말라족의 로자Roja 이야기도 좋은 예들 가운데 하나다.

말라족 사람들은 처음으로 붓다께서 그들의 도시인 꾸시나라Kusinārā를 방문하자 모두 붓다를 만나러 갔다. 로자는 그들을 따르고 싶지 않았다. 하지만 그는 자신의 의지와는 정반대로 따르고 말았다. 그리고 붓다를 보기도 전에 송아지가 어미 소에게 끌리듯이 붓다에게 마음이 끌리게 되었다. 이것은 자애가 가진 신통력mettā-iddhi[246]의 한 예다. 붓다께서 야차 알라와까Ālavaka와 무자비한 강도 앙굴리말라Angulimāla, 술 취한 코끼리 날라기리Nālāgiri를 길들인 일과 그 외의 몇 가지 사건은 붓다가 지닌 자애의 힘을 보여준 좋은 예들이다.

붓다와 같은 시대의 몇몇 사람들, 특히 외도들은 붓다를 몹시 두려워해서 자신의 제자들이나 추종자들이 개종할까 염려하여 그들을 감히 붓다께 보내지 못했다는 재미있는 일들도 있다. 그것은 다음과 같은 사실에서 알 수 있다.

어느 날 니간타 나따뿟따Nigaṇṭha Nātaputta(자이나교의 교주)는 붓다의 말을

245. Dhp. 5. sanantano ; 과거 붓다들과 그 제자들이 따랐던 오래된 법porāṇiko dhammo, (Com).
246. Vin. Mhvg. Khandaka vi.

논박하기 위해 유명한 재가자인 우빨리Upāli를 보내려고 했다. 그때 자이나교도인 디가따빳시Dīghatapassi는 나따뿟따에게 이렇게 말했다.

"존자시여, 저는 우빨리 장자가 사문 고따마를 논파할 수 있다고 생각하지 않습니다. 사문 고따마는 요술쟁이입니다. 그는 개종시키는 요술을 알아 다른 외도들을 제자로 개종시킵니다Gotamo māyāvi āvaṭṭaniṁ māyaṁ jānāti."[247]

사람들이 붓다에게 끌리는 것은 바로 붓다의 자애, 크나큰 자애와 연민 때문이지 사람을 홀리는 요술 때문이 아니라는 것을 그들은 알지 못했다.

"자애를 통해 사람들은 인류의 행복에 기여하고, 세상을 밝고 숭고하고 순수하게 만든다. 자애야말로 그 어떤 방법보다도 훌륭한 삶을 준비하는 방법이다. 증오보다 더 나쁜 불운은 없고, 다른 사람들의 적개심에서 벗어나는 데는 증오가 사라진 마음, 즉 자애보다 안전한 것이 없다.

만약 어떤 사람이 움켜잡고 소유하려는 탐욕을 제거해 무량한 자애를 키웠다면, 그 강하고 깨끗한 자애는 어떤 종류의 탐욕에도 더럽혀지지 않고, 자애의 행위에 대해 물질적인 이익을 바라지도 않는다. 또한 그러한 자애는 강하지만 애착이 없고, 확고하나 구속하지 않으며, 온화하며 변하지 않고, 다이아몬드처럼 단단하지만 다치게 하지 않고, 도움을 주지만 간섭하지는 않고, 시원하고, 상쾌하고, 가진 것보다 더 많은 것을 주고, 거만하지 않으며 위엄이 있고, 거칠지 않고 부드럽다. 그와 같은 자애는 청정한 해탈의 성취로 이끌어준다. 그런 사람에게는 결코 악의가 있을 수 없다.

자애는 적극적인 힘이다. 자애로 하는 모든 행위는 돕고 구원하고 격려해

◎

247. M. 56. '우빨리 경' ; A. ii. 190.

주려는 순수한 마음이다. 그리고 다른 사람의 길을 더 쉽고 평탄하게 만들어서 슬픔을 이기고 훨씬 더 쉽게 최고의 행복을 얻게 해준다.

자애를 닦는 길은 성냄의 불이익과 성내지 않는 마음의 이익을 생각하는 것이다. 있는 그대로 업에 따라, 세상에는 진실로 성내야 할 사람이 없다. 또한 성냄은 점점 더 어둠을 키워 가는 어리석은 생각이며 바른 견해를 방해한다고 숙고하는 것이 자애를 닦는 방법이다. 성냄을 제거하면 자애는 자유롭게 활동 할 수 있다. 성냄은 후회를 가져오고, 자애는 평화를 가져온다. 성냄은 마음을 동요시키지만 자애는 차분하고 잔잔하고 고요하게 한다. 성냄은 분열을 낳고 자애는 화합을 낳는다. 성냄은 뻣뻣하게 하고 자애는 부드럽게 한다. 성냄은 방해하고 자애는 도와준다. 이와 같이 성냄의 영향과 자애의 이익을 정확히 이해하여 알고 자애를 키워 나가야 한다."[248]

바른 사유의 세 번째는 까루나karuṇā 연민이다. 빠알리어와 산스끄리뜨어가 동일한 까루나는 다른 이가 고통스러워할 때 선한 사람의 가슴이 진동하는 것, 다른 이의 고통을 제거하고자 하는 특징이 있다. 잔인함과 폭력은 연민의 직접적인 적이다. 반면에 속된 슬픔은 간접적인 적, 즉 숨은 적이다. 속된 슬픔이 비록 친구의 모습을 하고 나타난다 할지라도 그것은 진실한 연민이 아니라 가짜 연민일 뿐이다. 그런 연민은 기만적이므로 진실한 연민과 가식적인 연민을 구별할 줄 알아야 한다. 진실한 연민을 갖춘 사람은 타인을 억압하거나 해코지 않고, 그들의 고통을 덜어주려고 애쓰면서, 누구도 차별하지 않으며, 모든 사람에게 안전감을 준다.

◎

248. Soma Thera and Piyadassi Thera, *The Lamp of the Law*, Kandy Buddhist Publication Society, Ceylon, pp. 20~22.

붓다의 가르침과 삶에서 드러나듯, 붓다께서는 위대한 연민mahākāruṇika을 갖고 계신다. 그는 모든 살아 있는 존재에게 크나큰 연민을 펼치셨다. 그의 행위에는 항상 연민이 내재했다. 붓다의 모든 설법에는 이 지고한 가치인 연민이 깔려 있다. 선과 폭력은 공존할 수 없다. 선은 건설적이고 폭력은 파괴적이다. 이기적인 마음에 사로잡힌 사람은 연민을 계발할 수 없다. 자기희생적인 사람이라야 마음을 연민이라는 순수한 사유로 채워서 다른 사람들을 돕고 그들에게 봉사할 수 있다. 이기적인 사람들은 타인에게 진정한 봉사를 할 수 없다. 사람들의 이기적인 동기로는 좋은 일을 할 수가 없다. 일단 이기적이고 냉정하면 마음이 부드러울 수 없다. 경직된 마음은 연민과 동정에 의해서 부드러워진다. 만약 붓다의 가르침에서 연민을 뺀다면 그것은 불교의 핵심을 제거하는 일이 된다. 모든 미덕, 모든 선과 정의가 연민을 기초와 모체로 삼고 있기 때문이다.[249] 보살, 즉 깨달음을 추구하는 사람이 닦는 바라밀pārami은 연민에서 시작된다. 연민은 마음 가운데 부드러운 쪽이고, 반면에 지혜는 단단하고 예리하다. 연민은 지혜에 의해 지혜는 연민에 의해 인도되어야 한다. 이들은 손을 맞잡고 가야 하며 이 두 가지가 불교의 중추다.

우리는 연민을 슬픔의 우울한 표현, 정신적인 고통의 느낌 또는 감상적인 생각과 혼동하지 않도록 주의해야 한다. 사람들은 사랑하는 사람을 잃고 나서 울지만 그것은 연민이 아니다. 만약 그 감정을 주의 깊게 분석한다면 그것은 이기적인 애정을 갖고 있는 내적인 생각을 외적으로 표현한 것이라는 결론에 도달하게 될 것이다.

◎

249. karuṇā nidhānaṁ hi sīlaṁ.

왜 우리는 슬픔을 느끼는가? 우리가 사랑하던 사람이 죽었기 때문이다. 일가친척이었던 그는 이제 더 이상 존재하지 않는다. 우리는 행복과 그와 그로부터 파생되었던 모든 것을 잃었다고 느끼기 때문에 슬퍼한다. 모든 감정이 '나'라든지 '나의 것'이라는 문제와 관계되어 있다는 것을 보지 못하는가? 우리가 인정하든 안 하든 간에 이것은 전적으로 사리사욕에 바탕하고 있다. 이러한 감정을 까루나, 연민이라고 할 수 있을까? 왜 우리는 우리의 친척이 아닌 사람들이 우리의 눈앞에서 죽어 갈 때는 친척이 죽어 갈 때와 똑같은 슬픔을 느끼지 못할까? 그것은 우리가 그들과 친숙하지 않고 상관이 없으며 잃은 것이 아무것도 없어서다. 이미 향유하고 있는 즐거움이나 안락이 사라지지 않았기 때문이다. 사랑하는 사람을 잃었을 때 느끼는 우리들의 슬픈 감정은 이기심에서 나온 것이라는 사실은 분명하다. 이것은 미묘한 심리 문제로, 세상 사람은 모두 그와 같은 단점과 약점을 가지고 있다. 마음이 고도로 계발된 사람만이 그와 같은 감정을 조절하고, 상황을 있는 그대로 보며, 업에 따라 보고, 보이는 대로가 아니라 실상을 보려고 노력한다.

연민은 절대 무기력한 마음이 아니다. 연민은 강하고 참을성이 있는 마음이다. 어떤 사람이 고통에 빠진 것을 보면 이를 측은히 여기는 사람의 마음은 진동할 것이다. 이것은 슬픔이 아니다. 그것은 그가 행동하도록 고무시키고 고통받는 사람을 구제하도록 자극하는 마음의 진동이다. 그리고 이것은 강한 마음과 인내심, 그리고 사무량심의 하나인 평등심upekkhā을 필요로 한다. 연민이 무엇인지 알지 못하는 사람들은 연민이 유연함의 특성을 갖기 때문에 그것은 허약함이라고 성급하게 결론짓는다. 아마 그들에게 강함은 학대와 같은 것을 의미하는 것일지도 모른다.

붓다의 과거 생을 기록한 《자따까Jātaka》에서 보살이 어떻게 다른 사람을 도왔으며 절망적인 사람을 구제하고 그들의 고통을 덜어주었는가를 감동적으로 전한다. 생명은 모든 존재에게 고귀한 것이지만 보살은 붓다가 되기 위해 노력하는 동안 보통 사람은 상상할 수조차 없는 많은 일을 했다. 심지어 그는 다른 사람을 위해 자기 몸과 생명까지 희생했다. 보살과 같은 위대한 사람들의 이기심 없는 보시와 자비에 대해 다음과 같은 기록이 전한다.

"사지를 보전하기 위해 재산을 버리는 사람은 자신의 생명을 구하기 위해 사지를 버릴 것이다. 참으로 법만 생각하는 사람은 재산도 사지도 생명도 모두 버릴 것이다."[250]

이례적으로 그와 같이 보살은 최고의 연민을 계발했다.

우리는 종종 갑작스러운 신음 소리를 듣거나 다른 사람이 곤경에 처한 것을 보면 마음이 움직인다. 측은한 마음이 들며 돕고 싶어진다. 당장 달려가서 불쌍한 사람을 구하고 그의 고통을 덜어준다. 대가를 받으려고 하지 않고 상황을 이용해서 그의 소유물을 착취하려고도 않는다. 이것이 진정한 연민이다. 이러한 인간애로 인해 보상을 받거나 존경을 받는 것은 완전히 다른 문제다.

단순히 공덕을 쌓기 위해서, 대가로 이익을 받으려는 의도만으로 다른 사람을 돕고 가난하고 궁핍한 사람들에게 봉사하는 것은 올바른 일이 아니다. 만약 그와 같은 이기적인 동기로 상황에 접근하다면 선행은 변색될 것이다. 선행의 결과에 너무 신경 쓰거나 집착하지 말아야 한다. 어차피 과보는 그림자처럼 우

◎

250. 'Mahāsutasoma jātaka', No. 537, Jātaka Stories, Vol. V, PTS.

리를 따른다. 업은 과보를 낳고, 씨앗은 열매를 맺고, 원인은 결과를 가져오기 마련이다. 업과 업의 결과를 아는 것이 바른 견해다. 그러나 결과에 집착하게 되면 탐욕과 갈애가 일어나고, 이는 바른 견해와 청정 · 평화에 장애가 된다.

굶주린 사람에게 음식을 제공했다고 천상에 태어나기를 바라거나 보상으로 좋은 수확을 거두어들이기를 기대하지 말아야 한다. 그것은 불교인의 태도가 아니며 바른 태도도 아니다. 그렇게 바라는 생각은 탐욕스럽고 이기적인 마음에 불을 지필 연료를 보탤 뿐이다. 자세히 살펴보면 우리가 배고픈 사람에게 음식을 제공하는 진짜 이유는 그가 배고프기 때문이라는 것을 알 것이다. 붓다께서 말씀하시듯 배고픔은 가장 나쁜 질병이다.[251] 음식을 먹고 배고픔이 사라져 그가 행복해 할 때 우리도 행복하고 기쁘다. 이와 같이 사심 없는 행위는 순수한 기쁨을 준다. 다른 사람의 행복에 대해 같이 기뻐하는 것이 '함께 기뻐함 muditā'으로 사무량심의 세 번째다. 이제 어떻게 사무량심[252]이 서로 도우며 함께 작용하는가를 알았을 것이다.

이와 같이 사심 없는 보시dāna에 의해 인색함이 사라지게 되고, 부富뿐만 아니라 생각도 관대해져서 마음이 넓어지는 것이다. 불교의 업kamma과 과보 vipāka의 진정한 뜻을 이해하는 것은 매우 중요하다. 어떻게 업이 과보를 가져오는가를 알기 위해 업과 과보의 좋고 나쁨을 바르게 알 필요가 있다. 그러나 과보에 집착하지는 말아야 한다. 업의 법칙과 그 업이 어떻게 작용하는가를 바르게 이해함으로써 행위(업)가 바르게 되고 자극받고 연민하게 된다.

연민은 단순히 가난하고 궁핍한 사람들에게 음식과 같은 물질적인 것을 주

◎

251. Dhp. 203.
252. 자애慈, 연민悲, 함께 기뻐함喜, 평등심捨.

거나 거지에게 동전 몇 닢을 주는 행위에 국한되지 않는다. 순수한 동기에서 나왔고 탐욕·잘못된 견해·자만이 없는 모든 행위가 진정 선한 행위다. 문맹자들에게 지식을 전해주는 일, 어리석은 사람과 무지한 사람을 바른 길로 안내하는 일, 약하고 두려움에 떠는 사람들에게 힘과 도덕적인 지지를 주는 일, 환자를 돌보는 일 등이 연민심의 행위다.

환자를 돌보는 붓다의 태도는 놀랍다. 그는 위대한 의사다. 그는 자애와 연민으로 환자들을 고쳐주고 치료했다. 《담마빠다》의 주석서[253]는 한 감동적인 이야기를 기록하고 있다.

사왓티Sāvatthi에 사는 한 젊은이가 붓다의 설법을 듣고 붓다에 대한 믿음이 생겨 승가에 들어갔다. 그의 이름은 띳사Tissa였는데, 띳사는 얼마 후 병에 걸렸다. 처음에 피부에 작은 돌기가 생기더니 점점 커져서 종기가 되었다. 동료 비구들은 띳사 돌보기를 꺼려하였고 그는 의지할 곳이 없게 되었다. 이 사실을 안 붓다께서는 불을 지피는 곳으로 가서 물을 끓였다. 그리고 띳사가 있는 곳으로 가서 그가 누워 있는 침대의 모퉁이를 잡았다. 붓다께서 무엇을 하려는지 알아차린 비구들은 침대와 환자를 불을 지피는 곳으로 옮겼다. 붓다께서는 비구들에게 띳사의 법의를 빨아서 말리게 했다. 붓다께서는 띳사의 환부를 부드럽게 닦아내고 씻어주었다. 환자는 아주 상쾌해져 평온한 마음으로 침대에 누워 있었다. 그러자 붓다께서는 그에게 법을 설하셨다. 띳사는 차분한 마음으로 경청했고, 설법이 끝날 무렵 성인의 가장 높은 경지를 증득하고 숨을 거두었다. 장례식은 법도대로 거행되었고 붓다께서는 그의 유골을 탑 속에 안치하도록 했

◎

253. Dhp. 41의 배경 이야기 Vol. i. 319.

다.[254]

인간성은 특별한 종교 · 국가 · 종족이나 문화가 가져다주는 특권이 아니다. 볼 수 있는 눈이 있고 이해할 수 있는 마음을 지닌 사람은 누구나 우정 · 동정 · 관대함의 모든 행위들을 보편적인 인간성으로 인식할 수 있다. 그러나 애석하게도 그릇된 길로 인도되면 사람들은 '정의로운 전쟁'을 이야기하고 계획한다. 심지어 '신성한 전쟁'이라고도 한다. 정의롭건 신성하건 전쟁은 전쟁이다. 전쟁은 결코 평화가 아니며, 모든 전쟁은 야만적인 행위다.

몇몇 경전에서 붓다께서 전쟁터로 가야만 했던 한 사건에 대해서 언급하고 있다. 사꺄족Sākyas과 꼴리야족Koliyas이 로히니 강물 때문에 전쟁을 하려는 순간이었다. 이 전쟁의 참화를 예견한 붓다께서는 그들에게 다가가 물과 인간의 피 가운데 무엇이 더 소중한지 물었다. 그들은 인간의 피가 더 소중하다고 인정했고, 붓다의 중재로 전쟁은 일촉즉발의 순간에 중단되었다.[255]

붓다는 몽둥이를 놓게 하시는 분nihita-daṇḍa, 무기를 놓게 하시는 분nihita-sattha이시다. 붓다가 사람들을 성공적으로 굴복시키는 유일한 무기는 자비였다. 그분은 진리와 자비로 무장했다. 알라와까나 앙굴리말라와 같은 무자비한 사람들과 술 취한 코끼리 날라기리, 그리고 자신을 해치려 했던 많은 사람들을 그분은 자비의 힘으로 교화시켰다. 교화된 앙굴리말라는 붓다의 제자가 되었

◎

254. 알렉산더 커닝험 장군은 그의 Archaeological Report(1862-1863)에서 다음과 같이 기록했다. "제따와나 사원의 북동쪽에는 붓다께서 병든 비구의 손발을 씻어준 장소에 세워진 탑이 있다. 제따와나 사원에서 168미터 떨어진 곳에는 여전히 탑의 잔존물이 단단한 벽돌 구조물 위에 남아 있다. 높이가 7.5미터 정도 되는 잔존물은 전체 61×25×9센티미터의 큰 벽돌로 지어졌다. 이것이 고대 유적임을 입증하는 충분한 증거다." 커닝험 장군의 사왓띠 지도에는 이 탑의 위치가 H로 표시되어 있다. *Archaeological Survey of India*, Simla, 1871, p. 341.

255. A. Com : i. 341 ; Sn. com : 357 ; Thrig. com : 141.

고, 후에 아라한이 되어 다음과 같은 게송을 남겼다.

어떤 사람들은 몽둥이에 의해, 회초리에 의해, 채찍에 의해 길들여진다.
나는 몽둥이도 무기도 아닌 확고부동하신 분에 의해서 길들여졌다.[256]
Daṇḍeneke damayanti, aṅkusebhi kasāhi ca,
Adaṇḍena asatthena, ahaṃ dantomhi tādinā.

붓다의 제자들은 붓다의 가르침에 따라 많은 사람들의 이익과 행복을 위해서, 누구에게도 해를 끼치지 않고 강압적인 개종도 요구하지 않으면서 법을 전하기 위해 각 지방으로 떠났다.

불교에서 말하는 연민에는 어떠한 한계가 없다. 모든 살아 있는 생명에는 기어 다니든 날아다니든 가장 조그만 생명체까지 모두 포함된다. 불교의 생명관에 의하면 생명이 있는 존재는 모두 자애와 연민의 대상이다. 그러므로 자비는 인간, 동물, 곤충 사이에 차별을 두지 않는다. 또한 신분의 높낮이, 빈부, 강함과 약함, 현명함과 어리석음, 피부색, 신분, 종교의 차이에 의해서 인간과 인간 사이에 차별을 두지 않는다. 왜냐하면 위에서 보았듯이 자애와 연민은 무량한데, 그런 잘못된 기준으로 사람을 구별하면 즉시 분리의 감정이 일어나서 자비의 무량함이 제한되기 때문이다. 이것은 자비의 미덕을 설한 붓다의 숭고한 마음과 반대된다.

기원전 3세기 인도의 위대한 불교도 왕이었던 아소까 왕의 마음을 움직인

◎
256. Thg. 878.

것도 바로 붓다께서 설하신 자비의 정신이었다. 불교도가 되기 전에 그는 자신의 아버지Bindusāra와 할아버지Candragupta처럼 호전적인 군주였다. 그는 영토를 확장하면서 칼링가를 침공해 점령했다. 이 전쟁에서 수천 명이 죽고 많은 사람이 부상당하고 포로가 되었다. 그러나 후에 붓다께서 설하신 자비의 법을 따르게 되었을 때, 그는 살인이 어리석은 짓임을 깨달았다. 그는 대학살을 되돌아보고 슬픔을 느꼈고 전쟁을 그만두었다. 그는 승리를 거두고도 전쟁에 의한 지배가 아닌 정의에 의한 지배를 선택한, 역사상 유일한 군주로 기록되었다. 바위에 새긴 아소까의 칙령 13항에는 다음과 같이 기록되어 있다.

"그는 다시는 칼을 뽑지 않기 위해 칼을 칼집에 꽂았고, 모든 살아 있는 것에게 해를 끼치지 않기로 했다."

동양에 붓다께서 설한 자비의 법이 널리 퍼진 것은 주로 아소까 대왕의 진취적인 기상과 지칠 줄 모르는 노력 덕분이었다. 불교는 아시아를 온화하고 비공격적이게 만들었다. 그런데 여전히 오늘날에도 아시아 국가들이 온화하고 비공격적이라고 할 수 있는가? 사람들은 미심쩍게 여길 것이다. 왜 그럴까? 현대 문명이 아시아 대륙을 거세게 압박하기 때문이다. 현대 문명의 발달과 더불어 (내면의 발달에서 흘러나오는) 인간의 문화는 쇠퇴하고 악화되고 있다. 현대 과학의 진보로 많은 변화가 일어났으며 이 모든 변화와 향상은 물질적이고 외향적인 것이다. 현대인들은 내면의 가치를 소홀히 하고 무시한 결과, 점점 세속적이고 감각적이며 자기중심적이고 몰인정해졌다. 물질 만능주의가 팽배해서 그것이 인간의 사고와 생활방식을 좌우하게 된 것이다. 사람들은 감각적 욕망에 속박되어 있고 오로지 물질적인 세계 속에 살고 있어서 내면의 선과는 접촉하지 못하고 있다.

붓다의 가르침을 통해 약동하는 자비가 인간의 행동원리가 될 때에만 의심·공포·질투·거만·탐욕·증오·어리석음으로 둘러싸인 오늘날의 이 환경으로부터 우리는 벗어날 수 있을 것이다. 의심·공포·질투 등은 이 세계를 점점 더 전쟁터로 만들고 우리들을 끊임없이 종말로 몰아가고 있다.

종교적 인생관이란 완전한 정신적 조화와 행복을 확립하는 데 필요한 자비와 이해의 삶을 살아가는 것이다. 어느 때보다도 오늘날에 우리는 법의 등불이 필요하다.

9. 바른 말

모든 종교와 철학은 인간의 안녕과 그들이 살고 있는 사회의 이익을 위해서 어떤 형태의 도덕이나 윤리를 내세운다. 이러한 윤리적 규칙은 그 수준이나 범주가 동일하지 않고 다양하다. 어떤 사람에게는 도덕적인 것이 다른 사람에게는 그렇지 않을 수 있다. 어떤 사람은 비도덕적인 것이라고 비난하는 것을 다른 사람은 도덕적인 것이라고 여긴다. 행위가 정당한 것인지 잘못된 것인지를 판단하는 기준은 세계의 다양한 민족이 가지고 있는 지리적, 경제적, 사회적 조건이라는 배경에 달려 있다. 그래서 도덕원리의 기준이 서로 다르다.

시간이 흘러감에 따라 사람들은 종교 지도자에 의해 제정된 도덕 가운데 어떤 것은 시대에 뒤떨어진다고 여긴다. 그래서 그들은 방해가 된다고 생각되면 방탕한 생활에 대한 열망으로 주저 없이 그들의 행동원리를 포기해버린다. 그들은 새로운 행동양식을 채택하게 되고 뒤에 그것은 관습이 된다. 일단 그렇게 되면 아무도 그것을 비난하지 않는다. 그러나 피부색 · 인종 · 종교에 관계없이 모든 사람이 따라야 할 도덕적인 원리들이 있다.

불교의 도덕양식은 대단히 광대하고 다양하지만 불교도들의 행위규범 sīla이 가지고 있는 기능은 단 하나다. 그것은 인간의 언어적 · 육체적 행위, 즉 인간의 행동을 통제하는 것이다. 다시 말하면 말과 행동을 청정하게 하는 것이다. 불교에서 출발한 모든 도덕은 이 목적, 즉 청정한 행위로 귀결된다. 그러나 계율은 삼매samādhi의 증득을 돕기 때문에 그 자체가 목적이 아니라 수단이다. 반면에 삼매는 진정한 지혜paññā를 얻기 위한 수단이다. 또한 이 지혜는 붓다께서 설한 가르침의 최종 목표인 마음의 해탈을 가져온다. 그러므로 계율, 삼매, 지혜는 감성과 이성이 섞여 있다. 붓다께서는 제자들이 바로 이 목표를 향해 가도록 인도하신다.

인생을 바라보는 붓다의 태도는 단순히 이성적인 것이 아니라, 해탈과 동시에 윤리적인 완벽성까지 갖춘, 모든 면에서 좋은 실용적인 것이었다. 이것은 붓다께서 우리가 좋은 감성은 계발하고 나쁜 감성은 버리기를 원했다는 사실을 함축하고 있다. 비록 감성적인 측면만으로는 최종적인 해탈에 이를 수 없다 할지라도 그것은 계발되어야 한다. 좋은 감성은 항상 바른 견해와 함께 있어야 한다. 계율, 삼매, 지혜는 현명한 사람들이 최종 목적지에 도달해서 '해야 할 일을 다했다kataṁ karnīyaṁ.'라고 해탈을 선언하게 해주는 세 가지 방법이다. 이와 같이 붓다의 가르침은 청정한 삶과 바른 견해를 통해 그것을 따르는 사람들이 모든 악으로부터 자유를 얻도록 안내해준다.

이 장에서는 바른 말에 대해 논의할 것이다. 다음 두 장에서는 각각 바른 행위와 바른 생계를 다룰 것이다. 이 세 가지는 팔정도 중에서 도덕규범인 계율sīla에 속하는 것이기에 경전에 설명된 대로 계율에 대해 간단히 설명할 필요가 있겠다.

불교의 최종 목표인 깨달음은 한꺼번에 얻어지는 것이 아니다. 그것은 점진적인 과정이며 점진적인 수행이다. 경전에서 자주 언급되듯 정신적인 청정은 계율을 철저히 닦은 후에야 얻어진다. 정신적인 청정은 도덕적인 청정 없이 얻을 수 없다. 붓다께서는 제자들에게 삼매와 지혜의 길로 들어서기 전에 먼저 계행을 갖추라고 가르치신다. 그러므로 계행은 시작에서부터 필요한 것이다. 불교의 출발점은 계율sīla이다. 이 토대가 확고해야 변덕스런 마음을 다스리기 위한 노력을 할 수 있다.

붓다께서는 제자들에게 말과 몸을 통해 짓는 나쁜 행위를 극복하는 방법을 제시하신다. 언어 행위를 잘 단속하고, 육체적 행위를 잘 통제하며, 청정한 생계수단을 강구함으로써 제자는 계행sīlavā을 잘 갖추게 된다. 이와 같이 그는 철저히 자신을 제어하는 필수적인 계율을 지키고 사소한 잘못에서 위험을 봄으로써 자기 자신을 성실히 닦아 나간다.[257] 그는 말과 행위에서 자신을 제어하면서 감각기능의 문을 보호indriyaguttadvāra하려 노력한다. 만약 감각기능의 문을 제어하지 못하면 불선한 생각이 흘러들어올 것이다. 수행자는 형색을 볼 때나 소리를 들을 때, 좋아함과 싫어함을 버리고 욕심과 싫어하는 마음을 버리고 감각기능을 잘 단속한다. 열심히 수행하는 자는 이렇게 감각기능의 문을 제어한다.

"지혜로운 비구는 지혜롭게 숙고하면서 음식을 수용하나니, 오락을 위해

◎

257. M. 107. '가나까 목갈라나 경', pātimokkhasaṁvara.

서가 아니고 취하기 위해서도 아니며 장식을 위해서도 아니고 꾸미기 위해서도 아니며, 오직 이 몸을 지탱하고 유지하고 해악을 쉬고 청정범행 brahmacariya을 잘 지키기 위해서이다. 이와 같이 비구는 음식에서 적당함 bhojane mattaññutā을 안다. 이와 같이 비구는 깨어 있음에 전념jāgariyamanuyutto 한다."[258] 이러한 생활방식은 비구에게만 적용되고 재가자에게는 적용되지 않는다.

이렇게 부지런히 깨어 있는 제자는 머뭇거림 없이 진전을 이루어 보다 어려운 수행을 시작할 수 있다. 그는 자신의 기질에 맞는 주제를 택하여 멈춤 없이 수행하며 집중과 고요samatha를 얻는다. 그는 점차 조금씩 순간순간[259] 수행의 장애를 극복하며 마음의 청정을 이룬다. 이와 같이 열심히 노력하는 사람은 변덕스러운 마음을 제어하게 된다. 말과 행동과 감각기능을 정복하고 마음을 통제함으로써 그는 이제 스스로를 정복한 사람이 된다. 이렇게 계율을 지키고sīla-sikkhā 삼매를 닦은samādhi-sikkhā 후에 그는 모든 사물을 있는 그대로 봄으로써yathābhūtaṁ 진정한 지혜, 즉 통찰을 얻으려고 노력한다. 앞에서 언급했듯이 사물을 있는 그대로 본다는 것은 조건지어져 있고 형성되어 있는 모든 사물이 무상하고 괴로움이고 무아임을 보는 것을 의미한다. 이와 같이 수행하는 붓다의 제자에게 '세상'이란 외부에 있거나 경험한 세상이 아니라 의식과 함께한 몸이다. 이 다섯 가지 집착의 무더기(오취온)가 세상이다. 바로 이 오온을 무상하고 괴로움이고 무아라고 보려고 노력하는 것이다. 붓다께서 모가라자Mogharāja에게 "모가라자여, 항상

◎

258. A. ii. 39. 《앙굿따라니까야》 2권, 대림스님 옮김, p. 134.
259. Dhp. 239.

마음챙김을 확립하고 자아에 대한 사견을 버리고, 세상을 공空suñña으로 관찰하여라.[260] 그러면 마라māra를 극복할 수 있느니라."[261]라고 말씀하신 것도 바로 이 몸과 마음의 세계에 대해서 언급하신 것이다.

이제 제자가 지혜를 닦으면paññāsikkhā, '무상한 것은 기뻐할 가치가 없고 환영할 가치가 없고 고수할 가치가 없다.'[262]라고 바르게 이해하게 된다.

그는 오취온, 다섯 감각기관과 거기에 상응하는 다섯 감각대상을 나의 것이라든가 나 자신이라고 생각하지 않는다. 그리고 붓다의 가르침을 이해하게 된다.

"비구들이여, 자신의 것이 아닌 것은 버려라. 이것을 버리는 것이 자신의 이익과 안녕을 위하는 것이다. 비구들이여, 무엇이 자신의 것이 아닌가? 물질은 자신의 것이 아니니 이것을 버려라. 이것을 버리는 것이 자신의 이익과 안녕을 위하는 것이다. 느낌은 자신의 것이 아니니 (…) 인식은 자신의 것이 아니니 (…) 상카라는 자신의 것이 아니니 (…) 의식은 자신의 것이 아니니 이것을 버려라. 이것을 버리는 것이 자신의 이익과 안녕을 위하는 것이다." [263]

이와 같이 있는 그대로 보고 오온의 본질을 깨달은 사람은 이 세상의 어떤 것에도 집착하지 않고 초연하게 살아간다.[264] 그래서 최상의 행복인 열반의 기쁨을 맛보면서 살아가게 된다. 성스러운āryan 제자들은 이렇게 점

◎

260. attānudiṭṭhimūhacca ; 나 · 자아 · 영혼에 대한 사견을 제거한다, 뽑아버린다는 뜻이다.
261. Sn.
262. M. 106. '흔들림 없음에 적합한 길 경'.
263. S. iii. 32 ; S. iv. 81.
264. D. 22. '대념처경'. 13장 참조.

진적인 수행을 통해 목표를 성취해 간다.

독자들은 점진적 수행을 통해서 마지막 해탈을 얻기 위한 자기정화와 자기수행 속에는 외적인 존재의 강제나 강압도 없고 이미 이루어진 행위와 하지 않고 남아 있는 행위에 대한 보상이나 벌도 없다는 것을 알게 될 것이다. 신성한 물로 목욕재계하지도 않고, 신에게 제물을 바치지도 않으며, 신이나 태양·불 등에 대한 숭배도 하지 않는다. 왜 그런가? 그것은 깨끗함도 더러움도 자기 자신에게 달려 있기 때문이다. 생물이든 무생물이든 외부적인 것은 우리에게 청정과 해탈을 줄 수도 없고 주지도 않는다.

"나체 생활, 헝클어진 머리, 진흙탕 맨땅에서 자는 것, 단식을 하는 것, 재와 땀을 뒤집어쓰는 것, 웅크리고 앉아 있는 등의 행위로는 의심이 제거되지 않은 사람을 청정하게 하지 못한다."[265]

이제 불교의 도덕규율인 계율에 대해서 자세히 살펴보자. 《디가니까야》의 첫 번째 경 '범망경Brahmajāla-sutta'에는 계율에 대한 매우 길고 포괄적인 설명이 있다. 그러나 여기서는 언급하지 않을 것이다.

바른 행동의 항목 중에서 가장 기본은 불교 윤리의 기초인 오계pañca-sīla다. 이것은 재가자를 위한 기본 행동원리다. 오계는 다음과 같다.

1 살아 있는 생명을[266] 해치지 않는 계를 잘 배워 지키겠습니다.

2 주지 않는 물건을 갖지 않는 계를 잘 배워 지키겠습니다.

◎

265. Dhp. 141.
266. 자기 자신도 포함한다.

3 부정한 음행을 하지 않는 계를 잘 배워 지키겠습니다.

4 거짓말을 하지 않는 계를 잘 배워 지키겠습니다.

5 정신을 혼미하게 하는 약물이나 술을 먹지 않는 계를 잘 배워 지키겠습니다.

1 Pāṇātipātā veramaṇī sikkhāpadaṃ samādiyāmi

2 Adinnādānā veramaṇī sikkhāpadaṃ samādiyāmi

3 Kāmesu micchācārā veramaṇī sikkhāpadaṃ samādiyāmi

4 Musāvādā veramaṇī sikkhāpadaṃ samādiyāmi

5 Surāmeraya-majja-pamādaṭṭhānā veramaṇī sikkhāpadaṃ samādiyāmi

에드윈 아널드 경은《아시아의 등불》에서 오계에 대해 다음과 같이 언급한다.

가엽게 여기어 살생하지 말라.
저 높은 곳을 향하여 아무리 하찮은 것도 죽이지 말라.

자유롭게 주고받되
탐욕이나 강압, 사기로 남의 것을 취하지 말라.

본 것을 거짓으로 전하거나 욕하거나 거짓말하지 말라,
진실한 말은 내면의 청정을 가져다주나니.

현자들의 비난을 받을 마약과 술을 피하라,

맑은 마음과 깨끗한 몸에는 소마즙[267]이 필요 없나니.

이웃의 아내를 건드리지 말고

비합법적이고 정당하지 않은 육체의 죄를 저지르지 말라.

이 계율들은 일상생활 속에서 지키고 행해져야 할 것이지, 단순한 암송이나 입에 발린 말을 위해 있는 것이 아니며 자신은 제외하고 다른 사람들에게만 적용되는 것도 아니다.

"계율을 알고 있지만 실천에 옮기지 않는 사람은 등불을 비추면서 눈을 감고 있는 사람과 같다."[268]

불교는 모든 재가자에게 비구가 준수하는 계율을 지키라고 요구하지는 않는다. 그러나 비구이건 재가자이건 진리의 길을 가기 위해서는 계율을 준수하는 일이 필수적이다. 삼보에 귀의하고 불교도가 된 사람은 수행의 출발점이 되는 오계를 준수하도록 되어 있다. 오계는 특별한 날, 특정 장소에서만 지키는 것이 아니라 생활 속 어디에서나 항상 실천해야 한다.

성자의 첫 번째 단계인 수다원sotāpatti에 도달한 사람을 제외하고는 모든 사람이 계율을 범할 가능성이 있다. 계율을 범하고 난 뒤 자신의 나약함이나 결점을 후회한다고 해도 소용없는 짓이다. 후회는 자신이나 다른 사

◎

267. 소마Soma는 식물의 이름이다. 소마즙은 베다의 희생제에서 가장 중요한 부분이었으며, 신들의 음료로 불린다.

268. W. Y. Evans-Wentz ed., *Tibetan Yoga and Secret Doctrine*, London, 1935, p. 65.

람들에게 어떤 이익이나 도움도 주지 않기 때문이다. 후회는 단지 자신의 마음만 어지럽게 할 뿐이다. 불교에서는 잘못을 저지르는 일이 종교적인 '죄sin'로 간주되지 않는다. 붓다의 가르침에는 '죄'라는 말이 없다. 붓다께서는 나쁜 짓을 한 사람들에게는 벌을 주고 착한 일을 한 사람들에게는 상을 내리는 심판관이 아니기 때문에 '붓다의 법을 깨뜨리는 것'과 같은 일은 없다. 그러므로 '죄'로 인한 회개, 슬픔, 낙담도 없다. 행동을 한 사람은 자신의 행동에 대한 책임이 있을 뿐이다. 그는 행동의 결과로 괴로움을 당하거나 즐거움을 누린다. 그러므로 계율을 지키건 파계를 하건 모두 자신의 문제다. 선하거나 악한 행동의 모든 과보를 그대로 다 받는 것은 아니다. 좋은 업이 나쁜 업을 압도할 수도 있고 그 반대일 수도 있다.

계율에서 명확히 밝히고 있듯이 강제적인 율법은 없다. 자발적으로 계율을 지키겠다고 약속할 뿐 강제나 강압은 존재하지 않는다. 자기 스스로가 자신의 행동에 책임을 지는 것이다. 만약 당신이 지키기로 한 것을 어겼다면, 다시 어기지 않겠다고 확고히 결심한 뒤 잘못을 고치고 준수하기 위해 힘껏 노력하면 된다. 계를 지키는 유일한 목적은 충동과 나쁜 성향, 잘못된 행동을 제어하도록 훈련하는 데 있으며, 이는 청정과 행복으로 가는 길이고 사회에는 안전을 주고 온정을 증진시킨다. 면밀히 분석해보면 계를 지키는 것이 사회에서 일어나는 모든 악의 원인인 탐욕·성냄·어리석음을 줄이는 유일한 길이라는 것을 알게 될 것이다. 예를 들면 살생을 금하는 첫 번째 계율은 성냄과 잔인한 마음을 갖지 않고서는 범할 수 없다. 부정한 성행위를 금하는 세 번째 계율은 특히 탐욕과 관계가 있고, 도둑질과 거짓말을 금하는 두 번째와 네 번째 계율은 탐욕과 성냄 둘 다와 관련이 있다. 그리고 술을 금하는 다섯 번째 계율은 탐욕과 관계가 있다. 어리석음은 오계 전체와 관련되어 있다.

음주는 어리석음을 일으킨다. 술은 생각을 흐리게 하고, 이성의 힘을 감소시키고, 나태하게 하고, 홀리게 하고, 수많은 나쁜 행위의 원인이 된다. 술에 취하면 자신의 행동에 대한 책임을 망각하게 되어 어떤 죄도 저지를 수 있다. 술을 마시게 되면 다른 모든 계율을 깨뜨릴 가능성이 있게 된다. 그래서 붓다께서는 다음과 같이 훈계하신다.

"모든 악의 근원인 이것을 끊어라, 정신을 잃게 하고 마음을 난폭하게 하는."[269]

어떤 사람은 적당히 마시는 술은 괜찮다고 반박할지 모르나 다음과 같은 말이 있다.

"처음엔 사람이 술을 마시고 다음엔 술이 술을 마시며 그 다음엔 술이 사람을 마신다."

"항상 깨어서 스스로를 조절하며 마음을 고요히 하라."는 붓다의 가르침을 명심해야 한다. 삶의 진실과 해탈의 길을 보지 못하게 하는 마약과 술을 멀리하자.

세 번째와 다섯 번째 계율은 유사성이 있는데 서로 연관성이 있으며 둘 다 즐거움rasassāda을 가져온다는 것이다. 빠알리 삼장에서는, 팔정도에서 언급되는 도덕규범에는 다섯 번째 계율이 생략되어 세 번째 계율에 포함된다.

사미sāmaneras[270]가 준수해야 하는 십계가 있다. 십계는 이미 언급한 오

◎

269. Sn. 399.

계에 다섯 가지를 더한 것이다.[271] 그것은 다음과 같다.

6 때아닌 때에 먹지 않는 계를 잘 배워 지키겠습니다.

7 음악 · 춤 · 노래를 부르거나 연주하는 것을 즐기지 않는 계를 잘 배워 지키겠습니다.

8 향이나 화장 · 장신구 · 꽃으로 몸을 치장하지 않는 계를 잘 배워 지키겠습니다.

9 높고 넓은 침상을 사용하지 않는 계를 잘 배워 지키겠습니다.

10 금이나 은을 받아 지니지 않는 계를 잘 배워 지키겠습니다.

6 Vikālabhojanā veramaṇīsikkhāpadaṃ samādiyāmi

7 Nacca gīta vādita visūka dassanā veramaṇīsikkhāpadaṃ samādiyāmi

8 Mālā gandha vilepana dhāraṇa maṇḍana vibhūsa naṭṭhānā veramaṇīsikkhāpadaṃ samādiyāmi

9 Uccāsayana mahāsayanā veramaṇī sikkhāpadaṃ samādiyāmi

10 Jātarūpa rajata paṭiggahaṇā veramaṇī sikkhāpadaṃ samādiyāmi

◎

270. 사미sāmaṇera는 상가에 들어간 사람이지만 아직 220(227)가지 필수적인 계율pātimokkha을 준수해야 하는 자격을 충분히 갖춘 비구는 아니다. Vin. Sutta-vibhaṅga 또는 I. B. Horner, *Book of the Discipline*(P. T. S), 1, 2, 3장을 참조하라. 사미는 또한 정식 비구가 지키는 7월에서 10월에 걸친 3개월간의 우안거vassa를 지키지 않아도 된다. 사미는 20세가 되면 비구계를 받고 비구가 된다. 그러나 때로는 나이만으로는 되지 않는다. 이해력이 부족해서 비구 생활을 할 만큼 충분히 법과 계율을 공부하지 못했다면 그는 20세가 되어도 비구가 될 수 없다.

271. 세 번째 계율은 "일체의 성행위를 하지 않는 계를 지키겠습니다abrahmacariyā veramaṇī."로 바뀐다.

보름과 그믐날 등에 재가자가 지키는 팔계가 있다. 이것은 오계에 십계의 여섯 번째 계율과, 일곱 번째 여덟 번째 계율을 합친 하나와, 아홉 번째 계율을 더한 것이다.

붓다께서는 계율을 지키는 사람은 훌륭한 사람sappurisa이고, 거기에 다른 사람들이 계율을 지키도록 고무시키는 사람은 더욱 훌륭한 사람이라고 말씀하신다.[272]

팔정도의 바른 말에는 하지 말아야 하는 말이 네 가지 있다.

1 거짓말
2 이간질하는 말
3 거친 말 · 욕설
4 쓸데없는 말

비록 이 계율들이 부정적으로 언급되고 있지만 불교의 행위규범이 단순한 금지조항이라고만 생각해서는 안 된다. 들판에 씨를 뿌리기 전에 먼저 잡초를 뽑고 밭을 갈아야 한다. 마찬가지로 인간에게도 먼저 말과 육체적 행위를 깨끗이 하려는 노력이 필요하다. 그래야 선행을 할 수 있다. 우리는 자신의 마음이 자주 불선한 생각으로 더럽혀진다는 것을 인정해야만 한다. 우리의 마음은 탐욕 · 성냄 · 어리석음이라는 세 가지 불로 타고 있어서 불선한 상태에 놓여 있다. 자연히 그런 불선한 마음이 말과 육체적인 행

272. A. ii. 217.

위로 나타날 때 그것들은 선할 수 없다. 그러므로 먼저 잘못된 행동을 점검해서 느슨해진 행동을 단속할 필요가 있다. 단속함으로써 사람들은 선해지고 말과 행동이 깨끗해진다. 종종 다른 사람들에게 기꺼이 많은 선행을 하는 사람들도 어떤 일은 단속하기 어려울 때가 있다. 그때는 강한 마음의 힘, 즉 노력과 결단이 필요하다. 다른 사람들에게 피해를 끼치지 않으려는 것은 아름다운 마음인 연민이며, 거짓말을 피하는 것은 진리에 대한 사랑에서 나온다.

붓다의 설법을 자세히 보면 붓다께서 긍정적인 말로 계율을 언급하기도 했음을 알 수 있다.

"그는 생명을 죽이는 것을 버리고 생명을 죽이는 것을 멀리 여의고, 몽둥이를 내려놓고 칼을 내려놓고, 양심적이고 동정심이 있고, 모든 생명의 이익을 위하여 연민하며 머뭅니다. 그는 주지 않은 것을 가지는 것을 버리고, 주지 않은 것을 가지는 것을 멀리 여의고, 준 것만을 받고 준 것만을 받으려고 하며, 스스로 훔치지 않아 자신을 깨끗하게 하여 머뭅니다. 그는 금욕적이지 못한 삶을 버리고, 청정범행을 닦으며, 도덕적이고, 성행위의 저속함을 멀리 여읩니다.

그는 거짓말을 버리고 거짓말을 멀리 여의고, 진실을 말하며 진실에 부합하고, 굳건하고 믿음직하여 세상을 속이지 않습니다. 그는 중상모략 하는 말을 버리고 중상모략 하는 말을 멀리 여의고, 여기서 듣고 이들을 이간하려고 저기서 말하지 않고, 저기서 듣고 저들을 이간하려고 여기서 말하지 않습니다. 오히려 그는 이와 같이 이간된 자들을 합치고 우정을 장려하며, 화합을 좋아하고 화합을 기뻐하고, 화합을 즐기며 화합하게 하는 말을 합니다. 그는 욕설을 버리고 욕설을 멀리 여의고, 유순하고 귀에 즐겁고, 사랑스럽고 가슴에 와 닿고, 예의 바르고 많은 사람들의 마음에 드는 말을 합니다. 그는 잡담을 버리고 잡담을 멀리 여의고, 적절한 시기에 말하고, 사실을 말하고, 유익한 말을 하고, 법을 말하고, 율을 말하며, 가슴에 담아둘 만한 말을 하고, 이치에 맞고, 절제가 있으며, 유익한 말을 적절한 시기에 합니다."[273]

이와 같이 붓다께서는 명료한 말로 계율의 긍정적인 측면을 강조하신다. 청정의 길을 따라 열심히 달려가고 있는 사람에게는 쓸데없는 생각에 허비할 시간이 없다.

"스스로를 훈계하고 격려하면서 이정표를 따라 길을 갈 뿐이다."[274]

붓다의 가르침에는 모호한 것이 하나도 없다. 악을 악으로 알고 선을 선으로 안다면, 사람들이 잘못된 길을 피하고 바른 길을 가는데 왜 주저하겠는가? 다음과 같은 붓다의 가르침을 이해한다면, 악을 버리고 선을 행하는 것은 필수라는 것을 알게 될 것이다.

> 모든 악을 행하지 말고 선을 계발하여
> 마음을 깨끗이 하라. 이것이 붓다들의 가르침이다.[275]
> Sabbapāpassa akaraṇaṃ kusalassa upasampadā
> Sacittapariyodapanaṃ etaṃ buddhāna sāsanaṃ

◉

273. M. 27, 38, 51 ; D. 1과 여러 곳. 《맛지마니까야》 1권, 대림스님 옮김, p. 659.
274. Thg. 637.
275. Dhp. 183.

매우 중요한 이 게송이 보여주듯이, 선을 행하기 전에 먼저 악을 그치는 일이 필수다. 악을 그치고 선을 행해서 도덕적으로 되어야만 수행을 통해 마음을 닦는 보다 어려운 일을 할 수 있게 된다. 도덕성의 기초 없이, 즉 행위에 대한 절제 없이 마음을 닦으려는 것은 결코 실현될 수 없는 희망이요 상상에 불과하다.

불교에서 팔정도는 청정에 이르는 단 하나의 유일한 길이다.

"의도적 행위kamma[276]와 명지明知[277]가 있고 법[278]과 계행과 최상의 삶 갖춰 있으면 이것으로 인간들은 청정해지지 가문 · 재산 때문이 아니라네."[279] "불선법과 불선법에 동참하는 것과 불선법의 편에 있는 것은 그 무엇이든 모두 마음이 그들을 선행한다. 선법과 선법에 동참하는 것과 선법의 편에 있는 것은 그 무엇이든 모두 마음이 그들을 선행先行한다."[280]

"마음이 보호되지 않으면 몸의 업 · 말의 업 · 마음의 업도 보호되지 않는다. 마음이 보호되면 몸의 업 · 말의 업 · 마음의 업도 보호된다."[281]

"탐욕이 업kamma을 유발하는 원인이고, 성냄이 업을 유발하는 원인이고, 어리석음이 업을 유발하는 원인이다. 탐욕 · 성냄 · 어리석음이 만들었고 거기서 생겼고 일어난 그 업은 해로운 것이고, 비난받아 마땅하고, 괴로

◎

276. 주석서에 의하면 여기서 행위kamma는 의도cetanā라는 뜻과 같다. 즉, 팔정도를 닦으려는 의도 maggacetanā를 말한다.
277. 주석서에 의하면 명지vijjā는 팔정도에 대한 지혜를 의미한다.
278. 주석서에 따르면 여기서 법은 삼매samādhi를 뜻한다. 이 문장은 팔정도를 계 · 정 · 혜 삼학으로 간단히 나타냈고 이를 통해 청정을 이룰 수 있다.
279. S. i. 34. 《상윳다니까야》 1권, 각묵스님 옮김, p. 228. ; M. 143. '아나타삔디까를 교계한 경'.
280. A. i. 11. 《앙굿따라니까야》 1권, 대림스님 옮김, p. 91.
281. A. i. 261, sutta 105.

운 과보를 가져온다. 그 업은 다른 업을 일어나게 하고 다른 업을 소멸하게 하지 않는다.

탐욕 없음이 업을 유발하는 원인이고, 성냄 없음이 업을 유발하는 원인이고, 어리석음 없음이 업을 유발하는 원인이다. 탐욕 없음·성냄 없음·어리석음 없음이 만들었고 거기서 생겼고 일어난 그 업은 유익한 것이고, 비난받을 일이 없고, 즐거운 과보를 가져온다. 그 업은 다른 업을 소멸하게 하고 다른 업을 일어나게 하지 않는다."[282]

이와 같이 서로 다른 세 가지의 정신적 요인에 조건지어져 선과 불선을 행하는 각각 세 가지 방식이 있으며, 행한 행위는 과보를 가져온다. 이 경우 마음은 물을 원래대로 깨끗하게 유지하기 위해 주의를 기울여야 하는 저수지에 비유될 수 있다. 저수지 관리를 소홀히 해서 물이 오염되면, 연결된 수도꼭지로 물을 받아 마시는 사람들은 괴로움을 당한다. 물이 더럽다고 알고 수도꼭지를 잠근다면 비록 저수지가 오염되었다 해도 괴로움을 겪지는 않을 것이다. 계속 수도꼭지를 잠가둘 수는 없기 때문에 저수지가 잘 관리되어 수도꼭지를 틀어 물을 마실 수 있는지 어떤지 알아야 한다.

저수지처럼 인간의 마음도 말과 육체적 행위라는 두 출구를 가지고 있다. 마음속에 들어 있던 것들이 이 출구를 통해 밖으로 나가게 된다. 마음이 깨끗하다면 그 마음의 소유자는 좋은 결과를 경험할 것이고, 마음이 오염되어 있다면 그는 좋지 못한 결과를 경험하게 될 것이다. 이 두 출구를 통해 나

◎

282. A. i. 263, sutta 107, 108.

오는 불선한 마음들을 허용치 않는다면 말과 육체적 행위는 오염되지 않을 것이다. 이 두 출구는 단단히 잠기기 때문이다. 그렇다고 해서 마음, 즉 저수지가 보호되는 것은 아니다. 그는 자신의 마음을 잘 관찰할 수 있도록 열심히 노력해야 한다. 그래야 그 마음속에 들어 있는 것들이 오염되지 않는다. 이렇게 하기 위해서는 집중, 즉 삼매가 필요하다. 비록 이와 같이 집중되고, 가라앉고, 보호된다 할지라도 여전히 그의 마음이 안전한 것은 아니다. 마음의 오염을 막기 위해 지혜와 통찰력이 필요하다. 일단 이것이 성취되면 마음은 모든 더러움과 번뇌, 오염에 면역된다.

이 비유에서 우리는 비록 말과 육체적 행위들을 통제하는 계행이 수행의 출발점이기는 하지만, 동시에 이것이 인간의 발전과 청정에 아주 필수적이라는 사실을 이해할 수 있을 것이다.

불교의 도덕규율에 대한 이런 간단한 일반 소개를 끝내고, 이제는 바른 말에 대해서 생각해보자. 말이란 얼마나 놀라운 것인지 단지 한마디 말만으로도 인간의 모든 모습이 선하게도 악하게도 변해버릴 수 있다. 인간이 동물에게는 없는 말을 가지고 있다는 것은 큰 행운이다. 그러나 우리들 가운데 자신과 다른 사람의 행복을 위해서 말을 조심스럽게 사용하는 사람은 극소수에 불과하다. 사람들이 좀 더 사려 깊고 온화하게 말하고, 더 정확하고 진실하게 글을 쓴다면, 많은 고통과 오해를 피할 수 있을 것이다.

말은 대단한 가치를 지닌 선물이다. 우리는 말을 통해 생각과 사고를 표현하고 그것을 다른 사람과 공유할 수 있다. 그러나 뼈도 없는 세 치 혀가 제멋대로 움직이도록 내버려둔다면 대단히 큰 문제를 일으킬 수 있다. 이웃 간의 말다툼에서 국가 간의 전쟁에 이르기까지 수많은 싸움과 괴로움이 말 때문에 일어나지 않는가. 사람들이 자신의 말을 다스릴 수 있다면 이 세상은 보다 살기 좋은 곳이 될 것이다.

불선한 마음, 즉 탐욕 · 성냄 · 질투 · 자만 · 인색 등이 말을 지배하게 해서는 안 된다. 말을 많이 하면 확실히 마음의 고요와 바른 사유가 방해받는다. 그리고 입이 가벼우면 그릇된 말 네 가지를 모두 하게 된다. 그래서 붓다께서는 "비구들이여, 수다쟁이에게는 다섯 가지 위험이 있다. 거짓말을 하고, 이간질을 하고, 욕설을 하고, 잡담을 하고, 몸이 무너져 죽은 뒤에는 처참한 곳, 불행한 곳, 파멸처, 지옥에 태어난다. 비구들이여, 수다쟁이에게는 이러한 다섯 가지 위험이 있다."[283]라고 말씀하신다.

1 진실을 말하기

첫 번째는 거짓말musāvāda을 안 하고 진실sacca을 말하는 것이다.

이와 같은 사람을 '자애경Metta-sutta'에서 정직한 사람uju, 매우 올곧은 사람sūju이라고 한다. 그는 진실하고 올바르고 믿을 수 있는 사람이다. 그는 명성을 얻기 위해서나 다른 사람들을 기쁘게 하기 위해 진실에서 벗어나는 경우가 없다. 그는 엄격하게 보일지도 모른다. 그러나 "진실이 첫 번째이며 두 번째일 수 없다."[284] 그리고 "붓다께서는 오늘은 이렇게 말씀하시고 다음 날은 반대로 말씀하시지 않았다."[285] "그는 행한 대로 말씀하시

283. A. iii. 254. '수다쟁이 경Bahubhāṇi-sutta'.
284. Sn. 884.

고, 말씀하신 대로 행하기 때문에 여래Tathāgata라 불린다."[286] 붓다는 삿짜나마Saccanāma, 즉 '진실한 분'이시다.

붓다께서는 거짓말이 나쁜 것임을 매우 강조하신다. 일곱 살 사미인 어린 라훌라Rāhula[287]에게 하신 첫 설법도 거짓말의 무익함에 관한 것이었다. 우리는 어린아이들이 알고서든 모르고서든 간에 거짓말을 하는 것을 종종 본다.

> 어느 날 세존께서는 암발랏티까로 라훌라 존자를 만나러 가셨다. 라훌라 존자는 자리를 마련하고 발 씻을 물을 준비하였다. 세존께서는 마련된 자리에 앉으셨다. 앉으셔서 발을 씻으셨다. 라훌라 존자는 세존께 절을 올리고 곁에 앉았다.
>
> 그러자 세존께서는 물그릇에 물을 조금 남기시고 라훌라 존자에게 물으셨다.
>
> "라훌라여, 너는 이 물그릇에 물이 조금 남아 있는 것을 보느냐?"
>
> "그렇습니다, 세존이시여."
>
> "라훌라여, 고의로 거짓말하는 것을 전혀 부끄러워하지 않는 자들의 출가수행sāmaña이란 것도 이와 같이 조금 남은 것에 지나지 않는다."
>
> 그러자 세존께서는 그 조금 남은 물을 쏟아버리시고 라훌라 존자에게 물으셨다.

◎

285. 'advejjhavacanā Buddhā' Bv. p. 12, verse 110 ; cf. A. iii. 403 '내가 분명히 말한 후, 그 말을 바꿀 리 있겠느냐dvejjhaṁ?'
286. D. 29. '정신 경'.
287. 그는 일곱 살에 상가에 들어갔다.

"라훌라여, 너는 그 조금 남은 물이 버려진 것을 보느냐?"

"그렇습니다, 세존이시여."

"라훌라여, 고의로 거짓말하는 것을 전혀 부끄러워하지 않는 자들의 출가수행이란 것도 이와 같이 버려진 것에 지나지 않는다."

그러자 세존께서는 그 물그릇을 뒤집어엎으시고 라훌라 존자에게 물으셨다.

"라훌라여, 너는 이 물그릇이 엎어진 것을 보느냐?"

"그렇습니다, 세존이시여."

"라훌라여, 고의로 거짓말하는 것을 전혀 부끄러워하지 않는 자들의 출가수행이란 이와 같이 엎어진 것에 지나지 않는다."

그러자 세존께서는 그 물그릇을 다시 바로 세우시고 라훌라 존자에게 물으셨다.

"라훌라여, 너는 이 물그릇이 바닥나고 비어 있는 것을 보느냐?"

"그렇습니다, 세존이시여."

"라훌라여, 알면서 고의로 거짓말하는 것을 전혀 부끄러워하지 않는 자들의 출가수행이라는 것도 이와 같이 바닥나고 빈 것에 지나지 않는다.

라훌라여, 그와 같이 고의로 거짓말하는 것을 전혀 부끄러워하지 않는 자는 누구든지 어떠한 악한 행위라도 저지르지 못할 것이 없다고 나는 말한다. 라훌라여, 그러므로 너는 '나는 농담으로라도 결코 거짓말을 하지 않으리라.' 고 배우고 익혀야 한다."[288]

288. M. 61. 《맛지마니까》 2권, 초기불전연구원, pp.579~580.

2 화합하게 만드는 말

두 번째는 비방하고 이간하는 말pisuṇavāca을 피하는 것이다.

빠알리어 삐수나와짜는 '사이를 갈라놓는 말'이란 뜻이다. 남을 비방하는 일은 다른 사람의 명성에 해를 끼칠 의도를 가진 거짓말을 하게 되기 때문에 대단히 나쁜 일이다. 남을 비방하는 사람은 종종 동시에 두 가지 죄를 저지른다. 그의 말이 진실이 아니기 때문에 거짓말을 하게 되고 또 뒤에서 험담도 하게 된다.

산스끄리뜨 게송에서는 뒤에서 헐뜯는 사람을 작지만 해로운 모기에 비유하고 있다. 모기는 윙윙 소리를 내며 사람에게 달려들어 피를 빨아먹는다. 그 모기가 암놈이라면 말라리아를 옮길 수도 있다. 이간하는 사람의 말이 꿀처럼 달콤할 수도 있지만, 그의 마음은 독으로 가득 차 있다.

그러므로 우정을 깨트리는 이간하는 말과 헐뜯는 말을 피하자. 괴로움을 만드는 말 대신에 평화와 화합을 가져오는 말을 하자.[289] 불화와 증오 속에서 살아가고 있는 사람들에게 불화의 씨를 뿌리는 대신에 평화와 우정을 가져다주도록 하자. "화합하라. 싸우지 말라."고 붓다께서는 말씀하신다. 아소까 왕의 석주에는 "오직 화합만이 칭찬할 만한 것이라."라고 새겨져 있다. 우리는 다른 사람과 의존해서 살아가고 있기 때문에, 평화와 우정과 조화 속에서 함께 살아갈 수 있도록 해야 한다.

◉

289. M. 27, 38 등 여러 곳.

3 사랑스럽고 예의 바른 말

세 번째는 거친 말, 욕설pharusavāca을 피하고 사랑스럽고 예의 바른 말을 하는 것이다.

우리가 하는 말은 이익이나 손실, 칭찬이나 비난, 명예나 불명예, 행복이나 불행 가운데 어느 것이라도 가져올 수 있다. 온화한 말은 얼음같이 차가운 마음도 녹일 수 있지만 거친 말은 말할 수 없는 고통을 가져올 수도 있다.

우리는 다른 사람을 비난하기 전에 두세 번 생각해보아야 한다. 그것이 다른 사람의 인격과 훌륭한 명성에 손상을 입힐 수 있기 때문이다. 그러나 다른 사람을 칭찬하는 일은 괜찮다. 이것은 불쾌감을 주거나 원한을 살 일이 아니기 때문이다. 이 세 번째 문제에 대해서 붓다께서는 다음과 같이 말씀하신다.

"인간의 입속에는 도끼가 자라고 있어 어리석은 자들은 스스로를 자른다, 악한 말을 입으로 뱉을 때마다."[290]

붓다 당시에 어리석은 사람들이 모여서 하는 '바보들의 축제'[291]라는 행사가 있었다. 일주일 동안 그들은 재와 소똥을 몸에 바르고 돌아다니며 사람들을 괴롭히고, 사람들에게 상스러운 소리를 지르며 돌아다녔다. 친구, 친척, 은둔자, 비구들조차도 괴롭힘을 당했다. 사람들은 그들을 피하기 위

290. S. i. 149.
291. bālanakkhatta.

해 동전을 몇 푼을 던져주곤 했다. 어느 때 붓다의 신자들은 붓다께 그 축제가 끝날 때까지 그 도시에 들어가지 않으시길 간청했다. 이에 붓다께서는 다음과 같이 말씀하셨다.

"어리석고 무지한 바보들은 그처럼 무례하다. 그러나 현명한 사람은 사띠sati를 계발하여 불사인 열반을 얻는다."[292]

사람의 말은 그 사람의 인격을 나타낸다. 거친 말, 불쾌한 몸짓, 비웃음으로 인해 착한 사람을 죄인으로, 친구를 적으로 변하게 할 수 있다.

누구에게도 거친 말을 하지 말라! 그렇게 말해진 것들이 자신에게 되돌아올 것이다.

성냄의 말은 참으로 고통스러우며 앙갚음이 자신에게 되돌아올 것이다.[293]

Māvoca pharusaṃ kañci vuttā paṭivadeyyu taṃ

Dukkhā hi sārambhakathā paṭidaṇḍā phuseyyu taṃ

붓다의 전생, 즉 그가 보살이었을 때 이야기를 하나 살펴보자. 거친 말만 빼면 훌륭한 그의 어머니에게 거친 말을 그만두게 만든 이야기가 나온다. 그의 어머니는 무례하고 거칠었다. 보살은 어머니의 결점을 잘 알았지만 그것을 솔직하게 말해서 어머니의 마음을 아프게 하고 싶지 않았다. 어느 날 당시 베나레스의 왕이었던 보살은 어머니와 신하들과 함께 공원으로 갔다. 가는 도중에 어치 한 마리가 시끄럽게 울어대자 모두 귀를 막고 "정

◎

292. Dhp. Com. I. 256.
293. Dhp. 133.

말 시끄럽군! 두 번 들을까봐 겁나는군." 하고 소리쳤다. 그리고 얼마 후 보살이 어머니와 신하들과 함께 즐겁게 산책할 때 뻐꾸기 한 마리가 달콤하게 지저귀자 사람들은 즐거워했고 그 소리를 다시 듣고 싶어했다.

보살은 바로 이런 순간을 기다리고 있었다. 그는 어머니께 다음과 같이 말했다.

"사랑하는 어머니, 어치의 소리에 소름이 끼쳐 우리는 귀를 막고 들으려 하지 않았습니다. 마찬가지로 거친 말은 아무도 좋아하지 않습니다. 비록 검고 아름답지는 않지만 뻐꾸기는 사랑스러운 소리로 사랑과 관심을 끌었습니다. 그처럼 사람의 말도 상냥하고 조심스럽고 평화로우며 의미가 있어야 합니다."

이와 같이 아들에게 충고를 들은 어머니는 예의바른 말을 하게 되었다.[294]

사랑스럽고 예의바른 말은 매력적이며 사회에 유용한 것이다. 그러나 아름다움이 무례한 말들로 인해 손상되는 일이 얼마나 흔한가.

"마음으로 하는 말, 가슴에서 우러나오는 말은 항상 간단하고 예의 있으며 힘이 넘친다."[295]

◎

294. Jāt. no. 269.
295. C. N. Bovee, *Wisdom of the Ages*, p. 374.

4 쓸데없는 말 피하기

네 번째 쓸데없는 말samphappalāpa을 피하는 것이다.

누구에게도 어느 곳에도 이익을 가져다주지 않는 시시한 이야기, 즉 잡담이나 쓸데없는 이야기를 피해야 한다. 사람들은 잡담과 다른 사람 헐뜯기를 좋아한다. 그들의 잡담 내용은 쓸데없는 것들이다. 사람들은 끊임없이 잡담 속에 빠져든다. 그들은 다른 사람을 희생해 가면서 스스로를 즐겁게 하는 것이다. 홀라드J. L. Hollard는 다음과 같이 말한다.

"잡담은 항상 적의를 품고 있다거나 어리석다는 고백이다. 잡담은 저속하고 경솔하다. 이것은 이웃을 종종 인생의 적으로 만드는 추악한 일이다."

붓다께서는 황금 같은 충고를 하신다.

"비구들이여, 그대들이 함께 모이면 오직 두 가지 할 일이 있나니, 법담을 나누거나 성스러운 침묵을 지키는 것이다."[296]

잡담 · 스캔들 · 소문은 고요함과 집중을 방해하기 때문에 붓다께서는 이것들에 대해 매우 비판하셨다. "의미 없는 천 마디 말보다 마음을 고요하게 하는 한 마디 말이 낫다."[297]

빠알리어로 성자를 무니muni라고 하는데 그것은 침묵을 지키는 사람이라는 뜻이다. '침묵은 금이다.' 그러니 침묵보다 낫다고 확신할 수 없으면 말하지 말라.

◎

296. M. 26. '성스러운 구함 경' ; Ud. p. 31.
297. Dhp. 100.

많은 말은 위험의 근원이니

침묵으로 불행을 피할 수 있다.

말 많은 앵무새는 새장 속에 갇혀 있고

말 못하는 새들은 자유롭게 날아다닌다.[298]

"단지 많은 말을 한다고 해서 현명한 사람이 되는 것은 아니다."[299] 그뿐만 아니라 "많은 말을 한다고 해서 법을 지닌 사람dhammadhara이 되는 것도 아니다."[300] 또한 무니muni의 침묵에 대한 오해를 없애기 위해서 붓다께서는 "침묵한다고 해서 어리석고 무지한 자가 무니가 되는 것은 아니다."[301] 라고 말씀하신다.

끝으로 '잘 설해진 말씀'에 대한 다음의 설법을 들어보자.[302]

1 훌륭하게 설해진 것만을 말하고 나쁘게 설해진 것은 말하지 않는다.

2 가르침dhamma만 말하고 가르침이 아닌 것adhamma은 말하지 않는다.[303]

3 사랑스런 것만 말하고 사랑스럽지 않은 것은 말하지 않는다.

4 진실만을 말하고 거짓은 말하지 않는다.

◎

298. *Tibetan Yoga and Secret Doctrine*, p. 61.

299. Dhp. 258.

300. Dhp. 259.

301. Dhp. 268.

302. Sn. '잘 설해진 말씀 경Subhasita-sutta', 《숫타니파타》, 전재성 역주, pp. 263~264.

303. 여기서 가르침dhamma이란 의미 있는 말을 뜻하고, 가르침이 아닌 것adhamma이란 쓸데없는 말을 뜻한다.

스스로를 괴롭히지 않고, 다른 사람을 다치게 하지 않는 그러한 말을 해야 합니다. 사람들이 즐거워하는 말, 사랑스런 말만을 말해야 합니다. 다른 사람에게 불화를 가져오지 않고, 사랑스러운 것에 대해서만 말해야 합니다.

진실은 참으로 불사의 말이니, 그것은 영원한 가르침입니다. 진실 속에, 유익함 속에, 가르침 속에, 참사람들이 서 있다고 합니다. 열반을 성취하기 위하여, 괴로움을 종식시키기 위하여, 부처님께서 설하신 안온한 말씀, 그것은 참으로 말씀 가운데 최상입니다.

10. 바른 행위

바른 행위는 불교의 행위규범인 계학을 구성하는 두 번째 요소다. 바른 행위란 세 가지 잘못된 행위인 살생, 도둑질, 부정한 성행위를 하지 않는 것이다. 앞 장에서 언급했듯 이것은 모든 살아 있는 것들에 대한 연민, 주어진 것만 갖는 것, 순수하고 정숙한 삶을 살아가는 것을 말한다. 이것은 오계의 앞 세 항목이다. 오계의 나머지 두 항목은 거짓말과 정신을 혼미하게 하는 약이나 술 등을 경계하는 것이다.

이러한 근본적인 계율을 이해하는 데 과학적인 지식이 필요한 것은 아니다. 계율을 지키면서 인격을 닦아가는 동안 자신과 다른 사람들 사이에서 조화와 올바른 관계를 형성한다. 도덕적 행위는 다른 사람들의 두려움을 덜어주고 안도와 평화를 준다. 완전한 도덕, 훌륭한 생활은 자애와 연민을 바탕으로 이루어진다. 이 두 가지 두드러진 자질을 갖추지 못한 사람은 진정으로 도덕적인 사람이라고 할 수 없다. 자애와 연민이 없는 말과 행동을 유익하고 선하다고 할 수 없다. 진실로 남을 사랑하는 마음과 바른 양심을 가지고 있는 사람은 살생이나 도둑질을 할 수 없다. 잔인성, 탐욕, 무지로 물든 생각에 그런 짓을 하게 된다.

길들여지지 않은 마음은 말이나 행동을 할 때 항상 불선을 행할 구실을 찾아내려 하기 때문에 마음을 다스릴 수 있는 방법을 계발해야 한다.

"마음이 보호되지 않으면 몸의 업도 보호되지 않고 말의 업도 보호되지 않고 마음의 업도 보호되지 않는다."[304]

그래서 붓다께서는 다음과 같이 말씀하신다.

"비구들이여, 어리석은 자도 행위kamma에 의해서 규정되고 현명한 자도 행위에 의해서 규정되나니, 인간의 통찰지는 자신의 행동에 의해서 드러나기 때문이다.

비구들이여, 세 가지 특징을 가진 자를 어리석은 자라고 알아야 한다. 어떤 것이 셋인가? 몸으로 짓는 나쁜 행위, 말로 짓는 나쁜 행위, 마음으로 짓는 나쁜 행위이다. 비구들이여, 이 세 가지 특징에 의해 어리석은 자라고 알아야 한다."

"비구들이여, 세 가지 특징에 의해서 현명한 자라고 알아야 한다. 어떤 것이 셋인가? 몸으로 짓는 좋은 행위, 말로 짓는 좋은 행위, 마음으로 짓는 좋은 행위이다. 비구들이여, 이 세 가지 특징에 의해 현명한 자라고 알아야 한다.

비구들이여, 그러므로 이와 같이 배우고 익혀야 한다. '세 가지 특징 때

◎

304. A. i. 261. 《앙굿따라니까야》 1권, 대림스님 옮김, p. 591.

문에 어리석은 자라고 알려지는 그 세 가지 특징을 버리고, 세 가지 특징 때문에 현자라고 알려지는 그 세 가지 특징을 취하리라.'라고. 비구들이여, 그대들은 이와 같이 배우고 익혀야 한다."[305]

행위가 인격을 만든다. 다른 사람에게 훌륭한 인격이라는 선물을 줄 수 있는 사람은 아무도 없다. 각자가 생각과 반조·관심·노력·사띠·집중된 행동으로 스스로의 인격을 쌓아야 한다. 예술에 정통하려면 열심히 노력해야 하듯이 훌륭하고 곧은 인격으로 형성되는 고귀한 행위라는 예술을 완성하려면 부지런하고 깨어 있어야 한다. 윌리엄 호즈William Hawes는 이렇게 말한다.

"훌륭한 인격이란 어떤 경우이건 개인이 노력한 결실이다. 인격은 부모에게 물려받는 것도 아니고 외부의 유리함에 의해 창조된 것도 아니며 출생, 재산, 재능 또는 지위에서 오는 것도 아니다. 인격은 스스로 노력한 결과이다."

훌륭한 인격을 형성하려면 방일과 몽상을 경계하라는 붓다의 말씀을 기억해야 한다.

> 방일하지 말고 항상 깨어 있으라.[306]
>
> Apamadena sampadetha

◎

305. A. i. 102. 《앙굿따라니까야》 1권, 대림스님 옮김, pp. 305~306.
306. D. ii. 120.

인격을 닦는 데 필요한 첫 번째는 자제saṃyama를 기르는 것이다. 만약 어떤 사람이 감각적 욕망에 자신을 내맡긴다면 그의 훌륭한 행위나 인격은 사라져버릴 것이다. 이 점에 대해서는 모든 종교와 심리학의 지도자들이 동의하고 있다. 욕망에 빠져 있고 스스로 즐기려는 충동에 휘말려 있는 사람들은 적절한 교육을 받고 나서야 자제를 갖출 수 있다.

자제는 공덕과 공덕의 이로운 점에 대한 깊은 생각을 통해서 나온다. 자애는 정신의 자양분이기 때문에, 특히 젊은이들은 자애의 공덕을 계발해야 한다. 자제되지 않은 마음은 경솔한 행동에 자신을 소모한다. 인격은 우리가 쌓아 올려야 하고 굳은 결심을 통해서 서서히 연마해 나가는 것이다.

그러나 계율은 결코 강압적인 율법이 아니다. 붓다는 독단적인 입법자가 아니시다. 불교에 강압이나 강제는 없다. 재가자거나 비구거나 계율을 받아들이는 것은 각자의 뜻에 달린 일이다.

붓다께서 제자들을 어떻게 교육시키셨는지 살펴보는 것도 흥미로운 일이다.

말 조련사인 께시Kesi가 세존께 다가갔다. 가서는 세존께 절을 올린 뒤 한쪽에 앉았다. 한쪽에 앉은 말 조련사 께시에게 세존께서는 이렇게 말씀하셨다.

"께시여, 그대는 훌륭한 말 조련사다. 께시여, 그러면 그대는 어떻게 말을 길들이는가?"

"세존이시여, 저는 말을 길들일 때 온화하게 길들이기도 하고 혹독하게 길들이기도 하고 온화함과 혹독함 둘 다로 길들이기도 합니다."

"께시여, 만일 그대가 말을 길들일 때 그 말이 온화한 방법으로도 길들여지지 않고 혹독한 방법으로도 길들여지지 않고 온화함과 혹독함 둘 다로도 길들여지지 않는다면 그때는 어떻게 하는가?"

"세존이시여, 만일 제가 말을 길들일 때 그 말이 온화한 방법으로도 길들여지지 않고 혹독한 방법으로도 길들여지지 않고 온화함과 혹독함 둘 다로도 길들여지지 않는다면 그때는 그 말을 죽여버립니다. 그것은 무슨 이유 때문일까요? 제 스승의 가문을 욕되게 하지 않기 위해서입니다. 세존이시여, 그런데 세존께서는 사람을 잘 길들이는 가장 높으신 분anuttara purisadammasārathi이십니다. 세존이시여, 그러면 세존께서는 어떻게 인간을 길들이십니까?"

"께시여, 나도 사람을 길들일 때 온화하게 길들이기도 하고 혹독하게 길들이기도 하고 온화함과 혹독함 둘 다로 길들이기도 한다.

께시여, 여기서 이것이 온화하게 길들이는 경우이다. 즉 '이것이 몸으로 짓는 좋은 행위이고, 이것이 몸으로 짓는 좋은 행위의 과보이고, 이것이 말로 짓는 좋은 행위이고, 이것이 말로 짓는 좋은 행위의 과보이고, 이것이 마음으로 짓는 좋은 행위이고, 이것이 마음으로 짓는 좋은 행위의 과보이고, 이것이 신deva이고, 이것이 인간이다.'라고.

께시여, 여기서 이것이 혹독하게 길들이는 경우이다. 즉 '이것이 몸으로 짓는 나쁜 행위이고, 이것이 몸으로 짓는 나쁜 행위의 과보이고, 이것이 말로 짓는 나쁜 행위이고, 이것이 말로 짓는 나쁜 행위의 과보이고, 이것이 마음으로 짓는 나쁜 행위이고, 이것이 마음으로 짓는 나쁜 행위의 과보이고, 이것이 지옥이고, 이것이 축생계이고, 이것이 아귀계이다.'라고.

께시여, 여기서 이것이 온화함과 혹독함 둘 다로 길들이는 경우이다. 즉

'이것이 몸으로 짓는 좋은 행위이고, 이것이 몸으로 짓는 좋은 행위의 과보이고, 이것이 몸으로 짓는 나쁜 행위이고, 이것이 몸으로 짓는 나쁜 행위의 과보이고… 이것이 신이고, 이것이 인간이고, 이것이 지옥이고, 이것이 축생계이고, 이것이 아귀계이다.'라고."

"세존이시여, 만일 세존께서 사람을 길들이실 때 그 사람이 온화한 방법으로도 길들여지지 않고 혹독한 방법으로도 길들여지지 않고 온화함과 혹독함 둘 다로도 길들여지지 않는다면 그때는 어떻게 하십니까?"

"께시여, 그때는 나는 그를 죽여버린다."

"세존이시여, 참으로 세존께서는 생명을 결코 죽이지 않으십니다. 그런데 세존께서는 '나는 그를 죽여버린다.'라고 말씀하십니다."

"께시여, 여래가 생명을 죽이지 않는다는 것은 사실이다. 그렇더라도 온화한 방법으로도 길들여지지 않고 혹독한 방법으로도 길들여지지 않고 온화함과 혹독함 둘 다로도 길들여지지 않는다면, 그때 여래는 그를 훈도해서는 안 된다고 생각하고 교계해서는 안 된다고 생각하고, 청정범행을 닦는 지혜로운 동료 수행자들도 그를 훈도해서는 안 된다고 생각하고 교계해서는 안 된다고 생각한다. 여래와 청정범행을 닦는 지혜로운 동료 수행자들이 훈도해서는 안 된다고 생각하고 교계해서는 안 된다고 생각하는 그런 사람은 참으로 이 성스러운 율에서 살해된 자이니라."[307]

이 대화를 통해 붓다께서는 제자들에게 명령을 하는 것이 아니라 자비

◎

307. A. ii. 112, sutta 111. 《앙굿따라니까야》 2권, 대림스님 옮김, pp. 278~280.

로운 스승으로서 무엇이 옳고 무엇이 그르며 그 결과가 어떤 것인지 알려주는 분이었음을 알 수 있다.

"나는 '비구들이여, 악을 버려라.'라고 말한다. 악은 버릴 수 있는 것이기 때문이다. 악을 버리는 것이 불가능하다면 나는 악을 버리라고 말하지 않을 것이다. 악을 버릴 수 있기 때문에 나는 너희들에게 '비구들이여, 악을 버려라.'라고 말한다. 만약 악을 버리는 일이 손해와 고통을 가져온다면 나는 '악을 버려라.'라고 말하지 않을 것이다.

비구들이여, 선을 닦아라. 선은 닦을 수 있다. 선을 닦는 것이 불가능하다면 나는 선을 닦으라고 말하지 않을 것이다. 선을 닦을 수 있기 때문에 나는 너희들에게 '비구들이여, 선을 닦아라.'라고 말한다. 만약 선을 닦아서 손해와 고통을 가져온다면 나는 '선을 닦아라.'라고 말하지 않을 것이다. 그러나 그것이 부와 행복을 가져다주기 때문에 나는 '비구들이여, 선을 닦아라.'라고 말한다."

자발적으로 지키기로 한 계율을 행동으로 옮기기 위한 노력은 각자에게 남겨진 몫이다. 만약 그가 방일하고 게으르다면, 각자에게 부과된 계율과 다른 사람들이 주는 교훈과 모범은 아무 소용이 없게 된다. 그 책임은 그에게 있다.

"씨앗을 뿌리는 대로 열매 맺나니 선을 행하는 자에게는 선이 있으며 악을 행하는 자에게는 악이 있으리. 그대 이제 씨앗을 뿌렸으니 그대 오직 그 열매를 경험하리라."[308]

◎

308. S. i. 227 ; *The Kindred sayings*, I, p. 293.

첫 번째 계율

살생을 금하고 모든 존재에게 자비를 베풀라는 첫 번째 계율에는 어떤 한계가 없다. 불교에서 말하는 '모든 존재'란 살아 있는 모든 생명체, 숨 쉬고 있는 모든 생명을 말한다. 인간이건 동물이건 살아 있는 모든 것은 삶을 원하고 죽음을 싫어한다. 생명은 모두에게 소중한 것이기 때문에 그들은 위험을 피하고 오래 살고 싶어한다. 이 사실은 살려는 의지를 갖고 있는 가장 작은 생명체에게도 적용된다. 그래서 《담마빠다》에서 "행복을 추구하는 존재들에게 폭력으로 해치면서 자신의 행복을 구하는 자는 죽어서도 행복을 얻지 못한다."[309]라고 말씀하신다.

모든 생명체는 자신이 살아 있다는 사실 자체로 행복을 느낀다. 그러므로 그들의 모든 행복의 근원인 생명을 빼앗는 것은 대단히 잔인하고 무자비한 짓이다. 다른 존재를 죽이려는 사람이 죽임을 당하는 존재들이 가지는 증오심과 악의를 결국 자신이 받게 되는 것은 당연하지 않겠는가.

> 모두가 처벌을 두려워하고 모두의 삶은 소중하다.
> 남을 자신과 견주어 죽여서도 안 되고 죽이게 해서도 안 된다.[310]

> 내가 그런 것처럼 그들도 그렇고, 그들이 그런 것처럼 나도 그렇다.
> 자신과 비교하여 그들을 죽여서도 죽이게 해서도 안 된다.[311]

◎

309. Dhp. 131.
310. Dhp. 130.

다른 존재를 죽이지 않고 피해를 입히지 않는 것이 불교라는 사실은 누구나 알고 있다. 동물을 잔인하게 대하는 사람은 기회가 주어지면 사람에게도 잔인하게 대하기 쉽다. 잔인한 생각이 계속 이어져 이것이 집착이 되면 병적인 잔혹성으로 이어질 수 있다. 그래서 경전에서는 다음과 같이 지적하고 있다.

"이 생에서 살생을 자주 하는 사람은 비참한 종말을 맞을지 모른다. 이번 생이 끝난 뒤에는 그들의 무자비한 행위가 낳은 업 때문에 오랫동안 비참함을 겪게 될 것이다. 만약 그와 같은 생명의 파괴자가 번성하는 가문에서 태어나 아름다움과 힘과 좋은 육체를 갖는다고 하더라도 그는 여전히 업 때문에 일찍 무덤을 파게 될 것이다."

반면에 "다른 존재를 불쌍히 여기고 살생을 삼가는 사람들은 좋은 조건을 갖추고 태어날 것이다. 만약 인간으로 다시 태어난다면 건강, 아름다움, 부, 권력, 지혜 등을 갖추게 될 것이다."[312]

바른 행위sammā-kammanta는 바로 바른 업sammā-kamma이다. 업kamma은 불교의 기본교리 가운데 하나다. 업이란 의도적인 행위를 말한다. 업과 업의 과보kamma-vipāka를 이해한다면 사람들은 자업자득인 '소의 발걸음을 따르는 수레바퀴처럼 괴로움이 따르는'[313] 불선한 행위에 마음이 끌리지 않을 것이다.

◎

311. Sn. 705.
312. A. iii. 40, M. 135. '업 분석의 짧은 경'.
313. Dhp. 1.

지난 몇 년 동안 이루어진 업과 윤회에 대한 주목할 만한 재미있는 연구들이 있다. 가장 흥미로운 것은 지나 세르미나라Gina Cerminara가 쓴 두 책으로 거기에는 신뢰할 만한 많은 사례들이 나온다. 그녀의 저서 《윤회Many Mansions》에서 한 구절을 인용해본다.

> 케이시의 '라이프 리딩life reading'은 현재 인간의 고통과 취약점을 과거의 특별한 행위에서 캐냄으로써 업이라는 추상적인 개념을 정확하고 직접적으로 해명하기 때문에 매력적이다. (…) 선천적으로 맹인으로 태어난 한 대학 교수가 케이시에 대한 소문을 들었다. (…) 육체적인 판독을 의뢰했다. (…) 네 번째 전생에서 윤곽이 드러났다. (…) 그가 현재 눈이 멀게 된 업의 법칙은 페르시아에서 시작되었다. 그는 뜨겁게 달군 쇠로 적들의 눈을 멀게 하는 미개한 종족의 일원이었고, 눈을 멀게 하는 것이 그의 직무였다.[314]

세상은 불완전하고 불평등해 보인다. 동물의 세계는 말할 것도 없고 사람들 사이에서도 어떤 사람은 비참하게 태어나 심한 고통과 극도의 불행을 겪는다. 또 어떤 사람은 풍족하고 행복하게 태어나 호화로운 생활을 즐기며 세상의 고뇌라고는 조금도 모르고 산다. 선택된 소수만이 예리한 지혜와 대단한 정신적 능력을 부여받은 반면에 많은 사람들은 무지에 싸여 산다. 어떻게 누구는 건강과 아름다움과 친구들을 가지는 혜택을 누리는 반면에 어

◎

314. Gina Cerminara, *Many Mansions ; The World Within*, William Sloane Associates, Inc. New York, 1950, p. 50.

떤 사람은 불행하고 허약하며 가난하고 외로운 것일까? 왜 어떤 사람들은 장수를 누리는데 어떤 사람은 꽃다운 나이에 죽는 것일까? 왜 어떤 사람은 유복하고 명성도 있고 인정을 받는데 어떤 사람은 철저히 무시당할까?

우리가 이러한 문제를 자세히 조사한다면 이런 다양한 차이점들은 외적인 존재, 즉 신에 의한 것이 아니라 우리 자신의 행위와 그 결과 때문임을 알게 될 것이다. 선하고 불선한 행위의 책임이 바로 우리 자신에게 있는 것임을 알아야 한다. 자신이 자신의 업을 만든 주인이다.

다른 생명에게 상처 주거나 해치기를 멈추고 연민과 자애가 가득한 무량한 마음을 계발하는 일은 이해심을 지닌 모든 사람의 의무다. 운동을 하기 위해서든, 음식을 구하기 위해서든, 건강을 위해서 곤충을 죽이는 것이든살생은 살생이다. "나는 이러이러한 좋은 이유 때문에 죽였다."라고 변명해도 소용이 없다. 사실 그대로 진실을 말하는 편이 낫다. 만약 살생을 했다면 우리는 그것을 시인하고 그것이 불선한 것이라고 알아야 한다.

그리고 채식주의에 대한 논란에 대해서 살펴보면 불교에서는 육식을 금하고 있지 않다. 만약 특별히 자신을 위해서 동물을 죽이는 것을 알지 못했거나 그럴 거라고 생각되지 않는다면 고기를 먹을 수 있다. 그러나 죽이는 것을 보거나 들었거나 그럴 거라고 생각되면 그 고기를 먹을 수 없다. 붓다의 가르침에 불교도는 완전히 또는 주로 채식을 해야 한다는 규칙이나 규율은 없다. 고기를 먹든 말든 그것은 전적으로 개인의 취향이다. 그러나 유정란을 먹으면 첫 번째 계율인 불살생계를 범하는 것이 된다.

두 번째 계율

바른 행위에 속하는 두 번째 계는 남이 주지 않은 것은 갖지 않고 오로지 자신의 것만 정직하게 취하며 사는 것이다. 다른 사람의 소유물을 훔치는 행위는 사람의 생명을 빼앗는 일보다는 덜 심각하지만 그 사람의 행복을 일부분 빼앗는 것이기 때문에 마찬가지로 큰 불선이다. 아무도 자신의 것을 빼앗기길 원치 않는다. 남의 것을 훔치는 일이 잘못임은 쉽게 이해할 수 있다. 다른 사람에게 도둑질하도록 시키는 일도 좋은 일이 아니다. 강도는 폭력을 유발하고 심지어 살인까지 저지를 수 있다.

이 계율은 특히 무역과 상업에 종사하는 사람들이 범하기 쉽다. 모든 종류의 사기와 기만이 두 번째 계율을 어기는 일에 속하기 때문이다. 사람들은 훔칠 의도를 가지고 펜과 혀 둘 다를 사용할 수 있다. 항상 이웃을 속이고 훔치기 위해 호시탐탐 기회를 노리는 사회에서는 평화와 행복이 있을 수 없다.

때로는 가난이 도둑질을 낳는다고 생각한다. 이것은 어느 정도는 사실이다. 그러나 게으르고 일하기 싫어하거나 또는 재능을 잘못 사용해서 가난해지는 경우도 있다. 그러면 그들은 부자들을 강탈하려는 유혹을 받게 된다. 어떤 사람들은 도둑질이 즐거운 삶을 사는 쉬운 방법이라고 생각한다. 그래서 범죄가 증가한다. 정부는 실업률을 낮추고 가난을 몰아내기 위해 노력해야 한다.

도둑질에는 여러 가지 형태가 있다. 예를 들어 노동자가 일은 제대로 하지 않으면서 임금을 다 받으면 그는 정말로 도둑이다. 그가 벌지 않은 돈을 가져갔기 때문이다. 고용주가 적절한 임금을 지불하지 않는다면 그도 마찬가지로 도둑이다. 영국의 사상가이자 역사가였던 토머스 칼라일Thomas Carlyle은 다음과 같이 말한다.

"당신 스스로가 정직해져라. 그러면 당신은 이 세상에서 한 사람의 악당이 줄었다는 것을 확신하게 될 것이다."

세 번째 계율

바른 행위와 관련된 마지막 계율은 부정한 성행위를 하지 않는 것이다. 이 문제에 대해서 필요한 것은 설교나 책이 아니라 자제력이다. 바른 사유를 다룬 장에서 감각적 욕망과 출리와 관련해 상세히 거론했다. 여기에서는 불교에서 말하는 부정한 성행위가 무엇을 의미하는지 간략히 알아보고자 한다. 먼저 《앙굿따라니까야》의 첫 번째 경을 살펴보자.

> 비구들이여, 이 형색 이외에 다른 어떤 것도 이렇듯 남자들의 마음을 유혹하는 것을 나는 보지 못하나니, 그것은 바로 여자의 형색이다. 비구들이여, 여자의 형색은 남자의 마음을 유혹한다.
>
> 비구들이여, 이 소리 이외에 다른 어떤 것도 이렇듯 남자들의 마음을 유혹하는 것을 나는 보지 못하나니, 그것은 바로 여자의 소리이다. 비구들이여, 여자의 소리는 남자의 마음을 유혹한다.
>
> 비구들이여, 이 향기 이외에 다른 어떤 것도 이렇듯 남자들의 마음을 유혹

하는 것을 나는 보지 못하나니, 그것은 바로 여자의 향기이다. 비구들이여, 여자의 향기는 남자의 마음을 유혹한다.

비구들이여, 이 맛 이외에 다른 어떤 것도 이렇듯 남자들의 마음을 유혹하는 것을 나는 보지 못하나니, 그것은 바로 여자의 맛이다. 비구들이여, 여자의 맛은 남자의 마음을 유혹한다.

비구들이여, 이 감촉 이외에 다른 어떤 것도 이렇듯 남자들의 마음을 유혹하는 것을 나는 보지 못하나니, 그것은 바로 여자의 감촉이다. 비구들이여, 여자의 감촉은 남자의 마음을 유혹한다.

비구들이여, 이 형색·소리·향기·맛·감촉 이외에 어떤 것도 이렇듯 여자들의 마음을 유혹하는 것을 나는 보지 못하나니, 그것은 바로 남자의 형색·소리·향기·맛·감촉이다. 비구들이여, 이것이 여자의 마음을 유혹한다.

성性에 대해 분명한 어조로 설한 법문이다. 이 설법은 누구도 부정할 수 없을 것이다. 붓다께서는 인간에게 가장 강한 충동은 성적인 충동이라고 설명하신다. 이러한 충동의 노예가 되면 강한 사람이라도 나약한 사람이 될 수 있다. 성자도 높은 경지에서 추락할 수 있다. 특히 젊은 시절의 성적 충동은 불처럼 조심해서 다루어야 한다. 신중하고 자제하지 않는다면 이것은 말할 수 없는 불행을 가져올 수 있다. "성적인 욕망보다 더한 불은 없다."[315], "애욕은 저절로 꺼지지 않는다. 모든 것을 태워버린다."

붓다께서는 실용주의적인 현인이셨기 때문에 재가자들에게 금욕적인

◎

315. Dhp. 262.

생활을 하라고는 않으셨다. 사실 붓다께서는 그들을 '감각적 욕망을 즐기는 사람gihī kāmabhogī'이라고 하셨다. 붓다께서는 인간의 욕망과 충동, 취향과 욕구를 매우 잘 아셨기에 비구에게는 일체의 성행위를 금했지만 재가자에게는 금하지 않으셨다. 그러나 잘못된 방법으로 성적인 본능을 만족시키는 일은 피하라고 하셨다. 부정한 성행위에 대해서는 경고하면서 재가자들에게도 포살일uposatha과 특별히 필요한 기간에는 팔계를 지키라고 하셨다.

독신으로 살기로 결심했다면 그는 몸과 말과 마음이 깨끗해지도록 열심히 노력해야 한다. 독신으로 살 자신이 없어 결혼을 했다면 부정한 성관계는 금해야 한다. 붓다께서는 파멸에 관한 설법[316]에서 다음과 같이 말씀하신다.

"만약 여자한테 빠져 있고, 술에 중독되고, 도박에 빠져 있다면 그것이야말로 파멸의 문이다.

자신의 아내에게 만족하지 못하고 매춘부나 남의 아내와 어울린다면 그것이야말로 파멸의 문이다.

젊은 시절을 지난 남자가 젊은 여인을 유인하여 그녀를 질투하는 일로 잠 못 이룬다면 그것이야말로 파멸의 문이다."

여자에 대해서 붓다께서는 다음과 같이 간결하게 말씀하신다.

"부정한 행위는 여인의 더러움이다."[317]

"아내들 가운데 최고는 말 잘 듣는 자이다."[318]

"아내는 가장 좋은 친구이다."[319]

◎

316. Sn. 16, 18, 20. '파멸의 경Parābhava-sutta'.
317. Dhp. 242.

올리버 골드스미스Oliver Goldsmith는 다음과 같이 말한다.

"완벽한 아내가 여성 철학자나 목소리 큰 여걸, 표독스런 여왕보다 훨씬 더 유용하다. 자신의 남편과 아이들을 행복하게 하는 여인은 매혹적인 몸매로 사람들을 유혹하는 소설 속의 여주인공보다 훨씬 더 위대하다."

실라짜라Sīlācāra 비구는 오계의 세 번째 계율에 대해 다음과 같이 적고 있다.

"매 순간 바로 우리의 마음이 우리의 인격을 만든다. 성욕에서 마음은 매우 중요한 역할을 한다. 바로 이 문제에서 마음을 완전히 제어할 수 있다면, 다른 문제에서는 제어를 거의 하지 않아도 되거나 아예 제어할 필요도 없다고 할 수 있다.

주위를 둘러보면 성욕에 대한 자제력의 부족으로 사람들에게 어떤 일이 일어나고 있는지 알 수 있다. 우리가 하등동물이라 부르는 것들의 성행위에 대해서 생각해보라. 진정 어느 쪽이 하등한가? 인간인가, 동물인가? 어느 쪽이 성행위에 있어 정상인가? 어느 쪽이 비정상적이고 도착적인 방식으로 탈선하는가? 이 문제에 있어서는 동물이 우월하고 인간은 열등이다. 왜 이렇게 되었는가? 인간은 성적 충동을 극복할 수 있는 정신적 능력을 소유하고 있으면서 동물보다도 더 자신을 성적인 노예로 만드는 정열로 그 능력을 사용하기 때문이다."[320]

318. S. i. 6(원서에는 S. p. 7로 나타나나 이런 것은 없다. - 옮긴이).
319. S. i. 37.
320. Bhikkhu Sīlācara, *The Five Precepts*, Colombo, Sri Lanka.

《맛지마니까야》의 41번 경과 또 다른 곳에서 설한 세 번째 계율에 대한 붓다의 설법은 흥미로우면서도 중요하다. 이 설법은 10가지 선한 행위와 10가지 불선한 행위를 모두 다루고 있다. 아래의 내용은 본문을 요약한 것이다.

살라의 바라문 장자들은 세존께 어떤 원인과 어떤 조건 때문에 여기 어떤 중생들은 몸이 무너져 죽은 뒤 악처에 태어나고 어떤 중생들은 선처에 태어나는가를 묻는 질문에 세존께서는 다음과 같이 대답하신다.

"장자들이여, 법에 따르지 않는 그릇된 행실visama-cariyā을 원인으로 이와 같이 여기 어떤 중생들은 몸이 무너져 죽은 뒤 처참한 곳, 불행한 곳, 파멸처, 지옥에 태어난다. 법에 따른 올바른 행실을 원인으로 이와 같이 여기 어떤 중생들은 몸이 무너져 죽은 뒤 행복한 곳, 천상의 세계에 태어난다."

이 말을 완전히 이해하지 못한 바라문들이 세존께 상세한 설명을 요구하자 세존께서는 다음과 같이 대답하신다.

"장자들이여, 여기 어떤 자는 생명을 죽인다. 그는 잔인하고 손에 피를 묻히고 죽이고 폭력을 휘두르는 데에 몰두하며 모든 생명들에게 동정심이 없다.

그는 주지 않는 것을 가진다. 그는 마을에서나 숲 속에서 자기에게 주지 않은 남의 재산과 재물을 도적질로써 취한다.

그는 삿된 음행을 한다. 어머니가 보호하고, 아버지가 보호하고, 형제가 보호하고, 자매가 보호하고, 친지들이 보호하고, 법으로 보호하고, 남편이 있고, 몽둥이로 보호하고, 심지어 (혼약의 정표로) 화환을 두른 그러한 여인들과 성행위를 한다.

장자들이여, 이것이 몸으로 짓는 세 가지, 법에 따르지 않은 그릇된 행실이다."

"장자들이여, 어떤 것이 말로 짓는 네 가지, 법에 따르지 않은 그릇된 행실인가?"라 하시며 거짓말과 이간하는 말, 거친 말, 쓸데없는 말에 대해서 설하셨다.

"장자들이여, 여기 어떤 자는 간탐한다. 그는 '오, 저 사람 것이 내 것이라면.' 하고 남의 재산과 재물을 탐한다. 그의 마음은 악의로 가득 차 있다. 그는 '이 중생들이 죽어버리기를, 파멸되기를, 멸망해버리기를, 없어져버리기를.' 하고 타락한 생각을 품는다.

그는 삿된 견해를 가진다. '보시도 없고 공물도 없고 제사도 없다. 선행과 악행의 업들에 대한 결실도 없고 과보도 없다. 이 세상도 없고 저 세상도 없다. 어머니도 없고 아버지도 없다. 화생하는 중생도 없고 이 세상과 저 세상을 스스로 최상의 지혜로 알고 실현하여 선언하는, 덕스럽고 바른 도를 구족한 사문·바라문들도 이 세상에는 없다.'라는 전도된 소견을 가진다.

장자들이여, 이것이 마음으로 짓는 세 가지, 법에 따르지 않은 그릇된 행실이다."[321]

그러고 나서 붓다께서는 위에서 언급된 것들과 반대되는 몸과 말과 마음에 관계된 세 가지 법에 따른 올바른 행실에 대해서 설하셨다.

종교의 지도자로서 붓다께서는 인도 사회에 윤리적 · 도덕적으로 무엇이 옳고 그른지에 대해서, 그리고 비도덕적이고 나태한 행위의 나쁜 결과

321. 《맛지마니까야》 2권, 대림스님 옮김, pp. 276~280에서 일부 요약.

에 대해서 지적하셨다. 그러나 그는 성적인 문제에 대해서는 간섭하지 않았고 정책이나 제도 문제에 대해서도 정부의 소관이므로 참견하지 않으셨다. 그러나 승가에 대해서는 태도를 달리하셨다. 붓다께서는 때때로 제자들에게 엄격하셨다. 안내자이자 스승으로서 종종 그는 승가의 구성원들에게 사소한 잘못에서도 위험을 보고 선행을 하라고 충고하셨다. 또한 예의바르고 조용하고 온화한 가운데 불행한 사람은 행복하게 하고 이미 행복한 사람의 행복은 더욱 커지도록 하라고 충고하셨다.[322]

수행 생활을 하기 위해 승가에 들어온 사람들에게 붓다께서는 특별한 훈계를 내리셨다. 승려에게는 어떤 형태의 성행위도 금지시켰다. 그러나 승려 생활이 너무 견디기 어렵고 출가에서 기쁨을 느끼지 못하는 비구가 가사를 벗고 세속 생활로 돌아가는 것은 자유였다. 이러한 경우에도 붓다께서는 자상한 아버지처럼 충고해주고 필요한 것들을 설명해주었다. 그들의 희망과 거리가 먼 출가 생활을 계속하라고 절대 강요하지 않았다. 이러한 일들은 심리적인 문제이기 때문에 그렇게 처리하는 것이 당연했다. 붓다께서 승가의 구성원들에게 권장한 실천수행으로부터 얻을 수 있는 이익 가운데 하나는 정신적 승화로, 감각적 욕망을 멀리하는 결과로 생길지도 모르는 병적인 상태를 제거해준다.

《담마빠다》의 두 게송(246, 247)은 오계를 열거하면서 파계의 나쁜 결과에 대해 간결하고 분명하게 밝히고 있다.

◎
322. Vinaya ; A. iii. 67.

살생을 하고 거짓말을 하고

세상에서 주어지지 않은 것을 취하고 남의 아내를 범하고

Yo pāṇaṃ atipāteti musāvādañ ca bhāsati

Loke adinnaṃ ādiyati paradārañ ca gacchati

취하게 하는 술에 빠진 그런 사람은

여기 바로 이 세상에서 자신의 뿌리[323]를 파낸다.

Surāmerayapānañ ca yo naro anuyuñjati

Idhevameso lokasmiṃ mūlaṃ khaṇati attano

이 장과 바로 앞 장에서 우리는 붓다와 법과 승가에 귀의함으로써 불교도가 된 재가자가 지켜야 할 최소한의 도덕적 의무인 오계pañca-sīla에 대해 상세히 살펴보았다. 끝으로 붓다께서 자신의 아들인 어린 라훌라에게 했던 충고를 언급하고자 한다.

"라훌라여, 이를 어떻게 생각하는가? 거울의 용도는 무엇인가?"

"비추어보는 것입니다, 세존이시여."

"라훌라여, 그와 같이 지속적으로 반조하면서 몸의 행위를 해야 하고, 지속적으로 반조하면서 말의 행위를 해야 하고, 지속적으로 반조하면서 마음의 행위를 해야 한다."

계속해서 붓다께서는 말씀하신다.

323. 여기서 뿌리란 번영과 행복을 말한다.

"몸으로 행위를 하고자 한다면 그 행위를 다음과 같이 반조해야 한다. 자신의 행위가 '자신이나 다른 사람들 또는 둘 다를 해치게 되고 해로운 것이어서 괴로움으로 귀결되고 괴로운 과보를 가져올 것이다.'라고 알게 되면 절대로 그것을 해서는 안 된다. 만일 반조하여 자신의 행위가 '자신이나 다른 사람들 또는 둘 다를 해치지 않을 것이고 유익한 것이어서 즐거움으로 귀결되고 즐거운 과보를 가져올 것이다.'라고 알게 되면 그와 같은 행위를 해야 한다. 말과 마음에 대해서도 마찬가지다."

계속해서 붓다께서는 다음과 같이 말씀하신다.

"라훌라여, 몸의 행위가 청정했고 말의 행위가 청정했고 마음의 행위가 청정했던 과거세의 사문들이나 바라문들은 모두 이와 같이 계속해서 반조함에 의해 몸의 행위가 청정했고, 이와 같이 계속해서 반조함에 의해 말의 행위가 청정했고, 이와 같이 계속해서 반조함에 의해 마음의 행위가 청정했다. 몸·말·마음의 행위가 청정할 미래세의 사문들이나 바라문들도, 몸·말·마음의 행위가 청정한 지금의 사문들이나 바라문들도 이와 같이 반조함에 의해 몸·말·마음의 행위가 청정하다.

라훌라여, 그러므로 여기서 너는 '계속해서 반조함에 의해 몸의 행위를 청정하게 하리라. 계속해서 반조함에 의해 말의 행위를 청정하게 하리라. 계속해서 반조함에 의해 마음의 행위를 청정하게 하리라.'라고 배우고 익혀야 한다."[324]

주의 깊은 독자라면 요약해서 설명한 위의 내용에서 모든 행위에 있어

◎

324. M. 61. 《맛지마니까야》 2권, 대림스님 옮김, pp. 581~589에서 일부 요약.

마음의 행위가 얼마나 중요한가를 이해할 것이다. 불교도이건 아니건 궁극적 의미에서 보면 인간의 행위란 의도cetanā다. 우리가 하는 모든 일에서 선택해야 할 판단의 기준은 '내가 그러하듯 저들도 그러하다'는 것이다.

인간은 자신의 욕망 · 갈망 · 습성에 휘둘리는 성향이 매우 강하다. 그러면서도 거의 매번 충분히 반조하지 않고 행동한다. 그러므로 그 행동의 결과는 그가 의도하지 않았던 것이 되고 만다. 이 설법에서 붓다께서는 수행에서 일어나는 생각인 반조를 강조하신다. 사미인 라훌라에게 하신 붓다의 조언은 비록 2,500여 년 전의 것이지만 오늘날에도 참으로 어울린다. 궁극적 진리를 구체화한 훌륭한 조언은 시간과 공간을 뛰어넘는다.

11. 바른 생계

팔정도 가운데 계학에 속하는 세 번째이자 마지막 항목은 바른 생계다. 이것은 무기 거래, 도살용 동물의 거래, 인신매매, 술 거래, 마약 거래를 하지 않는 것이다. 비록 붓다께서는 이 다섯 가지만 언급했지만 사실 생계를 꾸려가는 데는 다른 잘못된 방법들이 많다. 붓다께서 다섯 가지만 언급하신 것은 당시 대부분 농부, 목동, 상인들로 구성되어 있던 기원전 6세기 인도 사회에 문제가 되었던 것들임을 염두에 두어야 한다. 경전에는 농부와 목동들의 생활을 생생하게 묘사하는 흥미로운 부분들이 있다. 《숫따니빠따 Suttanipāta》의 두 번째와 네 번째 설법은 이러한 사실을 잘 입증해주고 있다.

당시 인도는 농업 국가였고 정부는 민주적이지 못했다. 대부분의 국가는 붓다의 종족인 사꺄족과 마찬가지로 왕rājā이 통치하는 봉건국가였다. 그러나 릿차위족처럼 원로들과 집정관이 통치하는 공화정도 있었다. 왕국의 왕은 모든 사람의 추앙을 받고 그들의 충성에 대한 대가를 지불해야 하는 통치자였다. 당시는 오늘날과는 달리 생계수단이 제한되어 있었기 때문에 붓다께서는 이 생계수단들 가운데 다섯 가지에 대해서만 언급하셨다.

붓다께서 단지 일반인들에게만 잘못된 생활의 좋지 못한 결과와 바른 생활의 이로운 점에 대해서 언급했다고 생각해서는 안 된다. 5부 니까야Nikāya 가운데《디가니까야》와《앙굿따라니까야》에서 통치자가 영위해야 할 생활에 대한 설법을 발견할 수 있다. 거기에서 왕은 법으로dhammena 통치해야 하며 비법으로adhammena 통치해서는 안 된다고 지적하고 있다. 통치자는 백성들과 동일한 규율을 준수하는 것은 물론이고 나라를 좋은 방향으로 이끌 수 있는 바람직한 자질 또한 갖추어야 한다. 경전에서는 '왕의 10가지 의무dasa-rājā-dhamma'를 말한다. 그것은 보시dāna, 지계sīla, 관대pariccāga, 정직ajjava, 유연maddava, 헌신tapa, 호의akkodha, 비폭력avihiṁsā, 인내khanti, 온화avirodha이다.[325]

붓다께서 지적하시듯 통치자는 먼저 법, 즉 자비와 정의를 수립해서 악을 피하며 백성에게 모범을 보여야 한다. 붓다께서는 말씀하신다.

"그와 같이 인간들에 있어서도 최상이라고 알려진 자가 비법을 행한다면 나머지 백성들이야 말해서 무엇 하리. 만일 왕이 법답지 못하면 왕국 전체가 괴로워하리. (…) 그와 같이 인간들에 있어서도 최상이라고 알려진 자가 법을 행한다면 나머지 백성들이야 말해 무엇 하리. 만일 왕이 법다우면 왕국 전체가 행복하리."[326]

왕은 명예에 안주하지 않고 "자신의 아이들에게 인자한 아버지처럼"[327]

325. Jāt. 1. 260.
326. A. ii. 74.

백성에게 자애롭고 의무를 다해야 한다. 방종과 권위의식에 빠져 있는 issariyamadamatta 왕은 칭찬받지 못하며 경멸받을 뿐이다.[328] 편파와 편애를 피하고 모든 사람에게 공정하고 정직하고 올바르게 대하기 위해 통치자는 잘못된 네 가지 방법인 충동chanda, 성냄dosa, 공포bhaya, 어리석음moha으로 백성을 통치해서는 안 된다.

이러한 점으로 미루어볼 때 후에 담마소까dhammāsoka로 알려진 인도의 아소까 대왕은 가장 정당하고 현명하며 관용적인 통치자 가운데 한 사람으로 여겨진다. 그러한 사실은 그의 칙령에 잘 나타나 있다.

"모든 사람은 나의 아이들이다."

"나는 나의 아이들이 이생에서도 다음 생에서도 모든 번영과 행복을 누리기를 바라듯, 다른 모든 사람들도 그렇게 되기를 바란다."

"나는 세상을 안락하게 해야 한다. 세상은 나로부터 슬픔이 아니라 행복을 받아야 한다."[329]

"모든 세계의 행복을 증진시키는 일보다 더 고귀한 의무는 없다."

"나는 모든 세계의 이익을 위해 일해야 한다."[330]

한 나라를 바르게 통치하기 위해 붓다의 가르침을 따랐던 아소까 왕이 모범적인 통치자였다는 것은 의심의 여지가 없다. 웰스H. G. Wells는 다음과 같이 적었다.

◎

327. D. ii. 178.
328. S. i. 100.
329. Edict 1.
330. Edict 2.

"역사의 한 페이지를 장식한 수많은 왕 가운데 아소까라는 이름은 별처럼 독보적으로 빛난다."[331]

아소까 왕의 시대는 2,300여 년 전이었다. 그때 이후로 사회는 더욱 흉흉해졌고 사람들은 동료의 행복에 점점 더 무관심해졌다. 사람들은 바라는 것을 얻기 위해서는 수단과 방법을 가리지 않으며, 이를 위해 다른 사람의 생명을 빼앗기도 한다.

"현대 사회에서 바른 생계는 가장 지키기 어려운 계율일지도 모른다. 매우 많은 일들이 사회에 해를 끼친다. 진정한 불교도에게는 적합하지 않은 일이다. 군수산업, 주류 판매, 동물의 도살과 관계된 직업, 선정주의, 부정직한 광고와 출판, 고리대금업 등이 여기에 속한다. 불교는 편협한 종교가 아니다. 불교는 이해와 연민으로 인간의 약함을 본다. 그러나 진정한 불교도는 한쪽으로 도덕적인 규범을 말하면서 다른 쪽으로 비도덕적인 직업을 가질 수는 없다."[332]

바른 생계는 개인과 사회에 행복을 가져오고 사람들 사이에 화합과 적절한 유대감을 증진시키기 위한 것이다. 부당하고 잘못된 생계수단은 개인뿐만 아니라 가족과 국가에도 영향을 미친다. 잘못되고 부당한 생계수단은 결국 사회 전체에 큰 불행과 불화를 초래한다. 어떤 사람 또는 공동체가 악에 굴복해 타인을 이용한다면, 이는 사회의 평화와 조화를 저해하게 된다. 사람들이 잘못되고 불법적인 생계수단을 취하게 되는 것은 순전히 이기심과 탐욕 때문이다. 이런 사람들은 자신이 이웃과 사회에 입히는 손실이나

◉

331. *The Outline of History*, Cassell & Co., London, 1934, p. 402.
332. John Walters, *Mind Unshaken*, Rider and Company, 1961, p. 47.

고통에는 철저히 무관심하다. 그래서 붓다께서는 다음과 같이 말씀하신다.

"자신을 위해서도 남을 위해서도 자손이나 재산이나 왕국을 바라지 않으며, 올바르지 못한 방법으로 자신의 성공을 바라지 않는다면, 그는 덕 있고 지혜로우며 올바른 자이다."[333]

붓다께서는 아내와 자식이 있는 재가자가 짊어지고 있는 무거운 짐을 아시기에, 비구와 같은 윤리적인 기준을 그들에게까지 기대하지는 않으셨다. 그러나 재가자들이 지켜야 할 최소한의 도덕적 의무인 오계만은 최선을 다해 준수해야 한다고 강조하셨다. 재가자는 바른 수단과 바른 행위dhamma-cariyā로 생계를 꾸려가고 아내와 아이들을 부양하려고 노력해야 한다. 부당하고 부정직한 수단, 즉 살생 · 도둑질 · 속임수 · 부정직과 기만을 통해 생계비를 버는 것은 바른 생계가 아니다. 이것은 윤리적으로 바르지 않은 생활adhamma-cariyā, 공정하지 않은 생활, 조화롭지 못한 생활visama-cariyā이다.

붓다께서는 재가자들을 비난하지 않고 그들의 나약함과 부족함을 안타깝게 여기셨다. 사회는 집을 떠나 수행하는 고행자나 사문이 아니라 사회의 대부분을 차지하는 세속의 남녀로 구성되어 있다. 이들이 바로 사회 집단의 단위이며, 사회의 행복과 불행은 이들 개인에게 달려 있다. 각 개인이 선량하고 예의 바른 생활을 영위한다면 사회는 자연히 좋아지게 될 것이다.

재가자의 규율gihi-vinaya이라 불리는 '교계 싱갈라 경Siṅgālovāda-sutta'[334],

333. Dhp. 84.
334. D. 31. '고싱가살라 짧은 경'.

'왁가빳자 숫따Vyagghapajja-sutta'[335] 등에서 붓다께서는 특별히 재가자를 위해 설법하셨다. 이 경들은 붓다께서는 재가자들의 정신적인 향상뿐만 아니라 물질적인 복지에도 관심이 있었음을 보여준다. 붓다께서는 시갈라Sigāla에게 그가 관계하고 있는 모든 사람에게 재가자로서 해야 할 완전한 의무를 명쾌하게 설명해주신다. 즉 부모와 자식, 스승과 제자, 남편과 아내, 친구와 친척, 주인과 하인 사이의 상호 의무 그리고 사문과 바라문들에 대한 종교적 의무에 대해서 설명하신다. 이와 같이 붓다께서는 재가자들이 최선을 다해 의무를 행하고 후회할 일 없이 바른 삶을 살도록 고무하셨다.

C. A. F. 리스 데이비즈 여사는 '교계 싱갈라 경'에 대해 다음과 같이 말한다.

"사람과 사람들 사이의 사랑과 선의를 설하는 붓다의 가르침은 어디에서보다 이 경에서 가정과 사회의 윤리적 측면을 가장 포괄적이고 상세하게 설명한다. (…) 그리고 당시 라자가하Rajagaha에서처럼 오늘날에도 도덕규율인 계율vinaya은 인간관계의 기본이며 그것을 직시하는 지혜는 사리분별이 있고 폭이 넓다. '이러한 꾸밈없고 단순한 말씀 속에 들어 있는 고귀한 도덕 정신과 따뜻한 동료애로 가득 찼을 갠지스 강가의 사람은 행복했을 것이다.'[336] 오늘날 템즈 강가의 사람들도 이 말씀을 똑같이 실천할 수 있다면 역시 행복할 것이다."[337]

알다시피 완전한 깨달음을 얻은 후 붓다께서는 홀로 은둔하지 않으셨

◎

335. A. ii.
336. T. W. Rhys Davids, *Buddhism: its HIstory and Literature*, 1907, p. 148.
337. *Dialogues of the Buddha*, part III, p. 168.

다. 그는 인도의 크고 작은 길을 따라 이 도시에서 저 도시로, 이 마을에서 저 마을로 다니셨다. 그는 귀족보다는 평민과 함께 다니는 경우가 많았다. 왕과 왕자들은 가르침을 받고 교훈을 얻기 위해 붓다를 찾아왔지만, 붓다께서는 가난하고 비천하고 길을 잃은 사람들을 돕기 위해 스스로 그들에게 가셨다. 붓다께서는 가장 비참한 삶을 살아가는 사람들로부터 가장 화려한 삶을 사는 사람까지 모두 아셨고, 당시 인도의 정치적·사회적·경제적 상황도 잘 알고 계셨다. 상황이 그러했기 때문에 그는 설법을 고도의 철학적·심리학적인 문제에만 국한시키지 않았다.

붓다께서는 무한한 자비심과 이해심을 가진 실천적인 스승이셨기에 대중의 사회적·경제적 복지에 관심을 가졌다. 붓다께서는 자신의 조언으로 사람들의 고통이 덜어지고 그들이 큰 불행 없이 살기를 바라셨다. 진정한 행복은 청정하고 평화로운 삶에서 나온다는 것은 사실이다. 그러나 어느 정도의 물질적·경제적인 보장 없이는 도덕적·정신적인 향상도 있을 수 없다는 것 또한 분명한 사실이다.

비구들이 청정과 자유를 얻기 위한 수행을 해 나가는 데는 네 가지 필수품catupaccaya이 있다. 가사, 음식, 거처, 약품이 그것이다. 이것은 살아가는 데 없어서는 안 될 최소한의 필수품들이다. 이것들은 일반인에게도 근본적인 필수품이다.

붓다께서는 제자들을 만나면, "견딜 만한가? 잘 지내는가? 탁발하는 데 어려움은 없는가?"[338] 라고 말씀하시곤 했다. 경전에는 잃어버린 소를 찾느라 점심을 거른 한 목동에 대한 감동적인 이야기[339]가 실려 있다. 피로와 배고픔에 지쳐 돌아오는 길에 그는 설법을 듣기 위해 붓다를 찾아갔다. 붓다께서는 그가 하루 종일 굶었다는 것을 아시고 사람들을 시켜 먼저 그에게 음식을 주었다. 붓다께서는 배고픔을 달래지 않고는 사람들에게 법을 설해도 소용이 없다는 것을 아셨기 때문이다. 이는 다음 게송에 잘 나타난다.

> 굶주림이 가장 큰 병이고 조건지어진 것들은 가장 큰 괴로움이다.
> 이것을 있는 그대로 알고 나면 열반이 가장 큰 행복이다.[340]
> Jighacchāparamā rogā saṅkhāraparamā dukhā
> Etaṃ ñatvā yathābhūtaṃ nibbānaṃ paramaṃ sukhaṃ

비록 붓다께서는 현대적인 의미의 물질적인 풍요와 세속적인 이익에 큰 중점을 두지는 않으셨지만 그것을 전적으로 무시하지도 않으셨다. 앞에서도 지적했듯 그것은 인간의 정신적 향상을 위한 토대이기 때문이다. 붓다께서는 물질적인 조건과 사회복지의 어떤 측면에 대해서는 매우 솔직하게 말씀하셨다.

가난이 범죄의 주 원인이라는 것은 누구나 인정하는 사실이다. 사람들은 앞에서 언급한 네 가지 필수품, 즉 최소한의 생필품을 박탈당하거나 그것이 부족해지면(특히 음식이 부족하면) 불안해진다. 그렇게 되면 사람들은 도덕적인 행동을 할 수 없게 되고 하지도 않는다. 즉 바른 생계에 대해 생각할 수 없게 된다. 최소한의 욕구 앞에서는 법도 무력하게 되며 생계를 꾸

◎

338. M. 31, A. i. 70 등 여러 곳.
339. Dhp. Com.
340. Dhp. 203.

려 나가기 위해서 그들은 물불을 가리지 않는다. 경제적 안정과 돈이 부족하기 때문에 사람들은 도둑질과 같은 범죄를 저지르게 된다.

'꾸따단따 경Kūṭadanta-sutta'[341]에서는 나라가 사회적 · 경제적으로 발전하기 위해서 농부와 상인에게는 필요한 시설이 구비되어야 하고 사람들은 적당한 임금이 받아야 한다고 말씀하신다. 이렇게 사람들에게 생필품이 충분하고 경제적으로 안정되었을 때 범죄가 줄어들고 평화와 화합이 충만하게 된다.

또 다른 설법에서 붓다께서는 제따와나 사원을 기증한 자산가 아나타삔디까Anāthapiṇḍika에게 재가자가 얻어야 할 네 가지 행복에 대해서 설하신다.

첫 번째는 소유하는 행복atthi-sukha이다. 앞에서 언급한 그릇된 생계 다섯 가지 거래에 의존하지 않고 '나는 열심히 노력해서 팔의 힘으로 땀으로 법답고 법에 따라서 얻은 재물이 있다.'라고 행복을 얻고 기쁨을 얻는다. 이를 소유하는 행복이라 이른다.

두 번째는 재물을 누리는 행복bogha-sukha이다. '나는 열정적인 노력으로 얻었고 팔의 힘으로 모았고 땀으로 획득했으며 법답고 법에 따라서 얻은 재물로 재물을 누리고 공덕을 짓는다.'라고 행복을 얻고 기쁨을 얻는다. 이를 재물을 누리는 행복이라 이른다.

세 번째는 빚 없는 행복ānaṇya-sukha으로 '나는 적든 많든 어떠한 빚도

◎

341. D. 5. '꾸따단따 경'.

가지고 있지 않다.'라고 행복을 얻고 기쁨을 얻는다.

네 번째는 비난받을 일이 없는 행복anavajja-sukha이다. '나는 비난받을 일이 없는 몸의 업을 구족하고 비난받을 일이 없는 말의 업을 구족하고 비난받을 일이 없는 마음의 업을 구족하였다.'라고 행복을 얻고 기쁨을 얻는다.[342] 불교의 이러한 모든 설법은 사회 구성원으로서 재가자는 스스로에게 그리고 다른 사람에게 짐이 되지 않도록 열심히 일해서 생계비를 벌고 경제적·사회적 지위를 높여야 한다는 것을 보여준다. 그와 동시에 그릇되고 부당한 생계를 피하고 의무와 정직의 길에서 벗어나지 말아야 한다는 것을 보여준다.

바른 생계에 대한 붓다의 교훈과 충고는 재가자뿐만 아니라 승가의 구성원들에게도 주어졌다. 붓다께서는 제자들에게 출가자의 생활은 철저하게 청정해야 하고 남을 속여서는 안 된다고 설하셨다. 이 점을 매우 강조하면서 다음과 같이 말씀하셨다.

"비구들이여, 속이고 완고하고 수다스럽고 교활하고 거들먹거리고 고요하지 못한 비구들은 나의 제자가 아니다. 비구들이여, 그러한 비구들은 이 법과 율에서 멀어져버렸다. 그들은 이 법과 율에서 향상하지 못하고 증장하지 못하고 충만하게 되지 못한다."[343]

"비구들이여, 사람들을 속이기 위해서, 사람들에게 아첨하기 위해서, 이득과 명성을 얻기 위해서, 논쟁에서 벗어남을 얻기 위해서, '나는 이와 같은 사람이다.'라고 사람들에게 알리기 위해서 청정범행brahmacariyaṁ을 실

342. A. ii. 69, sutta 62. 《앙굿따라니까야》 2권, 대림스님 옮김, pp. 190~191.
343. A. ii. 26, sutta 26. 《앙굿따라니까야》 2권, 대림스님 옮김, p. 105.

천하는 것이 아니다. 비구들이여, 그러나 단속하고 버리고 탐욕을 빛바래게 하고 소멸하기 위해서 청정범행을 실천하는 것이다."[344]

'출가 경'[345]에서 말씀하듯이 붓다께서는 스스로 다음과 같이 제자들의 본보기가 되셨다.

"출가한 뒤에는 몸으로 짓는 나쁜 행위를 멈추었다. 말로써 짓는 악행도 버리고, 아주 청정한 생활을 하였다."

비구들은 사업을 하는 것도 아니고 가족의 생계를 돌볼 책임이 없기 때문에 잘못된 생계 다섯 가지 거래를 경계해야 하는 문제와는 관계가 없다. 그들은 집을 떠나 검소하게 살아가고 원하는 것도 많지 않다. 붓다께서 언급하시듯 재가자들은 비구들에게 네 가지 필수품인 가사·음식·약품을 제공할 의무가 있다.[346]

청정한 삶에 들어선 비구는 모든 그릇된 생계수단을 피해야 한다. 비구로서의 삶 속에서 깨끗하고 순수하지 못하다면 자신감과 만족을 가지고 청정의 길을 갈 수 없다. 붓다께서는 다음과 같이 말씀하신다.

"참으로 하나는 이득을 얻기 위한 방법이고, 다른 하나는 열반으로 가는 방법이다. 붓다의 제자인 비구는 이것을 잘 알고 나서 대접받기를 좋아하지 말고 혼자의 삶에 전념해야 한다."[347]

이 장으로 팔정도 가운데 계학에 관한 논의를 마친다. 이전의 두 장에서 바른 생계와 더불어 계학인 바른 말과 바른 행위를 다루었다. 이는《맛지마

◉

344. A. ii. 26, sutta 25.《앙굿따라니까야》2권, 대림스님 옮김, p. 104.
345. Sn. Pabbajjā-sutta, v. 407.
346. A. ii. 65, sutta 60.
347. Dhp. 75.

니까야》의 78번 경에 나오는 붓다의 간결한 언급에서 더욱 분명해진다.

"목수여, 무엇이 유익한 계행kusalasīlam인가? 유익한 몸의 업, 유익한 말의 업, 청정한 생계다. 목수여, 이를 일러 유익한 계행이라 한다.

목수여, 이 유익한 계행은 어디에서 일어나는가? 그들이 일어남도 설했나니 마음에서 일어난다고 말한다. 어떠한 마음인가? 마음은 다양하고 여러 종류이고 여러 형태인데 탐욕을 여의고 성냄을 여의고 어리석음을 여윈 마음이 있다. 그것에서 유익한 계행이 일어난다."[348]

말과 행위는 마음의 표현이다. 불교에서 동기와 결과는 모두 중요하다. 동기가 아무리 좋아도 결과가 좋지 못하다면 그것은 그릇된 말이나 행위이므로 경계해야 한다.

◎

348. 《맛지마니까야》 3권, 대림스님 옮김, p. 213.

12. 바른 노력

현대인은 긴장 속에서 지나치게 바쁘게 살아가고 있다. 그들의 표정과 말, 행동에서 평온한 모습을 보기는 힘들다. 분주한 길거리의 모퉁이에 서서 급하게 지나가는 사람들을 보면 많은 사람들이 들떠 있음을 알 수 있다. 그들은 긴장된 환경 속에서 살며 정신적으로 불안정하고 고요하지 못하다. 이 분주함과 긴장감이 주로 현대 문명에서 기인한다고 말한다면 잘못일까? 외부세계가 분주하면 사람의 내적 세계도 들뜨는 경향이 있으며, 그래서 사람들은 내면의 평온과 평화를 잃게 된다. 사람들은 행복을 자신 안에서가 아니라 밖에서 찾고 있는 듯하다.

그러나 행복은 외적인 세계, 즉 현대 문명 속에서 찾을 수 있는 것이 아니다. 역사는 이 세상의 모든 것이 지속되지 않고 변한다는 사실을 증명해 왔고 미래에도 증명할 것이다. 국가와 문명은 발생해서 번창했다가 다시 사라진다. 그래서 세월이라는 달력은 끊임없이 변하는 인간의 역사, 즉 근거

없는 비전과 흥망의 흐름을 기록하고 있다. 인간은 외적인 세계를 자신의 지배하에 두게 되었고, 과학과 기술은 이 세상을 천국으로 바꿀 수 있다고 약속하는 것처럼 보인다. 그러나 아직도 인간은 자기 마음을 통제할 수 없으며 과학적인 진보에도 불구하고 이 부분에 있어서는 나아진 것이 없다.

인간은 평온과 청정의 길에서 벗어나게 하는 충동을 가지고 태어나며 현대 문명은 이 충동을 강하게 자극한다. 붓다께서는 다음과 같이 말씀하신다.

> 비구들이여, 일체는 불타오르고 있다. 비구들이여, 그러면 어떤 일체가 불타오르고 있는가?
> 눈은 불타오르고 있다. 형색은 불타오르고 있다. 눈의 알음알이는 불타오르고 있다. 눈의 감각접촉은 불타오르고 있다. 눈의 감각접촉을 조건으로 하여 일어나는 즐겁거나 괴롭거나 괴롭지도 즐겁지도 않은 느낌은 불타오르고 있다.
> 그러면 무엇에 의해서 불타오르고 있는가? 탐욕과 성냄과 어리석음으로 불타오르고 있다. 태어남과 늙음 · 죽음과 근심 · 탄식 · 육체적 고통 · 정신적 고통 · 절망으로 불타오르고 있다.
> 귀는… 소리는… 귀의 알음알이는… 귀의 감각접촉은… 느낌은…
> 코는… 냄새는… 코의 알음알이는… 코의 감각접촉은… 느낌은…
> 혀는… 맛은… 혀의 알음알이는… 혀의 감각접촉은… 느낌은…
> 몸은… 감촉은… 몸의 알음알이는… 몸의 감각접촉은… 느낌은…
> 마노는 불타오르고 있다. 마노의 대상인 법은 불타오르고 있다. 마노의 알음알이는 불타오르고 있다. 마노의 감각접촉은 불타오르고 있다. 마노의 감각

접촉을 조건으로 하여 일어나는 즐겁거나 괴롭거나 괴롭지도 즐겁지도 않은 느낌은 불타오르고 있다. 그러면 무엇에 의해서 불타오르고 있는가? 탐욕과 성냄과 어리석음으로 불타오르고 있다. 태어남과 늙음 · 죽음과 근심 · 탄식 · 육체적 고통 · 정신적 고통· 절망으로 불타오르고 있다고 나는 말한다.

이렇게 보는 잘 배운 성스러운 제자는 눈 · 형색 · 눈의 알음알이 · 눈의 감각접촉 · 눈의 감각접촉을 조건으로 하여 일어나는 느낌에 대해서도 염오한다. (…) 귀 · 코 · 혀 · 몸 (…) 느낌에 대해서도 염오한다. 마노 · 마노의 대상 · 마노의 알음알이 · 마노의 감각접촉 · 마노의 감각접촉을 조건으로 일어나는 느낌에 대해서도 염오한다. 염오하면서 탐욕이 빛바래고, 탐욕이 빛바래기 때문에 해탈한다. 해탈하면 해탈했다는 지혜가 있다. '태어남은 다했다. 청정범행은 성취되었다. 할 일을 다해 마쳤다. 다시는 어떤 존재로도 돌아오지 않을 것이다.'라고 꿰뚫어 안다.[349]

불은 연료가 있는 한 계속 탄다. 연료를 더 많이 공급하면 할수록 불은 더 잘 타오른다. 인생의 불도 마찬가지다. 우리들은 감각기능의 욕구를 만족시키기 위해 계속 감각기능에게 먹을 것을 주고 있다. 감각기능에는 먹을 것이 필요하고 굶기지 말아야 하는 것은 사실이다. 그러나 바른 음식을 주어서 각 감각기능의 탐욕을 줄이는 것이 매우 중요하다. 그렇게 하지 않으면 욕망을 조절하지 못하고 마음의 조화와 평화가 깨진다. 정신적인 향상을 바란다면 반드시 마음을 바로잡도록 힘써야 한다. 항상 악한 마음들

◎

349. Vinaya Mahāvagga, khandaka. ; S35:28. 《상윳따니까야》 4권, 각묵스님 옮김, pp. 121~123.

이 살그머니 들어와 게으른 사람을 덮칠 준비를 하고 있기 때문이다. 《담마빠다Dhammapada》에서 다음과 같이 말한다.

"아름다움을 추구하고 감관을 제어하지 않으며 살고, 음식을 절제하지 못하고 게으르고 나태한 그를 실로 마라[350]가 정복한다. 마치 바람이 약한 나무를 넘어뜨리듯."[351]

마음과 감각기능을 제어하기란 쉽지 않다. 마음에서 불선한 생각을 제거하고 악한 성향을 제거해서 충동을 억제한다는 것은 어려운 일이다. 그러나 긴장을 해소하고, 사람과 마음이 완전히 파괴될 때까지 항상 해칠 준비가 되어 있는 탐욕을 제거하기 위해서, 우리는 제어하는 이 어려운 일을 해내야만 한다.

위험을 감지하면 재빨리 사지를 오므리는 거북이처럼 현명한 사람은 감각기능의 문들을 단속하고 탐욕을 다스리도록 노력해야 한다.

그러면 사람들은 어떻게 감각기능을 단속해야 하는가? 눈을 감고 귀를 막음으로써, 즉 감각대상을 지각하지 않음으로써 감각기능을 단속하는가? 전혀 그렇지 않다. 붓다께서는 빠라사리야Pārāsariya의 제자인 젊은 바라문 웃따라Uttara와 함께 다음과 같은 대화를 주고받았다.

"웃따라여, 빠라사리야 바라문은 제자들에게 감각기능을 닦는 것[352]을 가르치는가?"

"고따마 존자시여, 빠라사리야 바라문은 감각기능을 닦는 것을 가르칩

◎

350. 여기서 마라Māra는 번뇌kilesa라는 의미로 쓰였다. 불교에서 마라는 종종 모든 악을 인격화한 것을 나타낸다. 즉 인간을 윤회에 묶어두는 모든 것을 의미한다.
351. Dhp. 7.
352. Indriya-bhāvanaṁ.

니다."

"웃따라여, 그러면 빠라사리야 바라문은 어떻게 제자들에게 감각기능을 닦는 것을 가르치는가?"

"고따마 존자시여, 여기 눈으로 형색을 보지 않고 귀로 소리를 듣지 않습니다. 이와 같이 빠라사리야 바라문은 제자들에게 감각기능을 닦는 것을 가르칩니다."

"웃따라여, 그렇다면 장님은 이미 감각기능을 닦은 자가 될 것이고, 귀머거리도 감각기능을 닦은 자가 될 것이다. 웃따라여, 빠라사리야 바라문의 말대로라면 장님은 눈으로 형색을 보지 않기 때문이요, 귀머거리는 귀로 소리를 듣지 않기 때문이다."

이렇게 말씀하시자 빠라사리야의 제자인 웃따라 바라문 학도는 말없이 의기소침하여 어깨를 늘어뜨리고 고개를 숙이고 우울한 표정으로 아무런 대답을 못하고 앉아 있었다. 그러자 세존께서는 이를 아시고 아난다 존자를 불러서 말씀하셨다.

"아난다여, 빠라사리야 바라문이 제자들에게 감각기능을 닦는 것을 가르치는 것과 성자의 율에서 위없는 감각기능을 닦는 것은 다르다."

"아난다여, 그러면 성자의 율에서는 어떻게 위없는 감각기능을 닦는가?

아난다여, 여기 비구가 눈으로 형색을 보고 마음에 드는 것이 일어나고, 마음에 들지 않는 것이 일어나고, 마음에 들기도 하고 마음에 들지 않기도 한 것이 일어난다. 그는 이와 같이 꿰뚫어 안다.

'나에게 마음에 드는 것이 일어났고, 마음에 들지 않는 것이 일어났고, 마음에 들기도 하고 마음에 들지 않기도 한 것이 일어났다. 이것은 형성되

없고 거칠고 조건에 따라 일어난 것이다. 그러나 이것은 고요하고 이것은 수승하나니 그것은 바로 평온이다.'

그에게 일어난 마음에 드는 것과 마음에 들지 않는 것과 마음에 들기도 하고 마음에 들지 않기도 한 것은 그에게서 소멸하고 평온이 확립된다.

아난다여, 마치 눈 있는 사람이 눈을 떴다가 감고 감았다가 뜨는 것과 같이, 그렇게 빠르고 그렇게 신속하고 그렇게 쉽게 그에게 어떤 것이 일어났건, 그것이 마음에 드는 것이건, 마음에 들지 않는 것이건, 마음에 들기도 하고 마음에 들지 않기도 한 것이건, 그것은 그에게서 소멸하고 평온이 확립된다.

아난다여, 이것이 성자의 율에서 눈으로 인식되는 형색들에 대해 위없는 감각기능을 닦는 것이다."

"아난다여, 다시 여기 비구가 귀로 소리를 듣고… 코로 냄새를 맡고… 혀로 맛을 보고… 몸으로 감촉을 느끼고… 마노로 법들을 지각하고 마음에 드는 것이 일어나고 마음에 들지 않는 것이 일어나고 마음에 들기도 하고 마음에 들지 않기도 한 것이 일어난다. 그는 이와 같이 꿰뚫어 안다. (…) 그것은 그에게서 소멸하고 평온이 확립된다."[353]

오늘날 가장 큰 파괴를 가져오는 정신적인 힘은 무명에 의해서 생기는 강렬하고 과도한 탐욕인 갈애taṇhā다. 어둠에 싸인 중생들의 욕망과 갈애로부터 증오와 모든 다른 괴로움들이 생긴다. 핵무기가 아니라 탐욕·성냄·어리석음이 인간에게 가장 파괴적이다. 폭탄과 무기는, 정복해서 소유하려

◎

353. M. 152. 《맛지마니까야》 4권, 대림스님 옮김, pp. 615~620에서 일부 요약.

는 탐욕에 의해서, 살생으로 이끄는 성냄에 의해서, 지배하고 파괴하려는 어리석음에 의해서 만들어진다. 명성과 권력을 얻고 지배하려는 갈망은 인류에게 말할 수 없는 고통을 가져온다.

언제든지 자신의 마음을 지배할 준비가 되어 있는 탐욕을 다스리려고 노력하지 않는다면 사람들은 그 마음의 노예가 될 것이다. 그렇게 되면 이제 더 이상 동물보다 나을 게 없다. 인간이나 동물이나 먹고 자고 성적 욕망을 만족시키기는 마찬가지기 때문이다. 그러나 동물은 정신적인 발전을 기대할 수 없지만 인간은 그렇지 않다. 인간은 자신이 가진 잠재능력을 계발해서 의식수준을 발전시키고, 그것을 자신과 다른 사람의 행복을 위해 사용할 수 있다. 만약 자신의 마음을 점검하고 선한 마음을 계발하며 불선한 마음을 버리는 자질이 부족하면, 그의 인생에는 추진력과 자극이 부족하게 된다. 그래서 붓다께서는 제자들에게 방일하지 말고 불선한 마음을 다스리고 선한 마음을 계발하라고 항상 말씀하셨다.

"일어나라! 앉아라! 마음의 평화를 얻기 위해 열심히 수행하라."[354]

"비구들이여, 이 법은 열심히 정진하는 자를 위한 것이지 게으른 자를 위한 것이 아니다."[355]

"비구들이여, 진지하고 열성적인 사람들이 얻지 못할 것이 무엇이 있겠느냐?"

"피부와 힘줄과 뼈가 쇠약해지고 몸에 살점과 피가 마르더라도 남자다

◎

354. Sn. 332.

355. A. iv. 234. 《앙굿따라니까야》 5권, 대림스님 옮김, p. 176.

운 근력과 남자다운 노력과 남자다운 분발로써 얻어야 하는 것을 얻을 때까지 정진을 계속하리라."[356]

이와 같이 붓다께서는 제자들을 분발하게 하셨다.

뒤에 붓다께서 인정한 아비부Abhibhū 장로의 게송은 열심히 노력하는 사람에게 많은 용기와 힘을 주었다.

> 용기를 내라, 분발하라.
> 부처님의 교법에 몰두하라.
> 코끼리가 갈대로 만든 오두막을 부수듯
> 죽음의 군대를 쓸어버려라.
>
> 이 법과 율에서 방일하지 않고 머무는 자는
> 태어남의 윤회를 버리고 괴로움을 끝낼 것이다.[357]

불교에서 노력vāyāma이란 육체적 힘이 아니라 정신력을 의미한다. 육체적인 힘은 동물이 강하고 정신력은 인간이 강하다. 인간은 잘못된 마음을 제어하고 선한 마음을 계발하기 위해서 이 정신력을 분발시키고 계발해야 한다. 붓다께서 보살이었을 때 노력을 멈추지 않았으니, 붓다의 가르침을 따르는 사람들은 결코 희망을 포기하거나 노력을 중단해서는 안 된다. 그는 바로 용감함vīra의 화신이었다. 깨달음을 얻기 위해 정진하고 있을 때

◎
356. M. 70. 《맛지마니까야》 2권, 대림스님 옮김, p. 726.
357. S. i. 157. 《상윳따니까야》 1권, 각묵스님 옮김, p. 530.

그는 다음과 같은 선인의 말에 큰 힘을 얻었다.

"열심히 노력하라. 주저하지 마라! 전진하라!"[358]

그는 마지막까지 깨달음을 얻기 위한 노력을 아끼지 않으셨다. 붓다께서는 굳건한 인내로 목숨조차 돌보지 않은 채 깨달음을 향해 나아가셨다.

"이 세상의 삶은 얼마나 부끄러운 것인가? 내게는 패해서 사는 것보다는 싸워서 죽는 편이 오히려 낫다."[359]

붓다의 바른 노력은 그가 완전한 깨달음을 얻기 전에는 결코 물러서지 않겠다고 다짐하며 보리수나무 아래에 앉았을 때 절정에 달했다. 바로 그 순간부터 그의 삶이 분명히 보여주듯 붓다께서는 도덕적으로 정신적으로 지치지 않으셨다. 붓다께서는 깨달음을 얻고 나서 반열반에 드실 때까지 육체적인 피로에도 아랑곳하지 않고 도중에 만난 많은 장애와 어려움도 잊은 채 인류의 향상을 위해 지칠 줄 모르고 정진하셨다. 비록 육체적으로 항상 건강한 것은 아니었지만 정신적으로는 항상 깨어 있으며 건강하셨다. 교훈과 모범을 보임으로써 붓다께서는 부지런히 살아가라고 가르치셨다.

이상의 내용은 붓다와 그의 제자들의 두드러진 특징을 전해주는 것들이다. 붓다께서는 팔정도의 여섯 번째 요소인 바른 노력을 매우 강조하셨다. 사람을 구하는 것은 붓다의 힘이 아니라 그들 자신의 힘이기 때문이다. 붓다는 구원자가 아니며 다른 사람을 윤회saṁsāra의 굴레로부터 구해주겠다는 어떤 보장도 하지 않는다. 그러나 붓다께서는 언제나 그들을 바른 길

◎

358. Bv. Verse 107 ; Jāt. Com.
359. Sn. 440.

로 인도하고 용기를 북돋워주며 그들에게 도덕적인 성원을 보낼 준비가 되어 계셨다. 한 사람이 다른 사람을 낮은 수준에서 높은 수준으로 끌어올릴 수 있고 완전히 구제할 수 있다는 생각은 인간을 나약하고 게으르고 어리석게 만드는 경향이 있다. 이러한 생각은 인간을 무시하는 일이고 인간의 존엄성을 말살하는 일이다.

붓다께서 바른 노력을 강조한 것은 불교가 염세주의나 가장 비관적인 관점에서 사물을 바라보는 유약한 마음을 가진 사람들을 위한 가르침이 아니라 진정한 전사의 가르침이라는 것을 분명히 밝힌 것이다.

붓다께서 설한 바른 노력은 그릇되고 불선한 마음을 없애고 바르고 선한 마음을 촉진하고 유지하는 데 도움을 준다.

농부가 씨를 뿌리기 전에 잡초를 뽑듯이, 수행자도 마음의 들판에서 바람직하지 못한 잡초를 뽑으려고 노력한다. 잡초를 제대로 뽑지 않으면 씨를 뿌려봐야 아무 소용이 없다. 그러고 나서 그는 들판에 비료를 주고 동물과 새들로부터 씨앗을 보호한다. 마찬가지로 수행자도 마음의 들판을 잘 지키고 거기에 적당한 영양분을 주어야 한다.

바른 노력에는 단속, 버림, 수행, 보호의 네 가지四正勤가 있다.[360]

◎

360. 사정근; 단속saṁvara, 버림pahāna, 수행bhāvanā, 보호anurakkhṇa.

1 단속saṁvara

"비구들이여, 그러면 어떤 것이 단속하는 노력인가?

비구들이여, 여기 비구는 눈으로 형색을 봄에 그 표상을 취하지 않으며 그 세세한 부분상을 취하지 않는다. 만약 그의 눈의 감각기능이 제어되어 있지 않으면 욕심과 싫어하는 마음이라는 나쁘고 해로운 법들이 그에게 (물밀 듯이) 흘러 들어올 것이다. 따라서 그는 눈의 감각기능을 잘 단속하기 위해 수행하며 눈의 감각기능을 잘 방호하고 눈의 감각기능을 잘 단속하기에 이른다. 귀로 소리를… 코로 냄새를… 혀로 맛을… 몸으로 감촉을… 마노로 법을 지각함에 그 표상을 취하지 않으며, 그 세세한 부분상을 취하지 않는다. 만약 그의 마노의 기능이 제어되어 있지 않으면 탐욕스러움과 정신적 고통이라는 나쁘고 해로운 법들이 그에게 (물밀 듯이) 흘러 들어올 것이다. 따라서 마노의 기능을 잘 단속하기 위해 수행하며 마노의 기능을 잘 방호하고 마노의 기능을 (잘 방호하여) 잘 단속하기에 이른다. 이를 일러 단속하는 노력이라 한다."

2 버림pahāna

"비구들이여, 그러면 어떤 것이 버리는 노력인가?

비구들이여, 여기 비구는 일어난 감각적 욕망에 대한 생각을 품고 있지 않고 버리고 제거하고 끝장내고 없앤다. 일어난 악의의 생각을… 일어난 해코지하려는 생각을… 계속적으로 일어나는 나쁘고 해로운 법들을 품고 있지 않고 버리고 제거하고 끝장내고 없앤다. 비구들이여, 이를 일러 버리는 노력이라 한다."

3 수행bhāvanā

"비구들이여, 그러면 어떤 것이 수행하는 노력인가?

비구들이여, 여기 비구는 근원적으로 숙고하기 때문에 떨쳐버림을 의지하고 탐욕의 빛바램을 의지하고 소멸을 의지하고 철저한 버림으로 기우는 마음챙김sati의 깨달음의 구성요소를 닦는다. 법을 간택dhamma-vicaya하는 깨달음의 구성요소를… 정진viriya의 깨달음의 구성요소를… 희열pīti의 깨달음의 구성요소를… 고요함passaddhi의 깨달음의 구성요소를… 삼매samādhi의 깨달음의 구성요소를… 평온upekkhā의 깨달음의 구성요소를 닦는다. 이를 일러 수행하는 노력이라 한다."

4 보호anurakkhṇa

"비구들이여, 여기 비구는 일어난 경이로운 삼매의 표상을 잘 보호한다. 즉 해골이 된 것의 인식, 벌레가 바글거리는 것의 인식, 검푸른 것의 인식, 문드러진 것의 인식, 끊어진 것의 인식, 부푼 것의 인식이다. 비구들이여,

이를 일러 보호하는 노력이라 한다. 비구들이여, 단속과 버림과 수행과 보호, 이것이 네 가지 노력이라고 태양의 후예는 말하노라. 여기 비구가 있어 이를 통해서 애를 쓸 때 그는 괴로움의 소멸을 얻으리라."[361]

여기서 언급된 불선한 마음이란 모든 불선의 원인인 탐욕 · 성냄 · 어리석음이다. 이 세 가지 외의 다른 번뇌는 이 원인 주변에 모여 있다. 반면에 선한 마음은 그 반대다.

네 가지 노력의 유일한 목적은 수행을 잘하는 것이다. 네 가지 바른 노력은 집중samādhi을 위한 필수요건이다. 앞에서 보았듯이 바른 노력은 정학定學에 속한다. 이렇게 바른 노력은 다른 것과 서로 관계되어 있고 상호 의존적이다. 바른 노력은 정학의 다른 두 요소인 바른 사띠, 바른 집중과 동시에 작용한다. 바른 노력이 없다면 정신적 진보를 가로막는 장애를 극복할 수 없다. 바른 노력은 집중과 고요를 방해하는 불선한 마음부수를 제거하고 집중을 향상시키는 선한 마음부수를 증가시키고 유지시킨다.

수행자의 마음이 느슨해졌을 때 활기를 불러일으키고 더욱 더 분발해서 게으름을 제압해야 한다. 마음이 너무 경직되어 있으면 수행에 큰 장애가 된다. 마음이 한 대상에 계속 머무르면 게으름이 스며들기도 한다. 그러면 해태와 혼침이라는 게으름에 빠진다. 붓다께서는 이 게으름에 대해서 경고하신다.

노력해야 할 때 노력하지 않고 비록 젊고 힘 있는데 게으르고

◎

361. A. ii. 15 suttas 13, 14. 《앙굿따라니까야》 2권, 대림스님 옮김, pp. 80~85.

혼미한 생각으로 가득하고[362] 나태한 게으른 사람

그는 지혜의 길을 찾지 못한다.[363]

Uṭṭhānakālamhi anuṭṭhahāno yuvā balī ālasiyaṃ upeto

Saṃsannasaṅkappamano kusīto paññāya maggaṃ alaso na vindati

"비구들이여, 이것 이외에 다른 어떤 법에 의해서도 아직 일어나지 않은 해태와 혼침은 일어나지 않고, 또 이미 일어난 해태와 혼침은 버려지는 것을 보지 못하나니, 그것은 바로 정진을 시작하는 요소ārambha-dhātu와 벗어나는 요소nikkama-dhātu와 분발하는 요소parakkama-dhātu이다.

비구들이여, 정진을 시작한 자에게 아직 일어나지 않은 해태와 혼침은 일어나지 않고, 또 이미 일어난 해태와 혼침은 버려진다."[364]

이 네 가지 고귀한 노력을 통해 마음을 닦는 일은 하루아침에 이루어지지 않는다. 시간을 들여 규칙적으로 수행을 해야 한다. 운동선수는 하루나 이틀 정도 훈련을 하다 중단하지 않는다. 계획을 세우고 그것에 따라서 꾸준히 훈련한다. 몸에 무리를 주는 쓸데없는 훈련은 피하고 규칙적인 훈련을 하는 것이야말로 육체의 건강을 지키는 열쇠다. 불규칙적으로 훈련한다면 그는 결코 훌륭한 선수가 될 수 없다. 마음을 닦는 일에도 규칙적인 수행과 지속적인 노력이라는 황금률이 적용되어야 한다.

◎

362. 그릇된 사유인 감각적 욕망, 악의, 해코지를 말한다.
363. Dhp. 280.
364. A. I. 4. 《앙굿따라니까야》 1권, 대림스님 옮김, p. 77.

마음을 훈련할 때 망상과 싸울 필요는 없다. 마음의 훈련은 아주 자연스러워야 한다. 망상과 싸우려 한다면 성공하지 못할 것이다. 그 대신 일어나는 그대로 마음을 알아차리고 관찰해서 긴장을 이완시켜야 한다. 이것은 수영을 하는 것과 같다. 팔과 다리를 움직이지 않으면 가라앉을 것이고 허우적대기만 해도 수영이 안 된다. 이것은 또한 잠자는 것과도 같다. 잠을 자겠다는 생각을 가지고 잠을 청하면 결코 잠이 잘 오지 않는다. 그것은 정신적인 고통이 될 뿐이다. 잠자려고 어떤 노력을 하면 잘 수가 없고 자연스러워야 잠에 든다. 그러므로 단지 긴장된 마음을 풀고 근육을 이완시키기만 하면 된다.

고행은 무익하기 때문에 붓다께서 수행자들이 피하길 바랐던 두 극단 가운데 하나다. 불선한 마음이 일어나는 것을 막기 위해 몸을 학대해봐야 아무런 소득이 없다. 이와 같은 고행은 종종 혐오감과 좌절로 끝난다. 좌절에 빠지면 해태와 혼침에 빠진다. 모든 수행은 자연스러워야 하고 알아차림 속에 행해져야 한다.

"열의 없이 노력하는 것은 밤에 달리기를 하는 것과 같다."

붓다께서 지적하시듯 깨달음을 구하려는 사람은 어디에서나 고행과 쾌락이라는 두 극단을 피하고 중도를 따라야 한다. 바른 노력의 실천도 마찬가지로 중도를 따라야 한다.

예를 들어 기수는 말의 속도를 관찰해서 말이 자기가 원하는 것보다 빨리 갈 때마다 고삐를 당겨 속도를 조절한다. 반대로 말이 속도를 늦추려는 낌새를 보이면 말에 박차를 가해서 일정한 속도를 유지하도록 한다. 바른 노력도 이와 같이 해야 한다. 마음이 동요되지 않게, 지나치게 노력해서도 안 된다. 또한 나태해져 게으름을 피워서도 안 된다. 기수처럼 항상 균형을 유지해야 한다. 다음 이야기는 이러한 사실을 잘 보여주고 있다.

소나 꼴리위사Soṇa-kolivisa라는 비구에 관한 이야기다.[365] 그는 열심히 수행했지만 수행에 진전이 없었다. 한적한 곳에 홀로 앉아 있을 때 문득 마음속에 이런 생각이 떠올랐다.

'세존의 제자들은 열심히 정진하며 머문다. 나도 그 가운데 한 사람이다. 그런데도 나는 취착을 없애지 못했고 번뇌들로부터 마음이 해탈하지 못하였다. 그러나 우리 집은 부유하다. 나는 재물을 즐길 수도 있고 공덕을 지을 수도 있다. 그러니 나는 이제 배워 익힘을 버리고 낮은 (재가자의) 삶으로 되돌아가서 재물을 즐기고 공덕을 지어야겠다.'

그때 세존께서는 마음으로 소나 존자의 마음에 일어난 생각을 아시고 그 앞에 나타나셔서 마련된 자리에 앉으셨다. 소나 존자는 세존께 절을 올린 뒤 한 곁에 앉았다. 한 곁에 앉은 소나 존자에게 세존께서는 이렇게 말씀하셨다.

"소나여, 그대가 한적한 곳에 가서 홀로 앉아 있을 때 문득 마음속에 이런 생각이 떠올랐다. '세존의 제자들은 열심히 정진하며 머문다. (…) 낮은 (재가자의) 삶으로 되돌아가서 재물을 즐기고 공덕을 지어야겠다.'라고."

"그러합니다, 세존이시여."

"소나여, 이를 어떻게 생각하는가? 그대는 전에 재가자였을 때 류트의 활줄 소리에 능숙하였는가?"

"그렇습니다, 세존이시여."

"소나여, 이를 어떻게 생각하는가? 류트의 활줄이 지나치게 팽팽한데도

◎

365. Vinaya Texts, ii, 1 ff ; A. iii. 374~375 sutta 55. ; 《앙굿따라니까야》 4권, 대림스님 옮김, pp. 203~206.

그대의 류트는 그때 선율이 아름답고 연주하기에 적합하게 되는가?"

"그렇지 않습니다, 세존이시여."

"소나여, 이를 어떻게 생각하는가? 류트의 활줄이 지나치게 느슨한데도 그대의 류트는 그때 선율이 아름답고 연주하기에 적합하게 되는가?"

"그렇지 않습니다, 세존이시여."

"소나여, 그러나 그대 류트의 활줄이 지나치게 팽팽하지도 않고 지나치게 느슨하지도 않고 적당한 음계에 맞추어졌을 때 그대의 류트는 그때 선율이 아름답고 연주하기에 적합하게 된다."

"그러합니다, 세존이시여."

"소나여, 그와 같이 지나치게 열심인 정진은 들뜸으로 인도하고 지나치게 느슨한 정진은 나태함으로 인도한다. 그러므로 그대는 정진을 고르게 유지해야 한다. 다섯 가지 기능들[366]의 균등함을 꿰뚫어야 하고 거기서 표상을 취해야 한다."

"그렇게 하겠습니다. 세존이시여."라고 소나 존자는 세존께 응답했다.

소나는 붓다의 충고를 따라 수행하여 마침내 깨달음을 얻어 아라한이 되었다."[367]

◎

366. 다섯 가지 기능은 믿음saddhā, 노력viriya, 사띠sati, 집중samādhi, 지혜paññā다. M 70, 77. S. v. 377.

367. 이 일화는《테라 가타》의 주석서에 나온다. "그는 붓다에게서 명상의 주제를 받았지만 '시원한 숲'에서 머무는 동안 사람들을 만나느라 집중을 할 수 없었다. 그는 '나는 너무 곱게 자라서 순조롭게 열반에 도달할 수 없다. 수행자의 의무에는 육체적 고행도 포함된다.'라고 생각했다. 그래서 그는 발의 통증을 무시하고 경행을 하면서 극한까지 분투했으나 성공하지 못했다. 그러자 그는 '나는 도과를 성취할 수 없구나. 출가의 삶이 내게 무슨 소용이 있는가? 세속으로 돌아가 복을 지어야겠다.'라고 생각했다. 그때 붓다께서는 이를 알아채고 고요함으로 노력을 조절하는 방법을 가르쳐주는 '류트의 비유'로 그를 도왔다. 이와 같이 가르침을 받은 그는 영취산Vulture's Park으로 돌아가 머지않아 아라한이 되었다."(Mrs. Rhys Davids, *Psalms of the Brethren*, PTS., London, p. 275.)

《맛지마니까야》 20번 경 '사유를 가라앉힘 경Vitakkasaṇṭhāna-sutta'에는 산란한 사유를 버리는 방법에 대한 가르침이 있다. 이것 또한 수행자들에게는 없어서는 안 될 것이다. 그 요지는 다음과 같다. 붓다께서는 제자들에게 다음과 같이 설하셨다.

> 비구들이여, 높은 마음adhdicitta에 몰두하는 비구는 다섯 가지 표상을 때때로 마음에 잡도리해야 한다. 무엇이 다섯인가?
> 비구들이여, 여기 비구가 어떤 표상을 의존하고 어떤 표상을 마음에 잡도리할 때 탐욕과도 관련되고 성냄과도 관련되고 어리석음과도 관련된 나쁘고 해로운 사유들이 일어나면, 그 비구는 그 표상과는 다른 유익함과 관련된 표상을 마음에 잡도리해야 한다. 그가 그 표상과는 다른 유익함과 관련된 표상을 마음에 잡도리할 때 탐욕과도 관련되고 성냄과도 관련되고 어리석음과도 관련된 나쁘고 해로운 사유들이 제거되고 사라진다. 그런 것들이 제거되기 때문에 마음이 안으로 안정되고 고요해지고 전일해져 삼매에 든다.
> 비구들이여, 예를 들면 숙련된 목수나 목수의 도제가 예리한 쐐기로 거친 쐐기를 제거하고 빼내고 없애는 것과 같다. (…)
> 비구들이여, 그가 그 표상과는 다른 유익함과 관련된 표상을 마음에 잡도리하더라도 탐욕과도 관련되고 성냄과도 관련되고 어리석음과도 관련된 나쁘고 해로운 사유들이 일어나면, 그 비구는 그 사유들의 위험을 면밀히 관찰해야 한다. '이런 이유로 이 사유들은 해롭고, 이런 이유로 이 사유들은 비난받을 만하고, 이런 이유로 이 사유들은 괴로움의 과보를 가져온다.'라고. 비구들이여, 그가 그런 사유들의 위험을 면밀히 관찰할 때 탐욕과도 관련되고 성

냄과도 관련되고 어리석음과도 관련된 나쁘고 해로운 사유들이 제거되고 사라진다. 그런 것들이 제거되기 때문에 마음이 안으로 안정되고 고요해지고 전일해져 삼매에 든다. (…)
비구들이여, 그가 그 사유들의 위험을 면밀히 관찰하더라도 탐욕과도 관련되고 성냄과도 관련되고 어리석음과도 관련된 나쁘고 해로운 사유들이 일어나면, 그 비구는 그 사유들을 마음챙기지 않고 마음에 잡도리하지 말아야 한다. 비구들이여, 그가 그 사유들을 마음챙기지 않고 마음에 잡도리하지 않을 때 탐욕과도 관련되고 성냄과도 관련되고 어리석음과도 관련된 나쁘고 해로운 사유들이 제거되고 사라진다. 그런 것들이 제거되기 때문에 마음이 안으로 안정되고 고요해지고 전일해져 삼매에 든다. (…)
비구들이여, 그가 그 사유들을 마음챙기지 않고 마음에 잡도리하지 않더라도 탐욕과도 관련되고 성냄과도 관련되고 어리석음과도 관련된 나쁘고 해로운 사유들이 일어나면, 그 비구는 그 사유들의 원인을 가라앉힘을 마음에 잡도리해야 한다. 비구들이여, 그가 그 사유들의 원인을 가라앉힘을 마음에 잡도리할 때 탐욕과도 관련되고 성냄과도 관련되고 어리석음과도 관련된 나쁘고 해로운 사유들이 제거되고 사라진다. 그것들이 제거되기 때문에 마음이 안으로 안정되고 고요해지고 전일해져 삼매에 든다. (…)
비구들이여, 그가 그 사유들의 원인을 가라앉힘을 마음에 잡도리하더라도 탐욕과도 관련되고 성냄과도 관련되고 어리석음과도 관련된 나쁘고 해로운 사유들이 일어나면, 그 비구는 이를 악물고 혀를 입천장에 굳게 대고 마음으로 마음을 제지하고 압박하고 짓밟아버려야 한다. (…) 그러면 나쁘고 해로운 사유들이 제거되고 사라진다. 그런 것들이 제거되기 때문에 마음이 안으로 안정되고 고요해지고 전일해져 삼매에 든다.

탐욕 · 성냄 · 어리석음과 관련된 나쁘고 해로운 사유들이 일어나면 그 표상과는 다른 유익함과 관련된 표상을 마음에 잡도리할 때(…), 그 사유들의 위험을 면밀히 관찰할 때(…), 그 사유들을 마음챙기지 않고 마음에 잡도리하지 않을 때, 그 사유들의 원인을 가라앉힘을 마음에 잡도리할 때(…), 그가 이를 악물고 혀를 입천장에 굳게 대고 마음으로 마음을 제지하고 압박하고 짓밟아 버릴 때(…), 그런 것들이 제거되기 때문에 마음이 안으로 안정되고 고요해지고 전일해져 삼매에 든다.

비구들이여, 이를 일러 사유의 행로에 대해 자유자재한 비구라 하나니, 그가 원하는 사유는 사유할 것이고 그가 원하지 않는 사유는 사유하지 않을 것이다. 그는 갈애를 끊었고, 족쇄를 풀었고, 자만을 바르게 꿰뚫었고, 마침내 괴로움을 끝내었다.[368]

수행할 때만 바른 노력이 필요한 것은 아니다. 이것은 언제나 어디에서나 지속되어야 한다. 일상생활 속에서 이루어지는 우리들의 모든 말과 행동 속에서, 자신의 의무를 전적으로 잘 이행하기 위해서도 바른 노력이 필요하다. 끊임없는 노력이라는 이 자질이 부족해서 게으르고 나태해지면 우리가 맡은 일에 대해 신뢰를 가지고 계속해 나갈 수 없다.

인간이 빠지기 쉬운 탐욕과 성냄, 질투, 그 밖의 다른 불선한 마음들을 제거하기 위해서 우리는 정신력과 불굴의 노력, 깨어 있음이 필요하다. 바쁜 도

◎

368. 《맛지마니까야》 1권, 대림스님 옮김, pp. 507~514. 비유는 하나만 남기고 모두 생략, 뒷부분 요약.

시 생활과 세상사의 급선무에 대한 성가신 잔소리에 물들면 더는 자제하는 일에 몰두하고 싶지 않게 된다. 그와 같은 실수를 점검하는 데 노력을 기울여야 하는 것은 바로 사회 속에 있을 때다. 이 모든 것을 침착함을 가지고 마주할 수 있게 하는 데는 우리가 과거에 경험했던 수행이 큰 도움이 될 것이다.

바른 노력을 계발할 때 우리는 자신의 마음에 솔직해야 한다. 자신의 마음을 분석해보면 그것이 항상 선하거나 유익한 것은 아니라는 것을 발견하게 된다. 말이나 행동으로 표현되지 않는다 할지라도 마음이 악하고 어리석을 때가 많다. 이런 마음이 반복해서 일어나도록 내버려둔다면 그것은 좋지 못한 징조다. 이와 같은 마음들이 반복해서 일어나도록 내버려두면 이것은 일종의 고정관념이 되기 쉽다. 그러므로 불선한 마음이 일어나지 않도록 막는 진지한 노력이 반드시 뒤따라야 한다. 이미 일어났을 때는 무시해야 한다. 일어난 불선한 마음에 주의를 기울이지 않고 무시하기란 결코 쉽지 않다. 그렇게 할 수 있을 때까지는 항상 불선한 마음이 우리 마음을 사로잡게 될 것이다.

한 가지 기억해야 할 것이 있다. 불선한 행동을 자제하려고 노력하는 사람은 이러한 행동에 사로잡힌 사람을 피해야 한다. 또한 이러한 행동을 야기하는 모든 이야기도 멀리해야 한다. 맑은 정신을 흐리게 하고 마음을 어리석게 만드는 사람들과의 일을 피하려고 노력해야 한다. 현대 사회에는 혼란과 유혹에 빠질 위험이 많이 있으므로, 지속적으로 마음을 훈련하는 어려운 일을 실천할 때만 이 유혹을 통제할 수 있다.

세속적인 성공과 이익도 주로 자신의 노력에 달려 있다. 그러므로 우리는 마음을 닦아 우리 안의 최상의 것을 계발하기 위해 한층 더 열심히 노력해야 한다. 오늘날과 같이 어지러운 세상에서는 마음을 닦는 일에 더 많은 노력이 필요하다.

'세월을 헛되이 보내지 말라, 기억의 흔적이 남지 않는 구름의 그림자처럼.'

플로티누스Plotinus는 이렇게 말한다.

"자신 속으로 들어가서 바라보라. 아직도 스스로가 아름답다는 사실을 발견하지 못했다면, 조각상을 아름답게 만드는 조각가처럼 해보라. 조각상에 아름다운 얼굴이 나타날 때까지 여기는 잘라내고 저기는 다듬는다. 이 선은 밝게 하고 저 선은 단순화시킨다. 당신도 그렇게 하라. 지나친 것은 잘라내고 삐뚤어진 것은 바르게 하고 그늘진 것은 밝게 해서 모든 것이 아름답게 빛나도록 노력하라. 그리하여 당신 안에 미덕의 광채가 빛날 때까지, 오염되지 않은 성지에 확립된 궁극적 선善을 볼 때까지, 당신의 조각상을 다듬는 일을 멈추지 말라."[369]

인간의 마음은 자신의 육체에 큰 영향을 미친다. 마음이 불선한 쪽으로 작용하여 악한 생각을 가지게 되면 불행을 가져올 수 있고, 심지어 살생이라는 끔찍한 일을 저지를 수도 있다. 반대로 마음은 병든 몸을 치료할 수도 있다. 바른 노력과 바른 견해를 가지고 바른 사유에 집중하면 마음이 만들 수 있는 결과는 엄청나다. 순수하고 선한 사유를 가진 마음이 진실로 건강하고 편안한 삶을 가져온다.

◎

369. Stephen MacKenna trans, *Plotinus on the Beautiful*(J. I. Wedwood trans, *Meditation for Beginners*로 다시 출간).

"의학과 실험심리학, 초심리학에서의 최근의 연구성과는 마음의 성질과 그 위치를 어느 정도 밝혀주고 있다. 지난 40년 동안 기능적 질환뿐만 아니라 신체기관에서 일어나는 많은 질병의 원인들이 직접적으로 마음의 상태에 의해서 발생한다는 확신이 꾸준히 확산되어 왔다. 몸이 아픈 것은, 몸을 지배하고 있는 마음이 몸을 아프게 하거나 마음이 몸에서 일어나는 병을 막을 수 없는 혼란한 상태에 있기 때문이다. 육체적인 상태가 어떻든지 간에 질병에 대한 저항력은 환자의 심리 상태와 밀접히 연관되어 있다."[370]

1937년 미국의학협회에서 발표된 논문에서는 충치와 같은 신체질환도 심리적인 원인에 기인한다는 사실을 주장하고 있다. 이 논문의 저자는 완벽하게 건강한 음식을 먹고 사는 아이들도 충치가 있다고 지적했다. 이러한 어린아이들의 경우는 이 아이들의 생활이 가정이나 학교에서 어떤 방식으로든 불만족스러웠다는 것을 이 논문은 보여주고 있다. 충치는 사람이 정신적으로 긴장하고 있기 때문에 생긴다는 것이다.

"마음은 병을 가져오기도 하고 치료하기도 한다. 낙천적인 환자는 걱정이 많고 불행해하는 환자보다 회복될 가능성이 더 높다. 믿음에 의해 병이 치유된 사례를 살펴보면 신체의 질병도 믿음에 의해 거의 즉각적으로 치유된 경우를 찾아볼 수 있다."[371]

이와 연관하여 위험으로부터 보호해주고 벗어나기 위해, 건강과 행복을 증장시키기 위해 경전을 독송할 때 곁에서 듣는 의례가 불교 국가에 널리 퍼져 있다. 독송을 하기 위해 선택된 경을 '보호경Paritta-sutta'이라 한다. 빠알

◎

370. 육체의 저항력에 대해서는 J. E. R. McDoagh, *The Nature of Disease*, F. R. C. S.를 보라.
371. Aldous Hoxley, *Ends and Means*, London, 1946, pp. 258~259.

리어로 빠릿따paritta(Skt. paritrāṇa)는 '보호'를 의미한다. '보호경'은 위험으로부터 보호해주고 해방시켜 주는 것으로 간주되는, 붓다께서 설한 특정 경전을 말한다. '보호경'을 독송하고 듣는 일은 초기 불교 시대부터 시작되었다. 이것을 이해하면서 듣는 사람들은 이 독송으로부터 정신적 안정을 얻고 붓다의 말씀이 진실하다는 것을 확신하게 된다. 이와 같은 정신적 안정은 병을 고치려는 사람에게 도움을 줄 수 있다. 또한 이것은 행복을 가져올 수 있고 불행을 극복하는 데 도움을 줄 수 있다. 인도에서 붓다의 말씀인 '보호경'을 듣는 사람들은 그 독송을 이해했으며 그 효과는 대단했다.

붓다의 가르침에 따르면 마음은 육체와 매우 밀접하게 연결되어 있어서 마음 상태는 몸의 건강과 안정에 큰 영향을 준다. 어떤 의사들은 심지어 순수한 육체적인 질병은 없다고 말한다. 해로운 마음이 과거의 불선한 과보akusalakamma-vipāka에 의해서 일어난 것이어서 바꿀 수 없는 것이 아닌 한, 이 상태를 바꾸어 정신적·육체적 건강이 따르도록 할 수 있을 것이다.

보호경을 독송함으로써 어떻게 불선한 것에서 나오는 악영향을 없앨 수 있는가? 악영향은 불선한 마음의 결과다. 그 악영향은 보호경을 이해하며 믿고 들음으로써 생기는 선한 마음에 의해서 파괴될 수 있다. 왜냐하면 진리의 말씀에 온 마음으로 주의를 기울임으로써 집중력이 생기기 때문이다. 보호경의 독송은 보호, 정의 또는 성취를 얻기 위해서 진리에 의존하는 한 형태saccikiriya다. 이것은 한 가지 목적을 달성하기 위해서 진리의 힘에 완전히 의존하는 것을 의미한다. "진리의 힘은 그 진리를 따르는 사람을 보호한다Dhammo have rakkhati dhammacāriṃ."라는 것이 이 경을 독송하는 배후에 놓여 있는 원리다. 그것이 사실이라면 완전한 깨달음에서 나오는 붓다의 말씀을 믿고 이 말씀을 듣는 사람은 마음이 미덕으로 가득 차서 어떤 악도 정복할 수 있을 것이다.

보호경의 독송으로 또한 집중력과 믿음을 가지고 경전을 듣는 데서 생긴 마음을 통해서 물질적인 축복도 얻을 수 있다. 붓다께서는 바른 노력은 괴로움을 극복하는 데 필수요소라고 하셨다.[372] 올바른 방법으로 이 독송들 가운데 하나를 들음으로써 좋은 일을 할 수 있는 힘을 기를 수 있고 또한 세속적인 발전을 얻을 수 있다.

이해와 믿음을 가지고 보호경의 독송을 귀 기울여 주의 깊게 듣는 사람은 병을 치료하고 예방할 수 있음을 경험한다는 것은 의심의 여지가 없다. 모든 고통과 불행의 원인인 정신적, 육체적 질병을 치료하는 데 진리Dhamma보다 더 좋은 약은 없다. 그러므로 보호경의 독송을 올바르게 경청하면 물질적인 부와 행복에 필요한 건강한 정신을 얻게 된다.

372. S. i. 214.

13. 바른 사띠

이 세상에서 자신에게 가장 중요한 것은 바로 자기 자신이다. 자신 이외에 어떤 생물이나 무생물을 소중히 여기고 있다면 그것은 마음 때문이다. 가장 불가사의하고 중요한 것은 인간의 의식, 즉 마음이다.

인간을 자석에 비유하자면 마음은 보이지도 않고 만질 수도 없지만 놀라움을 불러일으키는 자력이라 할 수 있다. 인간의 마음은 이와 유사하며, 그러한 현상은 다양한 방식으로 나타난다. 인간의 마음은 모든 것 가운데 우두머리이고 가장 탁월하며, 존재하는 다른 모든 힘을 지배한다. 마음은 물리·화학의 법칙을 초월해 있다.

이 세상에서 가장 중요한 것이 자기 자신이라고 알게 되면, 자신뿐만 아니라 동시에 다른 사람도 당연히 보호하게 된다.

만약 자신이 소중하다는 걸 안다면 자신을 잘 보호해야 한다.[373]

Attānañce piyaṃ jaññā rakkheyya naṃ surakkhitaṃ

붓다의 다음 설법[374]이 이 점을 잘 나타내준다.

비구들이여, 옛날에 대나무 타기 곡예사가 대나무 막대기를 세우고 메다까탈리까라는 제자를 불러서 말했다.
"오라, 착한 메다까탈리까여. 그대는 대나무 막대기에 올라가서 나의 어깨 위에 서라."
"그렇게 하겠습니다, 스승님."
대나무 타기 곡예사에게 대답한 뒤 제자 메다까탈리까는 대나무 막대기에 올라가서 스승의 어깨 위에 섰다.
그러자 대나무 타기 곡예사는 제자 메다까탈리까에게 이렇게 말했다.
"착한 메다까탈리까여, 그대는 나를 보호하라. 나는 그대를 보호하리라. 이와 같이 우리는 서로서로를 지키고 서로서로를 보호하면서 곡예 기술을 보여주고 돈을 벌고 안전하게 대나무 막대기로부터 내려오자."
이렇게 말하자 제자 메다까탈리까는 대나무 타기 곡예사에게 말했다.
"스승이시여, 이것은 바른 방법이 될 수 없습니다. 스승이시여, 스승께서는 자신을 보호하셔야 하고 저는 제 자신을 보호할 것입니다. 이처럼 우리는 자기 스스로를 지키고 자기 스스로를 보호하면서 우리의 곡예 기술을 보여주고 돈을 벌고 안전하게 대나무 막대기로부터 내려와야 합니다."

◎

373. Dhp. 157.
374. S.v. 168, 178. 《상윳따니까야》 5권, 각묵스님 옮김, pp. 495~498.

세존께서는 말씀하셨다.

"비구들이여, 제자 메다까탈리까가 스승에게 말한 것이 바로 바른 방법이다. 비구들이여, 이와 같이 '나는 나 자신을 보호할 것이다.'라고 하면서 마음챙김의 확립을 받들어 행해야 한다. '나는 남을 보호할 것이다.'라고 하면서 마음챙김의 확립을 받들어 행해야 한다. 자기 자신을 보호하면서 남을 보호하고, 남을 보호하면서 자기 자신을 보호한다."

"비구들이여, 그러면 어떻게 자기 자신을 보호하면서 남을 보호하는가? 네 가지 마음챙김의 확립을 받들어 행하고 닦고 많은 배워 익힘을 통해서이다. 비구들이여, 이와 같이 자기 자신을 보호하면서 남을 보호한다."

"비구들이여, 그러면 어떻게 남을 보호하면서 자기 자신을 보호하는가? 인욕과 해코지 않음과 자애와 동정을 통해서이다. 비구들이여, 이와 같이 남을 보호하면서 자기 자신을 보호한다."

"비구들이여, 이와 같이 '나는 나 자신을 보호할 것이다.'라고 하면서 마음챙김의 확립을 받들어 행해야 한다. '나는 남을 보호할 것이다.'라고 하면서 마음챙김의 확립을 받들어 행해야 한다. 비구들이여, 자기 자신을 보호하면서 남을 보호하고, 남을 보호하면서 자기 자신을 보호한다."

이 설법이 무엇을 의미하는지 사려 깊은 독자들은 분명하게 알 것이다. 이것은 사띠sati[375]를 강조하고 있는 것이다. 붓다께서는 우리 자신과 다른 사람을 보호하기 위해 사념처 수행을 하라고 충고하신다.

375. 사띠sati : 알아차림, 마음챙김, 주시, 새김 등으로 번역되는 빠알리어. 이 책에서는 주로 번역하지 않고 사띠로 썼으며, 때론 마음챙김으로 썼다.- 옮긴이

인내, 해코지 않음, 자애, 연민과 같은 유익한 마음을 통해 다른 사람들에게 안정감을 준다. 이 유익함들 가운데 어떤 것도 사띠 없이는 계발할 수 없다. 사띠하는 사람은 자신의 마음과 말과 행동을 알아차린다.

바른 사띠는 그것을 실천하는 사람이 정도에서 벗어나지 않도록 보살펴주고 바르게 행동하도록 도와준다. 이와 같이 사념처를 반복해서 자주 수행함으로써 사람들은 자신과 다른 사람을 보호하게 되는 것이다.

자신을 지키는 일은 이기주의나 이기적인 방어가 아니라 자기수양이고 자기훈련이며 도덕적 · 정신적 수양이다. 우리는 자신이 정신적으로 강하고 확고한 만큼 다른 사람을 도울 수 있다. 약하고 자신감이 없다면 우리는 자신뿐만 아니라 다른 사람들도 도울 수 없다. 이타주의의 행동원리가 우리의 인격과 정신 발전의 토대다.

'자기 자신을 보호하면서 남을 보호하고, 남을 보호하면서 자기 자신을 보호한다.'는 말은 상좌부 불교Theravāda를 따르는 사람이 이기적이고 염세적이라는 이중의 오해를 없애준다. 많은 사람이 자신을 수양하기 위해 노력하는 진정한 수행자들, 불선으로부터 자신을 보호하기 위해 노력하는 사람들을 이기적이라 생각한다. 그러나 이러한 생각은 옳지 않다. 인간은 다른 사람에게 봉사하기 위해서 자신을 닦고 보호해야 한다. 과묵한 사람들이 종종 남몰래 다른 사람을 돕는다. 어떤 사람이 인정은 많더라도 사생활에 문제가 있고 선을 지향하지 않는다면, 붓다의 관점에서 볼 때 그는 자신을 보호하지 않는 사람이므로 남에게 진실한 봉사를 할 수 없다. 그는 사회에 진정한 도움을 주는 사람이 아니다.

또한 '남을 보호하면서 자기 자신을 보호한다.'는 말을 확대해서 받아들여 다른 사람에게만 지나치게 열중해서도 안 된다. 삶의 균형을 유지하려면 두 부분을 동시에 취해야 한다.

경전에서 볼 수 있듯이 보살은 최상의 깨달음을 얻기 전에 먼저 자신을 수행하며 바라밀pārami을 쌓았다. 그런 후에 그는 자신이 설한 가르침의 두 가지 기본 덕목인 지혜와 자비를 닦아 중생을 바른 길로 인도하는 진정한 인류의 조력자가 되었다. 보살로서 다른 사람들에게 도움의 손길을 뻗칠 때도 그는 자기 자신을 방치하지 않았다. 우리는 항상 다른 사람에게 봉사해야 한다. 동시에 결코 자신을 잊지 말고 사띠로 자신을 닦아야 한다. 이것이 자신과 다른 사람에게 부와 이익을 가져다주는 바른 방법이다.

붓다께서는 또 다른 경에서 다음과 같이 말씀하신다.

> 자신을 먼저 올바르게 확립해야 한다.
>
> 그러고 나서 다른 사람을 가르쳐야 한다. 현명한 사람은 비난받지 않을 것이다.[376]
>
> Attānameva paṭhamaṃ patirūpe nivesaye
>
> Athaññamanusāseyya na kilisseyya paṇḍito

경전에 속에서 사띠sati라는 단어와 매우 밀접한 '압빠마다appamāda, 不放逸'라는 단어를 자주 접하게 된다. 압빠마다를 적절히 번역하기는 어렵다. 문자 그대로의 의미는 사띠를 게을리하지 않는 것을 말한다. 이 단어의 반대말인 '빠마다pamāda'는 '방일'을 의미하는데 이 문맥에서는 마음이 감각적 욕망

◎

376. Dhp. 158.

의 대상들 사이에서 방황하도록 내버려두는 것을 의미한다. 그러므로 압빠마다는 불선을 피하고 선을 행하는 데 늘 방심하지 않음, 즉 항상 깨어 있음을 의미한다. 이 말은 또한 사띠의 의미를 확실하게 드러내는 것이기도 하다.

붓다께서 마지막 유언으로 제자들에게 "방일하지 말고 노력하라 appamādena sampādetha."라고 말씀하며 압빠마다의 중요성을 강조하셨다. 붓다의 상수 제자이며 붓다보다 먼저 입멸한 사리뿟따Sāriputta도 마지막 유언으로 압빠마다에 대해 충고한다.

"방일하지 말고 노력하라. 이것이 나의 충고이다."

사띠, 완전한 알아차림과 분명한 이해 이 두 가지에 의해서 수행이 완성된다. 항상 사띠하며 깨어 있는 사람은 이미 불사의 문턱에 서 있는 것이다. 수행이 불교의 원동력이듯 방일은 죽음의 원동력이다.

붓다께서는 말씀하신다.

"불방일不放逸이 불사[377]로 가는 길이다. 방일은 죽음으로 가는 길이다. 깨어 있는 사람은 죽지 않는다. 방일한 사람은 죽은 사람이나 마찬가지이다.[378] 이 차이[379]를 분명히 이해한 깨어 있는 현명한 사람은 깨어 있음 속에 기뻐하며 성자들의 영역[380]에 머물리라."

"항상 수행하며 열심히 노력하는 현명한 사람은 번뇌에서 벗어나 가장

◎

377. amata=nibbāna, com.
378. 이 말은 깨어 있는 사람이 실제로 죽지 않는다는 의미는 아니다. 누구나 죽기 마련이다. 이것은 닙바나를 성취한, 불방일한 사람은 생사를 초월한다는 뜻이다. 반대로 방일한 사람은 죽은 자와 같으니 생과 사를 반복saṁsāra할 수밖에 없기 때문이다.
379. '윤회saṁsāra에서 벗어나는 길은 불방일한 사람을 위한 것이지 방일한 사람을 위한 것이 아니다.'라는 사실.
380. gocara, 즉 사띠빳타나를 말한다.

안전한 열반을 성취하리라."[381]

붓다께서는 '불방일'의 중요성을 다음과 같이 강조하신다.

"땅 위에서 걸어 다니는 생명체들의 발자국들은 그것이 어떤 것이든 간에 모두 코끼리 발자국에 포함되나니, 코끼리 발자국이야말로 그 크기가 으뜸이라 불리는 것과 같다. 그와 같이 불방일이라는 하나의 법이 참으로 금생의 이익과 내생의 이익 둘 다를 성취하여 확고하게 한다."[382]

"비구들이여, 이것 이외에 다른 어떤 법에 의해서도 아직 일어나지 않은 선법이 일어나고, 또 이미 일어난 불선법들이 버려지는 것을 나는 보지 못하나니, 그것은 바로 불방일이다. 비구들이여, 불방일한 비구에게 아직 일어나지 않은 선법들이 일어나고, 또 이미 일어난 불선법들은 버려진다."[383]

지금 현재의 마음에 항상 사띠와 함께하는 사람satimā, 용감하고 성실한 사람은 날쌘 말馬이 허약한 말을 앞서 가듯이 게으르고 방일한 사람pamatto을 앞서 나간다.

> 방일한 자들 가운데 깨어 있는 이, 잠자는 자들 속에서 완전히 잠에서 깬 이,
> 날쌘 말이 힘없는 말을 내버려두고 가듯 현명한 이는 버려두고 간다.[384]

◎

381. Dhp. 21~23.
382. S. i. 86. 《상윳따니까야》 1권, 각묵스님 옮김, pp. 367~368.
383. A. i. 11. 《앙굿따라니까야》 1권, 대림스님 옮김, p. 92.
384. Dhp. 29.

Appamatto pamattesu suttesu bahujāgaro

Abalassaṃva sīghasso hitvā yāti sumedhaso

지속적인 사띠와 불방일은 악을 피하고 선을 행하는 데 필수다. 청정의 길을 가기 위해서 마음과 느낌을 항상 주의 깊게 사띠하며 살펴보아야 한다. 정신적인 진보가 실현되는 것은 바로 그와 같은 지속적인 깨어 있음을 통해서다.

자신이 배운 것을 사띠하여 그것을 최대한 활용할 수 없다면, 많이 배운다고 해서 이익이 되는 것이 아니다. 사띠하지 않으면 배운 것을 활용할 수도 없다. 사띠가 부족하면 학식 있는 사람이라도 사물을 바르게 보지 못한다. 지위가 높은 사람들이 그 결과를 잘 생각해보지 않고 한 말 때문에 심각하고 변명할 수 없는 비판을 받는 경우가 종종 있다. '내뱉은 말과 잃어버린 기회, 그리고 쏜 화살은 되돌릴 수 없다.'는 속담이 있다. 어떤 의미에서 사띠는 자신과 다른 사람들에게 이익이 되는 모든 선하고 건전한 행위의 주된 특성이다.

이제 붓다의 다음 말씀에 귀 기울여보자.

"비구들이여, 이것과 다른 어떤 단 하나의 법도 이렇듯 큰 이로움을 가져오는 것을 나는 보지 못하노니, 그것은 바로 불방일이다. 불방일은 큰 이로움을 가져온다."[385]

붓다께서는 제자들에게 방일과 게으름에 대해 경고한다. 방일은 사람들의 세속적인 발전이나 정신적인 발전에 큰 피해를 가져오기 때문이다. 붓다

◎

385. A. i. 16. 《앙굿따라니까야》 1권, 대림스님 옮김, pp. 98~99.

께서는 성실하지 못한 제자들을 만날 때마다 '깨어 있으라, 사띠와 함께하라.'고 충고하셨다. 이러한 단 한 마디의 충고로 많은 사람의 인생이 바뀌었다. 경전에는 그러한 사례들이 기록되어 있는데 붓다의 충고는 다음과 같다.

비구들이여, 방일하지 말고
마음챙김을 가지고 계를 잘 지켜라.
사유思惟를 잘 안주시키고
자신의 마음을 잘 보호하라.[386]

또한 다음과 같은 말씀도 있다.

비구들이여, 나는 모든 비구들에게 방일하지 않고 해야 할 일이 있다고 말하지 않는다. 비구들이여, 그렇지만 나는 모든 비구들에게 방일하지 않고 해야 할 일이 더 이상 없다고 말하지도 않는다.
비구들이여, 번뇌가 다했고 삶을 완성했고 할 바를 다했고 짐을 내려놓았고 참된 이상을 실현했고 존재의 족쇄를 부수었고 바른 구경의 지혜로 해탈한 아라한인 비구들이 있다. 그들에게는 방일하지 않고 해야 할 일이 있다고 말하지 않는다. 그것은 무슨 까닭인가? 그들은 방일하지 않고 (해야 할 일을 이미 다) 했기 때문이다. 그들은 방일할 수가 없기 때문이다.
비구들이여, 아라한을 얻지 못했지만 위없는 유가안은yogakkhema을 원하

◎
386. D. 16. '대반열반경'.

면서 머무는 유학인 비구들이 있다. 그들에게는 방일하지 않고 해야 할 일이 있다고 나는 말한다. 그것은 무슨 까닭인가? 이 존자들은 적당한 거처를 사용하고 선우들을 섬기면서 기능들을 조화롭게 유지할 때, 좋은 가문의 아들들이 바르게 집을 나와 출가한 목적인 그 위없는 청정범행의 완성을 바로 지금·여기에서 스스로 최상의 지혜로 실현하고 구족하여 머물 수 있을 것이기 때문이다. 비구들이여, 나는 이 비구들의 이런 불방일의 열매를 보기 때문에 방일하지 않고 해야 할 일이 있다고 말한다.[387]

앞 장에서 언급했듯이 수행은 팔정도의 마지막 세 요소인 바른 노력, 바른 사띠, 바른 삼매의 결합에 의해서 완성된다. 이것들은 새끼줄의 세 가닥처럼 한데 꼬여 있고 서로 관련되어 있다. 그 중에서도 사띠가 가장 강한 가닥이라고 여겨진다. 사띠는 고요함과 통찰력을 얻는 데 가장 중요한 역할을 하기 때문이다. 현재 일어나고 있는 상황을 있는 그대로 알아차리는 사띠는 마음부수의 하나다.[388] 사띠라는 매우 중요한 이 마음부수가 없으면 인간은 감각대상을 바르게 인식할 수 없고 자신의 행동을 완전히 알 수 없다. 이것은 주의가 빗나가지 않도록 하고 잘못된 방식으로 사물에 주의를 기울이는 것을 막아주므로 바른 사띠라고 한다. 사띠는 우리를 청정과 자유로 가는 바른 길로 이끌어준다.

바른 사띠는 인간이 하는 모든 일에 적용되어야 한다. 모든 움직임을 사띠해야 한다. 걷거나 서거나 앉거나, 말하거나 침묵하거나, 먹거나 마시거나

◎

387. M. 70. 《맛지마니까야》 2권, 대림스님 옮김, pp. 715~716.
388. 사띠는 유익한 마음과 항상 함께하는 마음부수 중 하나다. 이 책의 '부록2' 참조.- 옮긴이

배변 볼 때나 이 모든 행동, 그리고 다른 모든 행동을 할 때 우리는 사띠를 지니고 항상 깨어 있어야 한다.

"비구들이여, 마음챙김sati은 항상 유익한 것이라고 나는 말한다."[389]

경전에서 '삼빠잔냐sampajañña, 분명한 이해'라는 말이 사띠와 함께 자주 사용된다. 삼빠잔냐는 사띠만큼 중요하다. 경전에서는 사띠삼빠잔냐sati-sampajañña라는 복합어가 자주 쓰인다. 사띠와 삼빠잔냐는 서로 돕는다.

밖에서 어두운 방으로 들어간 사람이 점차 방 안에 있는 물체들을 식별하듯이, 완전히 깨어 있고 사띠를 지니고 있을 때 점차 사물을 제대로 이해하게 되고 그 본성을 알게 된다. 사물의 본성은 무명에 의해 가려지고 왜곡되어 있다. 그러나 바른 사띠는 바른 견해와 마음의 해탈을 얻도록 도와준다.

"비구들이여, 뾰족지붕이 있는 집의 서까래들은 모두 뾰족지붕으로 향하고 뾰족지붕으로 모이며, 뾰족지붕이 없어지면 그것들도 모두 없어지는 것과 같다.

비구들이여, 그와 같이 모든 해로운 법들은 모두 무명을 뿌리로 하고 무명으로 모이며 무명이 뿌리 뽑히면 그것들도 모두 뿌리 뽑힌다.

비구들이여, 그러므로 그대들은 이와 같이 배우고 익혀야 한다. '우리는 방일하지 않고 머무르리라.'라고 그대들은 이와 같이 배우고 익혀야 한다."[390]

무명은 경험할 가치가 없는 것, 즉 좋지 못한 일을 경험하는 것이다. 무

◎

389. S. v. 115. 《상윳따니까야》 5권, 각묵스님 옮김, p. 380.
390. S. ii. 263. 《상윳따니까야》 2권, 각묵스님 옮김, p. 605.

명은 오온의 성질을 알지 못하는 것이며, 감각기능과 감각대상의 성질을 알지 못하는 것이며, 물질의 상대성과 공성을 알지 못하는 것이며, 감각기능을 통제하는 기능들과 사성제를 꿰뚫어 알지 못하는 것이다.[391]

다섯 가지 장애五蓋가 무명을 키운다. 오개는 괴로움에서 벗어나는 방법을 깨닫지 못하게 방해한다. 그러면 오개를 키우는 것은 무엇인가? 세 가지 그릇된 삶의 방식인 몸과 말과 마음으로 짓는 불선한 행위이다. 이 세 가지 불선한 행위는 감각기능을 단속하지 않아서 생긴다. 감각기능을 단속하지 못하는 것은 사띠와 분명한 이해가 없기asati asampajañña 때문이다. 여기서 감각기능을 단속하지 못하는 원인은 감각대상을 놓치고 존재의 특성(무상·고·무아), 즉 사물의 본질을 알지 못하고 망각하는 데 있다.

사람들이 말과 행동을 멋대로 하고 불선한 마음이 활개 치게 내버려두는 것은 바로 사물의 본성인 무상·고·무아를 잊고 있을 때 일어난다. 분명한 이해sampajañña가 부족하다는 것은 '목적sāttha', '적절함sappāya', '영역gocara', '미혹 없음asammoha'을 분명히 이해sampajañña하지 못한다는 것을 의미한다. 올바른 목적 없이 어떤 일을 할 때, 선한 일을 하지 않거나 발전을 저해하는 것들을 생각할 때, 수행자들의 진정한 의지처인 법을 잊어버렸을 때, 무지로 즐거워하고 영원하며 실재한다고 믿으며 사물에 집착할 때 감각기능을 단속하지 못하게 된다.

사띠와 분명한 이해의 부족 뒤에는 이치에 맞지 않는 주의기울임이 있다. 이것을 경전에서는 현명하지 못한 주의기울임ayonisomasikara이라고 한다. 이

◎

391. Sv. p. 134.

것은 무상한 것을 항상한 것으로, 괴로운 것을 즐거운 것으로, 무아無我를 아我로, 깨끗하지 못한 것을 깨끗한 것으로 보기 때문이다.

현명하지 못한 주의기울임은 무명과 존재의 갈애를 두텁게 한다. 무명이 있을 때 괴로움 전체가 일어난다. 이와 같이 현명하지 못한 주의기울임은 윤회saṁsāra의 수레바퀴를 따라 끊임없이 다시 태어나게 한다. 마치 바람에 표류하는 배나 소용돌이 속의 물소, 수레에 묶인 황소처럼.

사띠sati(Skt smṛti)라는 말은 '기억memory'을 의미하기도 한다. '기억을 떠올리다'라는 뜻의 아눗사띠anussati, '기억'이란 뜻의 빠띳사띠paṭissati 같은 단어가 여기에 속한다. 그러나 '주시, 새김attention', '마음챙김, 알아차림awareness'이라는 의미의 사띠가 중요하다. 팔정도의 다른 요소와 마찬가지로 사띠에도 바른 사띠와 그릇된 사띠 두 가지가 있다. 바른 사띠는 선하고 유익한 쪽으로 향하고 그릇된 사띠는 불선하고 유해한 쪽으로 향한다. 팔정도의 바른 사띠는 사띠빳타나satipaṭṭhāna, 念處로 설명된다. 빳타나paṭṭhāna는 우빳타나upaṭṭhāna의 축약형으로 문자 그대로는 '마음이 여기에 있음'이라는 뜻으로 '마음챙김을 유지함', '확립', '일으킴'이라는 의미다.

사띠빳타나는 대상에 대한 알아차림을 예리하게 증강시키고, 기능(용도)·힘力(속력)·깨달음의 요소(7가지)의 사띠를 작용시키고 불러일으키며 분발시키기 위한 것이다.

몸身·느낌受·마음心·법法에 대한 사띠빳타나는 통찰로 가는 첫 걸음이다. 그러므로 어떤 의미에서는 사띠를 일으키는 것 자체가 깨달음의 출발점이 된다. 나아가 사람들은 사띠빳타나를 수행함으로써 불방일不放逸, 삼매定, 조심스러움을 일깨운다. 그래서 하고 있는 어떤 일에 대해서도 마음의 준비를 갖추게 된다.

'이러한 사띠빳타나에는 많은 대상이 있지만 열반nibbāna으로 인도하는 통찰로 가득 차 있는 적정으로 가는 유일한 길이라는 점에서는 한가지다.'[392]

정신적인 계발, 즉 수행에 대해서 붓다께서 설한 가장 중요한 경전이라고 할 수 있는 '마음챙김의 확립 경Satipaṭṭhāna-sutta'은 두 번 나온다. 《맛지마니까야》의 10번째 경과《디가니까야》의 22번째 경이다.《디가니까야》에 나오는 '대념처경Mahāsatipaṭṭhāna-sutta'은《맛지마니까야》의 경과 달리 사성제를 상세히 다룬다. 이렇듯 사성제에 대한 상세한 설명이 있다는 점이《맛지마니까야》의 경과 다르다. (이 장의 뒷부분에 나오는 경은 초기불전연구원의《맛지마니까야》 1권 '마음챙김의 확립 경'을 요약한 것이다.)

붓다의 근본 가르침을 따르는 사람들은 전체 경 가운데 '마음챙김의 확립 경'을 가장 존중하고 높이 평가한다. 스리랑카에서는 팔계를 지키는 매월 보름에는 재가자들이 사원에서 이 경을 독송한다. 그들은 비록 경을 완전히 이해하지는 못할지라도 붓다의 말씀에 마음을 집중하며 깊은 믿음을 가지고 주의 깊게 독송한다. 또한 죽어가는 사람 곁에서 비구가 이 경을 독송하는 광경을 종종 만날 수 있다. 그렇게 하면 죽어가는 사람의 마음이 붓다의 말씀으로 향하고 거기에 집중되어 그의 마지막 마음이 청정해질지도 모르기 때문이다.

붓다의 근본 가르침들을 포함하고 있는 이 경은 사띠는 깨어 있는 동안 항상 어느 곳, 내적인 것이든 외적인 것이든 어떤 것에도 적용되어야 한다는

◎
392. Bhikkhu Soma, *The Way of Mindfulness*, Lake House, Colombo, 1949, p. xviii.

것을 설하고 있다.

우리의 인격은 습관에 달렸으며, 습관은 대부분 욕망이나 기질과 결합해 바른 생각·바른 이해로 향하지 못하게 한다. 오직 염오하는 마음이 일어날 때 마음은 습관의 굴레에서 벗어날 수 있다. 삶의 소용돌이 속에서 살아가는 재가자들은 "바쁜 사람이 어떻게 경전에 묘사된 그대로 사띠빳타나 수행을 할 수 있을까?" 하고 의아해할지도 모른다. 경전에서 언급된 몇몇 사띠를 계발하려면 시간이 필요하고 한적한 환경이 필요한 것은 사실이지만, 분명히 일상생활 속에서도 할 수 있다. 수행의 장애물들을 피해 일부러 집에서 멀리 떨어진 장소로 갈 필요는 없다.

불선하고 불건전한 마음을 불러일으키는 불쾌한 광경이나 소리를 접하는 것은 우리가 사회 속에 있을 때다. 바로 그때 그러한 마음을 불러일으키지 않도록 제어하는 사띠가 필요하다. 우리가 일을 하는 동안 감각적 욕망·성냄·질투·자만 등의 불선한 마음들이 일어나 마음의 균형을 흩뜨려놓는다. 바로 그때 이러한 불선한 요소들을 점검하는 수행이 필요하다. 우리가 번뇌의 노예가 되지 않고자 강한 의지를 가지고 있다면, 우리는 자신을 통제할 수 있고 자신 내부의 갈등을 해결할 수 있을 것이다.

홀로 수행하며 보내는 시간은 결코 헛된 것이 아니다. 수행은 우리의 정신력을 강화하는 데 큰 도움이 된다. 일상생활에서 벗어나 고요히 수행하며 하루나 이틀 보낼 시간을 낼 수 있다면, 우리의 일상적인 일과 발전을 위한 재산이 될 것이다. 이것은 현실 도피나 게으름을 피우는 것이 아니라 우리들의 마음과 마음부수를 강화하는 가장 좋은 방법이다. 이것은 또한 이익을 가져오고 마음과 느낌을 관찰함으로써 사물의 본질을 파악하게 해주며 내면의 힘을 발견할 수 있게 해준다.

'바쁜 일상에서 벗어나 홀로 있는 마음을 갖는 것은 정신 건강에 필요하다.'

바른 사띠를 통해서 사물의 본질을 볼 수 있으며 바른 사유와 바른 견해를 가질 수 있다. 체계적인 생각과 반조는 바른 사띠에 의해서 가능하다. 다섯 감각기능을 통해 의식이 일어나듯 이치에 맞는 주의력과 사유는 바른 사띠를 통해 일어난다. 오감을 통해 의식이 받아들인 것은 마음의 재료가 된다. 이 음식이 적합한 것인지 아닌지는 우리의 사띠에 달려 있다. 만약 이 음식이 그릇된 사띠와 이치에 맞지 않는 주의기울임에 영향을 받은 것이라면, 이것은 우리의 마음을 병들게 하고 어리석음에 빠지게 한다.

이 경은 인간이 선하거나 악한 것, 유익하거나 무익한 것 등 모든 것을 주의 깊게 바라보고 관찰하면서 어떻게 자신의 마음에 사띠하는가를 분명하게 알려준다. 또한 게으름과 몽상에 대해 경고하고 항상 깨어 있으라고 촉구한다. 사실 성실한 사람이라면 이 경을 읽는 것 자체가 사띠를 챙기게 하고 성실하며 진지한 마음을 갖게 한다는 것을 알 것이다. 바른 사띠는 어리석은 사람을 치료해 현명한 사람으로 만들어주는 중요한 것이다. 많은 사람이 정신적으로 불안정한 이 혼란의 시대에 사띠를 계발하는 것은 진실로 필요하다.

바른 사띠는 집중된 고요함뿐만 아니라 바른 견해와 바른 삶을 가져오는데 도움이 된다. 이것은 세속적이든 정신적이든 우리들의 모든 행위에 필수적인 요소다.

"사띠는 카레에 소금과 같은 것이다."[393]

◎

393. Satipaṭṭhāna Com.

불선한 마음들은 집중을 방해한다. 위에서 보았듯이 바른 노력의 기능은 그와 같은 불선한 마음들을 제거하고 선한 마음들을 일으키고 유지하는 것이다. 그러나 지속적인 사띠가 부족하면 그것은 불가능하다. 바른 사띠와 바른 노력은 불선한 마음이 일어나는 것을 막고 선한 마음들을 계발하고 촉진하는 데 함께 작용한다. 붓다께서 이 경의 서두에서 말씀하시듯 사념처四念處는 해탈한 사람들이 안전하게 밟고 지나간 유일한 길이다. 그래서 붓다께서는 다음과 같이 말씀하신다.

언제나 계율을 지키고 지혜로우며
마음을 한곳에 모아 자신을 살피고 항상 사띠하는 사람은
건너기 어려운 거센 강을 능히 건넌다.[394]

이제 저 유일한 하나의 길로 가보자. '마음챙김의 확립 경'[395]에 나오는 이야기다.

이와 같이 나는 들었다. 한때 세존께서는 꾸루의 깜맛사담마라는 꾸루들의 성읍에 머무셨다. 거기서 세존께서는 "비구들이여."라고 부르셨다. "세존이시여."라고 비구들은 세존께 응답했다. 세존께서는 이렇게 말씀하셨다. "비구들이여, 이 길은 중생들을 청정하게 하고, 근심과 탄식을 다 건너게 하

◎

394. Sn. 174.
395. M. 10. 《맛지마니까야》 1권, 대림스님 옮김, pp. 324~362. 원서의 해당 부분을 발췌 요약했다.- 옮긴이

고, 육체적 고통과 정신적 고통을 사라지게 하고, 옳은 방법을 얻게 하고, 열반을 실현하게 하는 유일한 길이니, 그것은 곧 네 가지 마음챙김의 확립이다."

"무엇이 네 가지인가?

비구들이여[396], 여기 비구는 몸에서 몸을 관찰하며 머문다. 세상에 대한 욕심과 싫어하는 마음을 버리고 근면하고 분명히 알아차리고 마음챙겨 머문다.

느낌에서 느낌을 관찰하며 머문다. 세상에 대한 욕심과 싫어하는 마음을 버리고 근면하고 분명히 알아차리고 마음챙겨 머문다.

마음에서 마음을 관찰하며 머문다. 세상에 대한 욕심과 싫어하는 마음을 버리고 근면하고 분명히 알아차리고 마음챙겨 머문다.

법에서 법을 관찰하며 머문다. 세상에 대한 욕심과 싫어하는 마음을 버리고 근면하고 분명히 알아차리고 마음챙겨 머문다."

1 몸의 관찰身隨觀

들숨날숨에 대한 마음챙김出入息念

"비구들이여, 어떻게 비구가 몸에서 몸을 관찰하며 머무는가? 비구들이여, 여기 비구는 숲 속에 가거나 나무 아래에 가거나 빈집[397]에 가서 가부좌

◎

396. 여기서 비구bhikkhu라는 말은 사념처 수행을 하는 사람 모두를 말한다.
397. 수행처, 침실 등 어느 곳이나 괜찮지만 가능하다면 홀로 있을 수 있는 개인적 공간이 좋다.

를 틀고[398] 상체를 곧추세우고 전면에 마음챙김을 확립하여 앉는다. 그는 마음챙겨 숨을 들이쉬고 마음챙겨 숨을 내쉰다. 길게 들이쉬면서 '길게 들이쉰다.'고 꿰뚫어 알고, 길게 내쉬면서 '길게 내쉰다.'고 꿰뚫어 안다. 짧게 들이쉬면서 '짧게 들이쉰다.'고 꿰뚫어 알고, 짧게 내쉬면서 '짧게 내쉰다.'고 꿰뚫어 안다. '온몸을 경험하면서 들이쉬리라.'며 공부짓고 '온몸을 경험하면서 내쉬리라.'며 공부짓는다. '몸의 작용을 편안히 하면서 들이쉬리라.'며 공부짓고, '몸의 작용을 편안히 하면서 내쉬리라.'며 공부짓는다.

이와 같이 안으로 몸에서 몸을 관찰하며 머문다. 혹은 밖으로 몸에서 몸을 관찰하며 머문다. 혹은 안팎으로 몸에서 몸을 관찰하며 머문다. 혹은 몸에서 일어나는 요소들samudaya-dhammā을 관찰하며 머문다. 혹은 몸에서 사라지는 요소들을 관찰하며 머문다. (…) 혹은 '몸이 있구나.'라고 그의 마음챙김이 현전하나니, 그것은 오직 지혜를 증장하게 하고 오직 마음챙김을 강하게 한다. 이제 그는 (갈애와 견해에) 의지하지 않고 머문다. 그는 세상에 대해서 아무것도 움켜쥐지 않는다. 비구들이여, 이와 같이 비구는 몸에서 몸을 관찰하며 머문다."

398. 열렬한 수행자들이 취하는 이 가부좌 자세는 어떤 사람들에게, 특히 서양인들에게는 힘든 자세일 수 있다. 그런 사람들은 불편하지 않은 자세를 취하면 된다. 의자에 앉아 자연스럽게 허리를 펴서 몸을 바르게 하고 손은 편안하게 무릎 위에 올려놓거나 오른쪽 손바닥을 왼손 위에 올려놓아도 된다. 이때 눈은 감거나 긴장하지 않은 채 코끝을 응시하며 입은 다물고 혀는 입천장에 붙인다. 이것은 수행에 몰두하는 사람은 자신의 몸도 잘 가다듬어야 한다는 것을 보여준다. 이것은 또한 정신집중에 도움을 준다.

네 가지 자세四威儀

"다시 비구들이여, 비구는 갈 때에는 '가고 있다.'고 꿰뚫어 알고pajānāti 서 있을 때에는 '서 있다.'고 꿰뚫어 알며 앉아 있을 때에는 '앉아 있다.'고 꿰뚫어 알고 누워 있을 때에는 '누워 있다.'고 꿰뚫어 안다. 또 그의 몸이 다른 어떤 자세를 취하고 있든 그 자세대로 꿰뚫어 안다.

이와 같이 그는 안으로 몸에서 몸을 관찰하며 머문다. (…) 그는 세상에 대해서 아무것도 움켜쥐지 않는다. 비구들이여, 이와 같이 비구는 몸에서 몸을 관찰하며 머문다."

분명하게 알아차림正知

"다시 비구들이여, 비구는 나아갈 때도 돌아올 때도 (자신의 거동을) 분명히 알아차리면서sampajāna 행한다. 앞을 볼 때도 돌아볼 때도 분명히 알아차리면서 행한다. 구부릴 때도 펼 때도 분명히 알아차리면서 행한다. 법의·발우·의복을 지닐 때도 분명히 알아차리면서 행한다. 먹을 때도 마실 때도 씹을 때도 맛볼 때도 분명히 알아차리면서 행한다. 대소변을 볼 때도 분명히 알아차리면서 행한다. 갈 때도 서 있을 때도 앉아 있을 때도 잠잘 때도 깨어 있을 때도 말할 때도 침묵할 때도 분명히 알아차리면서 행한다.

이와 같이 안으로 몸에서 몸을 관찰하며 머문다. (…) 그는 세상에 대해서 아무것도 움켜쥐지 않는다. 비구들이여, 이와 같이 비구는 몸에서 몸을 관찰하며 머문다."

32가지 몸의 부위에 대한 관찰

"다시 비구들이여, 비구는 이 몸은 발바닥에서부터 위로 그리고 머리털로부터 아래로 살갗으로 둘러싸여 있고 여러 가지 부정한 것으로 가득 차 있음을 반조한다. 즉 '이 몸에는 머리털, 몸털, 손발톱, 이, 살갗, 살, 힘줄, 뼈, 골수, 신장, 심장, 간, 근막, 비장, 허파, 창자, 장간막, 위 속의 음식, 똥, 담즙, 가래, 고름, 피, 땀, 지방, 눈물, 기름기, 침, 콧물, 관절활액, 오줌 등이 있다.'라고….

이와 같이 안으로 몸에서 몸을 관찰하며 머문다. (…) 그는 세상에 대해서 아무것도 움켜쥐지 않는다. 비구들이여, 이와 같이 비구는 몸에서 몸을 관찰하며 머문다."

네 가지 근본물질四大의 관찰

"다시 비구들이여, 비구는 이 몸을 처해진 대로 놓인 대로 요소별로 반조한다. '이 몸에는 땅의 요소, 물의 요소, 불의 요소, 바람의 요소가 있다.'라고.

이와 같이 안으로 몸에서 몸을 관찰하며 머문다. (…) 그는 세상에 대해서 아무것도 움켜쥐지 않는다. 비구들이여, 이와 같이 비구는 몸에서 몸을 관찰하며 머문다."

아홉 가지 공동묘지의 관찰

"다시 비구들이여,

① 비구는 마치 묘지에 버려진 시체가 죽은 지 하루나 이틀 또는 사흘이 지나 부풀고 검푸르게 되고 문드러지는 것을 보게 될 것이다.

② 비구는 마치 묘지에 버려진 시체를 까마귀 떼가 달려들어 마구 쪼아 먹고, 솔개 떼가 쪼아 먹고, 독수리 떼가 쪼아 먹고, 개 떼가 뜯어 먹고, 자칼들이 뜯어 먹고, 별의별 벌레들이 다 달려들어 파먹는 것을 보게 될 것이다.

③ 비구는 마치 묘지에 버려진 시체가 해골이 되어 살과 피가 묻은 채 힘줄에 얽혀 서로 이어져 있는 것을 보게 될 것이다. (…)

④ 해골이 되어 살은 없고 아직 피는 남아 있는 채로 힘줄에 얽혀 서로 이어져 있는 것을 보게 될 것이다. (…)

⑤ 해골이 되어 살도 피도 없이 힘줄만 남아 서로 이어져 있는 것을 보게 될 것이다. (…)

⑥ 백골이 되어 힘줄도 사라지고 뼈들이 흩어져서 여기에는 손뼈, 저기에는 발뼈, 또 저기에는 정강이뼈, 저기에는 넓적다리뼈, 저기에는 엉덩이뼈, 저기에는 등뼈, 저기에는 갈빗대, 저기에는 가슴뼈, 저기에는 팔뼈, 저기에는 어깨뼈, 저기에는 목뼈, 저기에는 턱뼈, 저기에는 치골, 저기에는 두개골 등이 사방에 널려 있는 것을 보게 될 것이다. (…)

⑦ 비구는 마치 묘지에 버려진 시체가 백골이 되어 뼈가 하얗게 변하여 조개껍데기 색깔처럼 된 것을 보게 될 것이다. (…)

⑧ 백골이 되어 단지 뼈 무더기가 되어 있는 것을 보게 될 것이다. (…)

⑨ 그 백골이 해를 넘기면서 삭아 가루가 된 것을 보게 될 것이다.

그는 자신의 몸을 그것과 비교해본다. '이 몸도 또한 그와 같고, 그와 같이 될 것이며, 그에서 벗어나지 못하리라.'라고.

이와 같이 안으로 몸에서 몸을 관찰하며 머문다. 혹은 밖으로 몸에서 몸을 관찰하며 머문다. 혹은 안팎으로 몸에서 몸을 관찰하며 머문다. 혹은 몸에서 일어나는 요소들을 관찰하며 머문다. 혹은 몸에서 사라진 요소들을 관찰하며 머문다. 혹은 몸에서 일어난 요소들과 사라지는 요소들을 관찰하며 머문다. 혹은 '몸이 있구나.'라고 그의 마음챙김이 잘 확립되나니, 그것은 오직 지혜를 증장하게 하고 오직 마음챙김을 강하게 한다. 이제 그는 (갈애와 견해에) 의지하지 않고 머문다. 그는 세상에 대해서 아무것도 움켜쥐지 않는다. 비구들이여, 이와 같이 비구는 몸에서 몸을 관찰하며 머문다."

2 느낌의 관찰受隨觀

"비구들이여, 어떻게 비구가 느낌에서 느낌을 관찰하며 머무는가? 비구들이여, 여기 비구는 즐거운 느낌을 느끼면서 '즐거운 느낌을 느낀다sukhaṃ vedanaṃ vediyāmi.'고 꿰뚫어 안다. 괴로운 느낌을 느끼면서 '괴로운 느낌을 느낀다.'고 꿰뚫어 안다. 괴롭지도 즐겁지도 않은 느낌을 느끼면서 '괴롭지도 즐겁지도 않은 느낌을 느낀다.'고 꿰뚫어 안다. 세속적인 즐거운 느낌[399]을 느끼면서 '세속적인 즐거운 느낌을 느낀다.'고 꿰뚫어 안다. 세속을 여읜 즐거운 느낌[400]을 (…) 세간적인 괴로운 느낌을 (…) 세속을 여읜 괴로운 느낌을 (…) 세간적인 괴롭지도 즐겁지도 않은 느낌을 (…) 세속을 여읜 괴롭

◎

399. '세속적인 즐거움sāmisa sukhaṃ'이란 다섯 가닥의 얽어매는 감각적 욕망에 바탕을 둔 재가 생활의 여섯 가지 기쁜somanassa 느낌이다.- 옮긴이

400. '세속을 여읜 즐거움nirāmisā sukhā'이란 출가 생활에 바탕을 둔 여섯 가지 기쁜 느낌이다.
세속을 여읜 즐거운 느낌은 수행에서 생기는 행복이고, 세속을 여읜 괴로운 느낌은 자신의 결점과 해탈로 이르는 수행에서 늦은 진척을 인식할 때 생긴다. 세속을 여읜 괴롭지도 즐겁지도 않은 느낌은 통찰의 결과로 생긴 평정함이다.- 옮긴이

지도 즐겁지도 않은 느낌을 느끼면서 '세속을 여읜 괴롭지도 즐겁지도 않은 느낌을 느낀다.'고 꿰뚫어 안다.

이와 같이 안으로 (…) 혹은 밖으로 (…) 혹은 안팎으로 느낌에서 느낌을 관찰하며 머문다. (…) 그는 세상에 대해서 아무것도 움켜쥐지 않는다. 비구들이여, 이와 같이 비구는 느낌에서 느낌을 관찰하며 머문다."

3 마음의 관찰心隨觀

"비구들이여, 어떻게 비구가 마음에서 마음을 관찰하며 머무는가? 비구들이여, 여기 비구는

① 탐욕이 있는 마음을 탐욕이 있는 마음이라 꿰뚫어 안다. 탐욕을 여읜 마음을 탐욕이 없는 마음이라 꿰뚫어 안다.

② 성냄이 있는 마음을 성냄이 있는 마음이라 꿰뚫어 안다. 성냄을 여읜 마음을 성냄이 없는 마음이라 꿰뚫어 안다.

③ 어리석음이 있는 마음을 어리석음이 있는 마음이라 꿰뚫어 안다. 어리석음을 여읜 마음을 어리석음이 없는 마음이라 꿰뚫어 안다.

④ 수축한 마음[401]을 수축한 마음이라 꿰뚫어 안다. 흩어진 마음을 흩어진 마음이라 꿰뚫어 안다.

⑤ 고귀한 마음을 고귀한 마음이라 꿰뚫어 안다. 고귀하지 않은 마음을

◉

401. '수축한sankhitta 마음'이란 해태와 혼침에 빠진 마음이다. 이것은 움츠러든 마음이기 때문이다.- 옮긴이

고귀하지 않은 마음이라 꿰뚫어 안다.[402]

⑥ 위가 있는 마음을 위가 있는 마음이라 꿰뚫어 안다. 위가 없는 마음을 위가 없는 마음이라 꿰뚫어 안다.[403]

⑦ 삼매에 든 마음samāhita을 삼매에 든 마음이라 꿰뚫어 안다. 삼매에 들지 않은 마음asamāhita을 삼매에 들지 않은 마음이라 꿰뚫어 안다.

⑧ 해탈한 마음을 해탈한 마음이라 꿰뚫어 안다.[404] 해탈하지 않은 마음을 해탈하지 않은 마음이라 꿰뚫어 안다.

이와 같이 안으로 (…) 혹은 밖으로 (…) 혹은 안팎으로 마음에서 마음을 관찰하며 머문다. (…) 그는 세상에서 아무것도 움켜쥐지 않는다. 비구들이여, 이와 같이 비구는 마음에 대해서 마음을 관찰하며 머문다."

4 법의 관찰法隨觀

다섯 가지 장애五蓋

"비구들이여, 어떻게 비구가 법에서 법을 관찰하며 머무는가? 비구들이여, 여기 비구는 다섯 가지 장애의 법에서 법을 관찰하며 머문다. 비구들이

◎

402. '고귀한mahaggate' 마음이란 색계와 무색계 마음이다. '고귀하지 않은amahaggata 마음'이란 욕계의 마음이다.- 옮긴이

403. '위가 있는sauttara 마음'이란 욕계의 마음이다. '위가 없는anuttara 마음'이란 색계와 무색계의 마음이다. 이 색계와 무색계 마음들 중에서도 색계 마음은 아직 위가 남아 있는 마음이고, 무색계 마음은 더 이상 위가 없는 마음이다.- 옮긴이

404. '해탈한vimutta' 마음이란 반대를 대체함tadaṅga으로 인해 해탈한 마음과 억압vikkhabhana으로 인해 해탈한 마음이다. 여기서는 세간의 해탈한 마음만 해당된다. 어떠한 경우에도 출세간의 마음은 '마음관찰'에 적용되지 않는다.- 옮긴이

여, 어떻게 비구가 다섯 가지 장애의 법에서 법을 관찰하며 머무는가? 비구들이여, 여기 비구는 자기에게 감각적 욕망kāmacchanda이 있을 때 '내게 감각적 욕망이 있다.'고 꿰뚫어 안다. 비구는 전에 없던 감각적 욕망이 어떻게 해서 일어나는지 그 원인을 꿰뚫어 알고 일어난 감각적 욕망이 어떻게 해서 제거되는지, 그 원인을 꿰뚫어 알며, 어떤 제거된 감각적 욕망이 앞으로 다시 일어나지 않는지, 그것을 꿰뚫어 안다. 자기에게 악의가 있을 때 (…) 자기에게 해태와 혼침이 있을 때 (…) 자기에게 들뜸과 후회가 있을 때 (…) 자기에게 의심이 있을 때 (…) 그것을 꿰뚫어 안다.

이와 같이 안으로 (…) 혹은 밖으로 (…) 혹은 안팎으로 법에서 법을 관찰하며 머문다. (…) 그는 세상에서 아무것도 움켜쥐지 않는다. 비구들이여, 이와 같이 비구는 다섯 가지 장애의 법에서 법을 관찰하며 머문다."

취착의 다섯 가지 무더기五取蘊

"비구들이여, 여기 다시 비구는 취착의 다섯 가지 무더기의 법에서 법을 관찰하며 머문다. 비구들이여, 어떻게 비구가 취착의 다섯 가지 무더기의 법에서 법을 관찰하며 머무는가? 비구들이여, 여기 비구는 '이것이 물질이다. 이것이 물질의 일어남이다. 이것이 물질의 사라짐이다. 이것이 느낌이다. 이것이 느낌의 일어남이다. 이것이 느낌의 사라짐이다. 이것이 인식이다. 이것이 인식의 일어남이다. 이것이 인식의 사라짐이다. 이것이 심리현상이다. 이것이 심리현상의 일어남이다. 이것이 심리현상의 사라짐이다. 이것이 알음알이이다. 이것이 알음알이의 일어남이다. 이것이 알음알이의 사라짐이다.' 라고.

이와 같이 안으로 법에서 법을 관찰하며 머문다. (…) 그는 세상에 대해서 아무것도 움켜쥐지 않는다. 비구들이여, 이와 같이 비구는 취착의 다섯 가지 무더기의 법에서 법을 관찰하며 머문다."

여섯 가지 감각장소六處

"다시 비구들이여, 여기 비구는 여섯 가지 안팎의 감각장소六內外處의 법에서 법을 관찰하며 머문다. 비구들이여, 어떻게 비구가 여섯 가지 안팎의 감각장소의 법에서 법을 관찰하며 머무는가? 비구들이여, 여기 비구는 눈을 꿰뚫어 안다. 형색을 꿰뚫어 안다. 이 둘을 조건으로 일어난 족쇄도 꿰뚫어 안다. 전에 없던 족쇄가 어떻게 해서 일어나는지 그 원인을 꿰뚫어 알고, 일어난 족쇄가 어떻게 해서 제거되는지 그 원인을 꿰뚫어 알며, 어떻게 해서 제거된 족쇄가 앞으로 다시 일어나지 않는지 그 원인을 꿰뚫어 안다. 귀를 꿰뚫어 안다. 소리를 꿰뚫어 안다. (…) 코를 꿰뚫어 안다. 냄새를 꿰뚫어 안다. (…) 혀를 꿰뚫어 안다. 맛을 꿰뚫어 안다. (…) 몸을 꿰뚫어 안다. 감촉을 꿰뚫어 안다. (…) 마노를 꿰뚫어 안다. 법을 꿰뚫어 안다. 이 둘을 조건으로 일어난 족쇄도 꿰뚫어 안다. 전에 없던 족쇄가 어떻게 해서 일어나는지 그 원인을 꿰뚫어 알고, 일어난 족쇄가 어떻게 해서 제거되는지 그 원인을 꿰뚫어 알며, 어떻게 해서 제거된 족쇄가 앞으로 다시 일어나지 않는지 그 원인을 꿰뚫어 안다.

이와 같이 안으로 (…) 혹은 밖으로 (…) 혹은 안팎으로 법에서 법을 관찰하며 머문다. (…) 그는 세상에 대해서 아무것도 움켜쥐지 않는다. 비구들이여, 이와 같이 비구는 여섯 가지 안팎의 감각장소의 법에서 법을 관찰하며 머문다.”

일곱 가지 깨달음의 구성요소七覺支

“다시 비구들이여, 비구는 일곱 가지 깨달음의 구성요소들의 법에서 법을 관찰하며 머문다. 비구들이여, 어떻게 비구가 일곱 가지 깨달음의 구성요소들의 법에서 법을 관찰하며 머무는가? 비구들이여, 여기 비구는 자기에게 마음챙김의 깨달음의 구성요소念覺支가 있을 때 ‘내게 마음챙김의 깨달음의 구성요소가 있다.’고 꿰뚫어 알고, 마음챙김의 깨달음의 구성요소가 없을 때 ‘내게 마음챙김의 깨달음의 구성요소가 없다.’고 꿰뚫어 안다. 비구는 전에 없던 마음챙김의 깨달음의 구성요소가 어떻게 해서 일어나는지 그 원인을 꿰뚫어 알고, 일어난 마음챙김의 깨달음의 구성요소를 어떻게 닦아서 성취하는지 그 원인을 꿰뚫어 안다. 자기에게 법을 간택하는 깨달음의 구성요소擇法覺支가 있을 때[405] (…) 정진의 깨달음의 구성요소精進覺支가 있을 때 (…) 희열의 깨달음의 구성요소喜覺支가 있을 때 (…) 편안함의 깨달음의 구성요소輕安覺支가 있을 때 (…) 삼매의 깨달음의 구성요소定覺支가 있을 때 (…) 평온의 깨달음의 구성요소捨覺支가 있을 때 ‘내게 평온의 깨달음의 구성요소가 있다.’고 꿰뚫어 알고, 평온의 깨달음의 구성요소가 없을 때 ‘내게 평온의 깨달음의 구성요소가 없다.’고 꿰뚫어 안다. 비구는 전에 없던 평온의 깨달음의 구성요소가 어떻게 해서 일어나는지 그 원인을 꿰뚫어 알고, 일어난 평온의 깨달음의 구성요소를 어떻게 닦아서 성취하는지 그 원인을 꿰뚫어 안다.

◎

405. 여기서 법은 정신과 물질을 일컫는다.

이와 같이 안으로 (…) 혹은 밖으로 (…) 혹은 안팎으로 법에서 법을 관찰하며 머문다. (…) 그는 세상에 대해서 아무것도 움켜쥐지 않는다. 비구들이여, 이와 같이 비구는 일곱 가지 깨달음의 구성요소의 법에서 법을 관찰하며 머문다."

네 가지 성스러운 진리四聖諦

"다시 비구들이여, 여기 비구는 네 가지 성스러운 진리의 법에서 법을 관찰하며 머문다. 비구들이여, 어떻게 비구가 네 가지 성스러운 진리의 법에서 법을 관찰하며 머무는가? 여기 비구는 '이것이 괴로움이다.'라고 있는 그대로 꿰뚫어 안다. '이것이 괴로움의 일어남이다.'라고 있는 그대로 꿰뚫어 안다. '이것이 괴로움의 소멸이다.'라고 있는 그대로 꿰뚫어 안다. '이것이 괴로움의 소멸로 인도하는 길paṭipada이다.'라고 있는 그대로 꿰뚫어 안다.

이와 같이 안으로 법에서 법을 관찰하며 머문다. 혹은 밖으로 법에서 법을 관찰하며 머문다. 혹은 안팎으로 법에서 법을 관찰하며 머문다. 혹은 법에서 일어나는 요소들을 관찰하며 머문다. 혹은 법에서 사라지는 요소들을 관찰하며 머문다. 혹은 법에서 일어나는 요소들과 사라지는 요소들을 관찰하며 머문다. 혹은 '법이 있구나.'라고 그의 마음챙김이 잘 확립되나니, 그것은 오직 지혜를 증장하게 하고, 오직 마음챙김을 강하게 한다. 이제 그는 (갈애와 견해에) 의지하지 않고 머문다. 그는 세상에서 아무것도 움켜쥐지 않는다. 비구들이여, 이와 같이 비구는 네 가지 성스러운 진리의 법에서 법을 따라 관찰하면서 머문다."

5 결어

"비구들이여, 누구든지 이 네 가지 마음챙김의 확립을 이와 같이 7년을 닦으면 두 가지 결과 중 하나를 기대할 수 있다. 지금 · 여기에서 구경의 지혜를 얻거나, 취착의 자취가 남아 있으면 다시는 돌아오지 않는 경지anāgāmitā를 기대할 수 있다. 비구들이여, 7년까지는 아니더라도 누구든지 이 네 가지 마음챙김의 확립을 이와 같이 6년을 (…) 5년을 (…) 4년을 (…) 3년을 (…) 2년을 (…) 1년을 (…) 일곱 달을 (…) 여섯 달을 (…) 한 달을 (…) 보름을 닦으면, 아니 보름까지는 아니더라도 누구든지 이 네 가지 마음챙김의 확립을 이와 같이 7일을 닦으면 두 가지 결과 중의 하나를 기대할 수 있다. 지금 · 여기에서 구경의 지혜를 얻거나, 취착의 자취가 남아 있으면, 다시는 돌아오지 않는 경지를 기대할 수 있다.

비구들이여, '이 길은 중생들을 청정하게 하고, 근심과 탄식을 다 건너게 하고, 육체적 고통과 정신적 고통을 사라지게 하고, 옳은 방법을 얻게 하고, 열반을 실현하는 유일한 길이니, 그것은 곧 네 가지 마음챙김의 확립四念處이다.'라고 한 것은 이런 이유로 그렇게 말했다."

세존께서는 이와 같이 설하셨다. 비구들은 흡족한 마음으로 세존의 말씀을 크게 기뻐하였다.[406]

이 설법을 주의 깊게 읽어보면 사띠는 몸 · 느낌 · 마음 · 법이라는 네 가지

◎
406. '마음챙김의 확립 경', 《맛지마니까야》, 초기불전연구원. - 옮긴이

대상을 갖는다는 것을 알 수 있다.

사념처의 첫 번째인 몸의 관찰身念處은 몸을 완전히 분석함으로써, 즉 몸을 구성요소들로 분석함으로써 우리에게 몸의 본질을 깨닫게 해준다. 자신의 몸을 마음으로 꿰뚫어봄으로써 인간의 육체가 어떤 현상인지 알게 된다. 즉 인간의 육체는 흐름의 연속이며 거기에는 영원하고 지속적인 자아라고 할 만한 어떠한 실체가 없음을 깨닫게 된다.

여기서 말하는 들숨날숨은 자연적인 호흡이다. 보통은 의식하며 숨을 쉬지 않는다. 들숨날숨을 관찰하려면 숨을 의식하고 알아차리려고 노력해야 한다. 이 수행의 목적은 집중을 계발하고 길러서 몸과 마음의 평온을 얻는 것이다. 현대 심리학자들이 마음의 긴장과 불안을 해소하는 데 들숨날숨을 관찰하는 것이 가치 있고 중요하다고 인식하게 된 것은 흥미로운 일이다.

또한 몸의 자세와 걷기 등의 일상 행동에 대한 분명한 이해는 산란한 생각들을 없애주고 집중을 향상시키며 사띠와 항상 깨어 있음을 계발하도록 도와준다.

사념처의 두 번째인 느낌의 관찰受念處은 '마음이 하는' 순수하게 주관적인 것이다. 우리는 느낌을 분석해서 그것이 즐거운 것인지, 괴로운 것인지, 또는 괴롭지도 즐겁지도 않은 것인지를 결정해야 한다. 일반적으로 사람들은 괴로운 느낌을 받으면 주눅이 들고 그러한 느낌을 싫어한다. 반면에 즐거운 느낌이 들면 의기양양해진다. 그러나 느낌을 관찰하면 모든 느낌에 초연해질 수 있으며 느낌의 노예가 되는 것을 피할 수 있다. 또한 점차적으로 단지 느낌만이 있으며 이 또한 흘러가는 현상일 뿐 거기에는 느낌을 느끼는 '자아'라는 것은 없다는 것을 깨닫게 된다.

사념처의 세 번째인 마음의 관찰心念處에서는 마음을 연구하는 중요성과 다양한 마음들을 알아차리는 일의 중요성을 일깨워준다. 다양한 마음이란 모든 불선한 행위의 근본원인인 탐욕·성냄·어리석음과 이 불선한 마음을 극복하는 그 반대의 선한 마음을 말한다. 마음을 냉철하게 관찰하면 마음의 본질과 마음이 어떻게 불선하거나 유익한(선한) 행위를 위해 사용되는가 하는 마음의 활동을 이해하게 된다. 마음의 관찰을 하는 사람은 마음에 휘둘리지 않으며 마음을 길들이는 법을 배운다.

마하 풋사Maha Phussa 장로에 대한 재미있는 이야기가 경전에 실려 있다. 그는 수행하면서 항상 자기 마음을 관찰했다. 걷는 동안 불선한 마음이 일어나면, 그는 걸음을 멈추고 불선한 마음이 없어질 때까지 가만히 서 있었다. 이것을 본 사람들은 그가 길을 잃어버렸거나 도중에 무언가 잃어버렸다고 생각했다. 이렇게 지속적으로 사띠를 수행함으로써 그는 번뇌가 사라진 사람, 아라한이 되었다. 이것은 옛 선인들이 특별히 수행시간, 특정 자세로 앉아 있을 때뿐만 아니라 평상시에도 항상 사띠를 지녔음을 보여준다.

마음의 관찰은 마음이라는 것이 늘 변하는 하나의 흐름이고 함께 변화하는 마음부수로 구성되며, 마음에는 자아나 영혼이라 불리는 고정된 실체가 없다는 것을 깨닫게 해준다.

사념처의 네 번째이자 마지막인 법의 관찰法念處은 붓다의 가르침인 모든 본질적인 법을 포함하며 대부분 이 장에서 상세히 설명되었다.

경에서 사념처의 각각을 설명하면서 "그는 세상에서 아무것도 움켜쥐지 않는다."는 말로 끝맺고 있다. 이것이 수행자가 목표로 한 성과이며, 성실하고 근면한 사람이 얻는 성취이다. 세상의 어떤 것에도 집착하지 않고 살아가기란 정말 어려운 일이고, 그러한 높은 정신적 삶에 도달하려는 우리의 노력은 성공하지 못할지도 모른다. 그러나 이것은 거듭해서 노력할 만한 가치가 있다. 이생에서가 아니라면 미래의 다른 생에서 어느 날 우리는 근면히 노력한 모든 사람이 도달한 정상에 도달할 수 있을 것이다. 누군가 말했다.

"마음을 심어라, 그러면 행위를 거둘 것이다. 행위를 심어라, 그러면 습관을 거둘 것이다. 습관을 심어라, 그러면 성격을 거둘 것이다. 성격을 심어라, 그러면 운명을 거둘 것이다. 성격이 운명이니."

14. 바른 집중

모든 종교는 인간의 내적 계발을 위해 명상, 즉 정신수행을 가르친다. 그것은 조용한 기도의 형태일 수도 있고, 개인적으로나 집단으로 어떤 신성한 경전을 읽거나 또는 신성한 대상·인물·관념에 집중하는 경우도 있다. 이러한 정신수행에 의해서 때로 성자나 신성한 분의 모습을 보거나 그들과 대화하거나 목소리를 듣는 등의 신비체험을 하기도 한다. 그러나 이러한 사건들이 환상·상상·환각·잠재의식의 단순한 투영인지 실제 현상인지는 확실하게 말할 수 없다. 마음은 보이지 않는 힘이며, 이런 모든 현상을 만들어낼 수 있다. 황홀경에 들어간 요가 수행자들이나 신비주의자는 무감각해져서 아무것도 느끼지 못한다.[407] 나는 명상의 상태에서 일종의 혼수상태에 빠지는 사람들을 보았는데 그들은 마치 생각에 잠겨 있는 듯했다. 이런 사건을 목격한

◎

407. Alexandra David Neel, *With Mystics and Magicians in Tibet*, Penguin, 티베트의 신비주의자에 대해 흥미롭게 묘사한다.

또 다른 사람들은 이것을 일종의 수행bhāvanā이라고 잘못 생각한다.

경전에서는 명상에 몰두한 상태인 선정jhāna(Skt. dhyāna)을 통해, 즉 정신 기능의 계발을 통해 정신적인 힘을 얻을 수 있다고 한다. 이 힘을 얻어 신통을 계발하면 먼 곳까지 볼 수 있어 다른 세계에 있는 중생들을 볼 수도 있다. 또한 멀리서 들리는 소리를 들을 수 있으며, 과거생을 아는 능력도 생긴다. 그러나 불교에서 말하는 선정은 자기최면의 상태나 의식이 없는 혼수상태가 아니라는 것을 명심해야 한다. 그것은 마음이 청정한 상태를 말하는데, 이 상태에서는 번뇌가 억제되고 마음은 고요히 가라앉아 통일되고 집중된다. 그래서 의식이 또렷하고 깨어 있는 상태로 들어가게 된다.

최근에 이루어진 초심리학 연구에서 이러한 현상들을 어느 정도 받아들이고 있다. 임상심리학에서 초감각적 지각에 대한 관심이 서서히 확산되고 있고 일반적인 이해의 수준을 능가하는 결과를 얻어낸 것 같다.[408]

그러나 이러한 것들은 인간의 최종적인 해탈, 즉 족쇄로부터의 해방과 비교했을 때는 그다지 중요하지 않은 부산물에 지나지 않는다. 때로는 이러한 초현실적인 현상들이 족쇄로 작용해서 깨달음을 지연시킬 수도 있다. 불교에서 가르치는 수행은 어떤 지고한 존재와의 결합을 얻기 위한 것도, 어떤 신비적인 경험을 하기 위한 것도, 자기최면을 위한 것도 아니다. 그것은 번뇌들을 모두 제거함으로써 흔들리지 않는 마음의 해탈, 즉 속박으로부터 가장 안전한 곳을 찾으려는 한 가지 목적을 위한 고요함止과 통찰觀을 일으킨다.

◎

408. 듀크대학교의 라인J. B. Rhine과 버지니아대학교의 스티븐슨Ian Stevenson의 저서와 과학 출판물로 간행된 이들의 논문, Gina Cerminara의 책과 Cayce 보고서, Francis Story, *Case for Rebirth*, Buddhist Publication Society, Kandy, Ceylon, 1959에서 정보를 얻을 수 있다.

인간이란 끊임없이 변화하는 정신·물질의 흐름이다. 그중 가장 중요한 요소는 마음이다. 그래서 불교에서는 인간의 마음에 큰 비중을 둔다. 어느 때 한 비구가 붓다께 질문을 했다.

"세존이시여, 무엇이 세상을 이끕니까? 무엇이 세상을 끌어당깁니까? 어떤 것이 생겨나서 이것을 지배합니까?"

"비구여, 마음이 세상을 이끄노라. 마음이 세상을 끌어당기노라. 마음이 생겨나서 이것을 지배하노라."[409]

붓다와 동시대 인물이었던 자이나교의 나따뿟따Nātaputta 교주처럼 몇몇 사상가들은 행위를 가장 중요하게 여겼지만, 붓다께서는 마음을 가장 중요하게 여겼다.[410] 마음을 제어해서 마음을 깨끗하게 하는 것이 불교의 핵심이다. 마음을 통해서 행복을 발견하고 마음을 통해서 완성을 이루어야 한다. 그러나 마음이 오염되고 통제되어 있지 않는 한 마음을 통해서 얻을 수 있는 가치 있는 것이라고는 아무것도 없다. 그래서 붓다께서는 마음의 청정을 강조하며, 이것은 괴로움으로부터 진정한 행복과 해탈을 얻기 위해 꼭 필요한 것이다.

오늘날 많은 사람들이 자유와 방종을 같은 것으로 착각한다. 그리고 현저한 감각적인 현대 문명의 물질주의적인 경향 때문에 사람들은 자신의 마음을 길들이는 일은 자신의 발전을 저해하는 일이라고 생각한다. 그러나 붓다의 가르침은 전혀 다르다. 진정으로 잘되고 싶으면 올바른 방법으로 자신

◎

409. A. ii. 177 ; S. i. 39에서는 게송으로 나오며 천신이 질문한다.
《앙굿따라니까야》 2권, 대림스님 옮김, p. 413.

410. M. 56. '우빨리 경'.

을 정복하고 길들여야 한다. 불교에서 진정한 행복과 번영으로 가는 길은 탐욕·성냄·어리석음으로부터 마음을 보호해서 마음이 이들로부터 벗어나도록 하는 것이다. 마음이 잘 통제되어 바른 길로 나아가야 자신에게도 사회를 위해서도 유용하다. 혼란스러운 마음은 자신에게도 해롭고 다른 사람에게도 해롭다. 이 세상에서 일어난 파괴적인 행위는 모두 마음의 통제방법, 즉 마음의 균형을 잡고 안정시키는 방법을 모르는 사람들이 저지른 것이다.

한 사람을 세상에서 가치 있는 인물로 만드는 데는 지위·계급·피부색·부·권력이 필요한 것이 아니다. 단지 그의 행위만이 그 사람을 위대하고 존경받고 가치 있는 사람으로 만든다.

"통찰지는 (자신의) 행동에 의해서 드러나기 때문이다."[411]

"이 마음은 빛난다. 그러나 그 마음은 객으로 온 오염원들에 의해 오염되었다."[412]

충동을 억제하고, 나쁜 습성을 통제하며, 우리를 유혹해서 노예 상태로 묶어두는 것을 걷어버리고, 불선한 생각이 일어나게 하는 인간의 마음을 사로잡는 악의를 쫓아내는 일은 결코 쉽지 않다. 이러한 마음들은 마라māra, 죽음 혹은 악마의 세 군대인 탐욕·성냄·어리석음이 모습을 드러낸 것이다. 이러한 마음들은 지속적으로 마음을 닦아서 진정한 청정을 얻을 때까지는 근절되지 않는다.

마음을 다스리는 일은 행복으로 가는 관문이다. 이것은 미덕의 왕이며 모

411. A. i. 102. 《앙굿따라니까야》 1권, 대림스님 옮김, p. 305.
412. A. i. 10. 《앙굿따라니까야》 1권, 대림스님 옮김, p. 87.

든 완전한 성취 뒤에 놓여 있는 힘이다. 인간의 마음속에 여러 가지 갈등이 일어나는 것은 바로 마음을 잘 다스리지 못했기 때문이다. 그 갈등들을 통제하고 싶다면 욕망과 충동이 날뛰게 내버려두지 말고 스스로를 다스리며 청정하고 고요하게 살아가려고 노력해야 한다.

고요함은 나약함이 아니다. 현명한 사람은 항상 고요한 태도를 보여준다. 일이 순조로울 때는 고요하기 쉽지만 상황이 어려울 때 고요하기란 어렵다. 이러한 어려운 자질은 얻을 만한 가치가 있다. 이와 같은 고요함과 자제력에 의해서 인격의 힘이 자란다. 시끄럽고 말이 많으며 떠들기 좋아하고 바쁜 사람들이 강하다고 생각하는 것은 아주 잘못된 것이다.

> 모자라는 것은 소리를 내지만, 가득 찬 것은 아주 조용하다.
> 반쯤 물을 채운 항아리 같고
> 지혜로운 님은 가득 찬 연못과 같다. [413]

마음의 고요를 계발한 사람은 인생의 부침에 직면했을 때 좌절하지 않는다. 그는 어떻게 일어나고 사라지는지 사물을 있는 그대로 보려고 노력한다. 걱정과 불안에서 자유로운 그는 부서지기 마련인 것의 부서지기 쉬움을 보려고 노력할 것이다.

"고요한 마음은 행복 속에서든 불행 속에서든 같은 속도를 유지하며 지낸다. 마치 폭풍우 속에서도 제 시간을 유지하는 괘종시계처럼."[414]

◎

413. Sn. 721 《숫타니파타》, 전재성 역주, p. 366.

마음을 고요히 해서 인생을 완성한다고 아무리 떠들어봐야 그것으로는 우리들이 바라는 목표에 도달할 수 없다. 감각적 욕망은 우리를 무명의 암흑 속으로 점점 더 깊이 빠뜨리며 우리를 유혹해 노예로 만든다. 그러므로 감각적 욕망을 일으키는 대상을 버리고 포기하는 실천을 수행함으로써 고요함과 최종적인 해탈을 얻을 수 있다.

완전함에 도달하려는 우리의 시도는 종종 성공을 거두지 못한다. 그러나 우리의 동기가 진지하고 순수하다면 실패는 문제가 되지 않는다. 멈추지 말고 거듭해서 노력하자. 아무도 한 번에 산의 정상에 올라갈 수는 없다. 조금씩 올라가야 한다. 금의 불순물을 제거하는 숙련된 금 세공인처럼 우리는 조금씩 인생의 번뇌를 씻어내려고 노력해야 한다. 내적인 성장과 발전을 위해 붓다께서 가르친 길은 바로 수행의 길이다. 이제 그 길로 되돌아가보자.

인간의 마음이 세속적이고 물질적인 데 빠지면 마음을 닦으려고 하지 않을 것이다. 반면에 성실히 수행하는 사람, 즉 마음을 닦는 데 몰두하는 사람은 세속적인 일에 관심을 덜 갖는다.

대부분의 사람들은 감각적인 욕망을 즐기고, 겉으로 보기에 중요하다 생각되고 즐거운 것에 집착한다. 그러나 여전히 '눈에 먼지가 덜 낀', '날카로운 감각기능을 가진', 세상의 잣대와 전혀 다른 것을 찾는, 세상의 선입견과는 다른 어떤 것을 찾는 사람들이 있다.

최근 정신현상에 대한 조사와 연구가 활발하게 이루어졌다. 이 연구들은 인간의 마음에 숨겨진 통로를 찾아내고 인간이 정신 계발을 하도록 고무시

◎
414. R. L. Stevenson.

킨다. 정신 계발을 추구하려는 사람들의 욕구가 점점 커지고 있으며 그것은 좋은 징조다.

정말 중요한 생각은 긴 시간의 고요를 통해 떠오른다. 인간의 마음은 홀로 있음 속에서, 홀로 있음을 통해서 힘을 얻는다. 가장 큰 창조적 힘은 홀로 있음 속에서 작동하지만, 사람들은 고요함보다는 시끄러움을 좋아하는 것 같다. 사람들은 대부분 매일의 일과를 어깨에 지고 겉으로 중요해 보이는 일에 파묻혀 살기 때문에 고요히 홀로 있음의 중요성을 모른다. 침묵하고 있을 때 우리는 완전히 홀로 있게 되고 자신을 있는 그대로 보게 된다. 이때 우리는 실재와 직면하게 되고 일상적인 경험의 약점과 한계를 극복할 수 있다. 우리는 쳇바퀴 돌리는 다람쥐처럼 매우 바빠 보이지만 실상 쳇바퀴를 돌릴 뿐인 때가 많다. 반면에 알을 품는 암탉은 보기엔 가만히 있는 것 같고 게으른 것 같지만 알을 따뜻하게 해서 병아리가 태어나게 하는 유용한 일을 한다.

우리도 알을 품는 암탉처럼 매일 바쁜 일상에서 최소한 30분은 유용한 일에 투자해야 한다. 우리의 마음이 고요하고 평온해졌을 때, 그 힘으로 마음과 조용한 대화를 나눌 수 있으며, 그럼으로써 가식 없이 자신의 진정한 본성을 이해할 수 있다. 보통의 재가자는 다음과 같이 물을지도 모른다.

"해야 할 일이 많고 의무와 노고로 가득 찬 삶을 사는 우리에게 수행할 시간이 어디 있나요?" 그러나 사람들은 탐닉하는 데 즐길 시간은 있다. 의지만 있다면 새벽이나 잠자기 전, 마음이 준비되었을 때 잠깐이라도 수행할 시간을 가질 수 있다. 만약 이와 같이 매일 수행을 하게 되면 그는 일을 더 효율적으로 할 수 있을 것이다. 그는 시련과 걱정거리를 당당하게 마주할 용기를 갖게 될 것이고 훨씬 더 쉽게 만족하게 될 것이다. 이것은 노력할 가치가 있다. 단지 그렇게 노력할 결심만 하면 된다.

불교의 모든 수행은 정신을 건강하게 하며 결코 병을 가져다주지는 않는다. 모든 수행은 마음을 병들게 하는 정신적 긴장 상태를 완화하고 조절하려는 노력이기 때문이다. 육체의 병을 치료하기는 어렵지 않지만 마음의 병은 치료하기 어렵다. 그러므로 오염된 마음을 깨끗이 하려고 노력하고 또 그렇게 해야 한다. 이것은 인간이 할 수 있는 가장 어려운 일일지 모르지만 반드시 해야 하는 일이다.

"이 세상에서 마음의 병에 관한 한 잠시라도 건강하게 지내는 중생들은 번뇌를 다한 자들을 제외하고는 참으로 만나기 어렵다."[415]

나이 들어 늙고 병든 나꿀라삐따Nakulapitā 장자가 붓다를 찾아가 존경을 표하며 힘과 위로가 되는 가르침을 청하자 붓다께서 이렇게 말씀하셨다.

"그대의 몸은 고생이 가득하고 참으로 거치적거린다. 장자여, 이런 몸을 끌고 다니면서 잠시라도 건강하다고 자부한다면 어찌 어리석은 사람과 다르지 않겠는가? 장자여, 그러므로 그대는 이와 같이 배우고 익혀야 한다. '나의 몸은 병들었지만 마음은 병들지 않을 것이다.'라고 그대는 이와 같이 배우고 익혀야 한다."[416]

여기서 수행은 일상생활에서 벗어나는 회피적인 은둔이나 내세를 위해서 수행하는 어떤 것이 아니라는 것을 분명히 밝혀두고 싶다. 수행은 일상의 삶 속에서 적용되어야 하고, 그 결과 지금 바로 여기에서 얻을 수 있어야 한다. 수행은 일상의 삶과 분리된 것이 아니다. 수행은 우리 삶의 본질적인 부

◎

415. A. ii. 143. 《앙굿따라니까야》 2권, 대림스님 옮김, p. 339.
416. S. iii. 2. 《상윳따니까야》 3권, 각묵스님 옮김, p. 100.

분이다. 수행이 없는 삶에는 삶의 의미와 목적, 그리고 영감이 없다.

불교에서 수행[417]은 가장 높은 위치를 차지한다. 붓다의 가르침 중에서 가장 중요한 속박으로부터의 해탈은 바로 수행 속에서 수행을 통해서 획득되기 때문이다.

초기 경전이 전하고 있는 수행에 대한 설명은 대부분 깨달음을 얻기 위해 붓다께서 사용했던 방법들, 즉 붓다의 실천수행에 기초한 것이다.

붓다께서 깨닫기 전후에 했던 수행은 두 가지 방법으로 구분할 수 있다. 사마타samatha 수행과 위빳사나vipassana 수행이다. 사마타는 집중·삼매samādhi 수행이고, 위빳사나는 통찰·지혜 수행이다. 마음을 하나의 대상에 집중시키는 사마디는 마음을 가라앉히는 기능을 한다. 그래서 사마디라는 말이 어떤 문맥에서는 고요함, 적정으로 표현되기도 한다. 마음을 가라앉힌다는 것은 마음을 통일하는 것, 즉 마음을 하나의 대상에 집중하는 것을 의미한다. 마음의 통일은 다른 모든 대상을 배제하고 한 가지 유익한 대상에 마음을 집중시킴으로써 이루어진다.

"무엇이 삼매이고, 어떤 법들이 삼매의 표상이고, 어떤 법들이 삼매의 필수품이고, 어떤 것이 삼매를 닦는 것입니까?"

"마음이 한끝에 집중됨心一境性이 삼매입니다. 네 가지 마음챙김의 확립이 삼매의 표상입니다. 네 가지 바른 노력이 삼매의 필수품입니다. 여기서 이

◎

417. 명상 또는 수행meditation이라는 단어가 빠알리어 바와나bhāvanā와 완전한 동일어는 아니다. 바와나는 문자 그대로는 '많아지게 함, 북돋아 일으킴'이란 뜻으로 '마음을 계발한다', '마음을 닦는다'는 의미다. 바와나란 진정한 의미에서의 '계발cultivation'을 의미한다. 이것은 궁극적 실재를 보고 열반nibbāṇa을 실현하기 위해 마음의 모든 불선한 요소를 제거하고 마음의 모든 선한 요소를 계발하는 것이다.

런 법을 받들어 행하고 닦고 많이 짓는 것이 삼매를 닦는 것입니다."[418]

이 설명은 삼학 가운데 정학定學의 세 가지 요소인 바른 노력, 바른 사띠, 바른 집중(삼매)이 서로서로 도와 함께 작용한다는 것을 분명히 지적한다. 이 요소들이 진정한 집중을 만든다.

경전과 주석서에는 여러 가지 명상 주제kammaṭṭhāna[419]가 언급된다. 수행자가 이들 명상 주제를 주의 깊게 계발한다면 선정jhāna이라고 불리는 색계선정을 성취할 수 있으며, 어떤 명상 주제를 통해서는 공무변처에서부터 비상비비상처까지의 무색계 선정을 얻을 수도 있다. 그러나 이러한 선정의 성취가 아무리 높고 고귀하다 할지라도, 이것은 진리의 깨달음과 속박으로부터 해탈을 가져다줄 수도 없고 가져다주지도 않는다.

붓다께서는 깨달음을 얻기 전에, 가르침을 얻고 지도를 받기 위해 당시 가장 유명했던 알라라 깔라마Āḷāra Kālama와 웃다까 라마뿟따Uddaka Rāmaputta를 찾아갔었는데 그들뿐만이 아니라 다른 요가 수행자들도 붓다에게 최고의 진리와 속박에서 해탈로 가는 길은 보여주지 못했다. 그들의 명상 체험은 '비상비비상처'에서 끝나는데, 이것만으로는 모든 조건지어진 것의 궁극적 실재를 꿰뚫어볼 수 없다. 즉 사물을 있는 그대로 볼 수 없다. 이러한 선정 체험은 분명히 매우 높은 마음의 집중을 일으켜서 완전한 고요와 평온을 가져오며 환희에 찬 순수한 기쁨과 지금 여기에서의 행복diṭṭhadhamsukkavihāra을 느끼게 한다. 이 행복은 경전에서 말하는 수행의 다섯 가지 장애를 극복한 자연스러운 결과인 마음의 고요함에 의해서 생긴다. 이 다섯 가지 장애에 대해서는 곧

◎

418. M. 44. 《맛지마니까야》 2권, 대림스님 옮김, p. 322.
419. kammaṭṭhāna는 집중을 위한 토대, 집중을 위한 표적이 되는 어떤 유익한 대상을 의미한다.

살펴볼 것이다.

불교에서 말하는 사마타 수행samatha bhāvanā은 불교에만 국한된 것이 아니다. 붓다 출현 이전에 요가 수행자들은 다른 명상 체계를 수행했으며 이는 오늘날에도 이어지고 있다. 인도는 신비의 땅으로 불려왔다. 그러나 당시 성행했던 요가는 결코 어떤 한계를 넘지 못했다. 보살은 단순한 선정과 신비적 경험에 만족할 수 없었다. 그의 유일한 목적은 열반을 얻는 것이었다. 이 목적을 가지고 그는 완전한 평화와 해탈을 가져다줄 수행법을 찾아 자신의 가장 깊숙한 마음을 탐색했다.

앞에서 보았듯이, 보살은 마침내 가야Gayā에 있는 한 나무 아래에 앉아서 들숨날숨을 관찰하는 수행ānāpānassati에 몰두했다. 이와 같이 해서 완전한 고요를 얻고 나서야 그는 통찰vipassanā을 계발할 수 있었다. 통찰은 진정한 지혜로서 사물의 있는 그대로를 볼 수 있게 해준다. 즉 조건지어진 것들의 세 가지 특성인 무상 · 고 · 무아를 보게 된다. 보살이 무명의 두꺼운 껍질을 깨고 실재에 도달해 그가 이전에 들은 적이 없었던 사성제를 완전히 이해할 수 있었던 것은 바로 이 통찰, 즉 꿰뚫어보는 지혜 덕분이었다.[420]

위빳사나vipassanā라는 단어는 어원적으로는 빳사띠passati, 보다에 접두어 위vi, 특별한가 결합한 것으로, 특별한 방식으로 본다는 의미다. 그러므로 위빳사나는 일상적인 것을 넘어서 분명히 본다는 의미다. 이것은 피상적으로 보거나 단지 겉모습만 보는 것이 아니라 사물을 있는 그대로 보는 것이다. 즉 존재하는 모든 것의 세 가지 특성을 보는 것을 의미한다. 수행자가 마음의 때

◎

420. S. v. 421 '초전법륜경'.

를 씻어내고 실재(열반)를 볼 수 있는 것은 이 통찰과 그 토대가 되는 마음의 고요한 집중 때문이다. 통찰 수행vipassanā-bhāvanā은 붓다의 대표적인 가르침이며 붓다의 독특한 체험이고 불교에만 있는 것으로서 붓다 출현 전에는 존재하지 않았다.

이와 같은 고요와 통찰samatha-vipassanā은 함께하고 동시에 발생한다yuganaddha.[421] 수행자는 고요와 통찰을 함께 연결해 균형을 이루도록 이끌어감으로써 수행을 완성으로 이끈다. 한쪽은 고요한 마음이고 다른 한쪽은 꿰뚫는 통찰이다.

"여기서 꿰뚫는 통찰vipassanā의 계발은 사마디samādhi의 계발과 병행되며, 각각의 기능들이 다른 기능을 압도하지 않는 방식으로 결합한다. 그래서 둘은 균등한 힘을 얻는다. 한편 지나친 반조는 들뜸을 가져오고, 삼매가 지나치면 혼침을 가져온다."[422]

붓다께서도 다음과 같이 말씀하신다.

"비구들이여, 삼매를 닦아라. 삼매에 든 비구는 있는 그대로 꿰뚫어 안다."[423]

그러나 집중된 고요의 계발(삼매)은 그 자체가 목적이 아니다. 그것은 본질적으로 중요하고 지고한 통찰vipassanā을 계발하기 위한 수단이다. 다시 말하면 팔정도의 첫 번째 요소인 바른 견해를 얻기 위한 수단이다. 바른 집중은 목적을 위한 수단일 뿐이지만 팔정도에서 대단히 중요한 역할을 한다. 이

◎

421. M. 149 ; III, 289 yuganaddhā ti ekakkhaṇikayuganddhā, Com.
422. Bhikkhu Soma, *The Way of Mindfulness*, Lake House, Colombo, 1949.
423. S. iii. sutta 5. 《상윳따니까야》 3권, 각묵스님 옮김, p. 134.

것은 또한 장애를 가라앉힘으로써 생기는 마음의 청정citta-visuddhi이라 한다. 고통에 사로잡힌 사람에게는 마음의 청정을 기대할 수 없다. 몸이나 마음이 괴로우면 집중할 수 없다는 것은 분명하다. 붓다께서는 "괴로운 자의 마음은 삼매에 들지 못한다."[424]라고 말씀하심으로써 이 점을 분명히 하고 있다.

"비구들이여, 욕망을 철저히 알기 위해서 두 가지 법을 닦아야 한다. 어떤 것이 둘인가? 사마타와 위빳사나이다. 비구들이여, 욕망을 철저히 알기 위해서 두 가지 법을 닦아야 한다."[425]

또한 붓다께서는 다음과 같이 말씀하신다.

"비구들이여, 두 가지 법은 영지靈知의 일부vijjā-bhāgiyā이다. 무엇이 둘인가? 사마타와 위빳사나이다.

비구들이여, 사마타를 닦으면 어떤 이로움을 경험하는가? 마음이 계발된다. 마음이 계발되면 어떤 이로움을 경험하는가? 탐욕이 제거된다.

비구들이여, 위빳사나를 닦으면 어떤 이로움을 경험하는가? 통찰지가 계발된다. 통찰지가 계발되면 어떤 이로움을 경험하는가? 무명이 제거된다.

탐욕에 오염된 마음은 해탈하지 못하고 무명에 오염되면 통찰지가 계발되지 않아 해탈하지 못한다. 비구들이여, 탐욕이 제거되어 마음의 해탈ceto vimutti, 心解脫이 있고, 무명이 제거되어 통찰지를 통한 해탈paññā vimutti, 慧解脫이 있다."[426]

◎

424. S. v. 398. 《상윳따니까야》 6권, 각묵스님 옮김, p. 343.
425. A. i. 100. 《앙굿따라니까야》 1권, 대림스님 옮김, p. 298.
426. A. i. 61. 《앙굿따라니까야》 1권, 대림스님 옮김, p. 212.

앞서 보았듯이 사마타와 위빳사나, 다시 말하면 팔정도의 바른 집중과 바른 견해는 분리될 수 없다. 이것들은 서로서로 유지시켜 주는 보완관계에 있다. 집중된 고요함이 어느 정도 있어야만 통찰을 계발할 수 있다. 그리고 통찰이 어느 정도 있고 삶의 본질을 어느 정도 알아야만 고요를 계발할 수 있다. 이에 대해 붓다께서는 다음과 같이 말씀하신다.

> 지혜가 없는 자에게 선정이 없고 선정이 없는 자에게 지혜가 없다.
> 선정과 지혜가 있는 그는 진실로 열반의 가까이에 있다.[427]
> Natthi jhānaṃ apaññassa paññā natthi ajhāyato
> Yamhi jhānañca paññā ca sa ve nibbānasantike

계행을 잘 갖추고 바르게 수행해서 최상의 청정을 얻으려는 사람은 번뇌를 제거하고, 직면하는 많은 장애를 극복함으로써 선정을 닦는다. 선정과 해탈의 길을 가로막는 장애에는 다섯 가지가 있다. 경전에서는 이를 다섯 가지 장애pañca nīvaraṇāni, 五蓋라고 한다. 이에 대해 붓다께서는 다음과 같이 말씀하신다.

"비구들이여, 다섯 가지 장애는 어둠을 만들고 안목을 없애버리고 무지를 만들고 통찰지를 소멸시키고 곤혹스러움에 빠지게 하며 열반으로 인도하지 못한다."[428]

장애nīvaraṇāni란 정신적인 발전을 방해하고 막는 것을 말한다. 이것은 완

◎
427. Dhp. 372.
428. S. v. 97. 《상윳따니까야》 5권, 각묵스님 옮김, p. 350.

전히 닫아버리고 끊어버리며 막기 때문에 장애라고 한다. 이것은 해탈로 통하는 문을 닫아버린다. 무엇이 다섯 가지인가?

1 감각적 욕망

2 악의

3 해태 · 혼침

4 들뜸과 후회

5 회의적 의심

감각적 욕망kāmacchanda

감각대상들에 대한 욕망을 의미한다. 감각적 욕망은 확실히 정신 발전을 방해한다. 이것들은 마음을 산란하게 해서 마음의 집중을 방해한다. 감각적 욕망은 감각기능의 문을 제어하지 않아서 일어난다. 감각기능의 문이 제어되지 않았을 때 갈애가 일어나게 되어 마음은 번뇌로 물들게 된다. 그러므로 수행자들은 해탈로 가는 문을 닫아버리는 이 장애를 경계해야 한다.

악의vyāpāda

감각적인 욕망의 경우와 마찬가지로 현명하지 못한 주의기울임에 의해 이치에 맞는 사유를 하지 않아서 악의가 일어난다. 그런데 이 악의가 점검되지 않았을 때 악의는 증식되어 마음을 덮치고 시야를 가리게 된다. 이것은 마음과 마음부수를 왜곡시키고 진리의 깨달음을 방해하고 자유로 가는 길을 차단한다. 어리석음에 근거하고 있는 욕망과 악의는 정신적인 성장을 방해할 뿐만 아니라 사람과 사람, 국가와 국가 간에 일어나는 싸움과 불화의 근본원인이 된다.

해태 · 혼침thīna-middha

마음과 마음부수가 해태와 혼침에 빠진 상태다. 이것은 일부 사람이 혼동하는 육체적인 피로와는 다르다. 왜냐하면 이 장애가 존재하지 않는 완전한 존재인 아라한도 육체적인 피로를 느끼기 때문이다. 해태와 혼침은 딱딱하게 굳어서 잘 발라지지 않는 버터처럼 마음을 딱딱하고 생기 없게 만든다. 그리하여 수행을 하려는 사람은 열정과 진지함이 줄어들어 결국 마음이 병들고 게을러진다. 해태와 혼침이 심해지면 끝내 냉담하고 무관심한 상태가 된다.

들뜸과 후회uddhacca-kukkucca

들뜸과 후회는 정진을 어렵게 만든다. 흔들리는 벌통 속에서 동요하는 벌떼처럼 마음이 들뜰 때는 집중이 이루어지지 않는다. 들뜸은 고요를 방해하고 발전의 길을 막는다. 후회는 해로울 뿐이다. 이런저런 일들에 대해, 이미 한 일과 하지 않은 일에 대해, 불운에 대해 후회할 때는 결코 마음의 평화를 가질 수 없다. 이 모든 번민과 걱정, 마음의 들뜸과 후회는 집중을 방해한다.

회의적 의심vicikicchā

다섯 번째이자 마지막 장애는 회의적 의심[429]이다. 빠알리어로 위vi와 찌낏차cikicchā가 결합한 이 단어는 '약cikicchā이 없다vi=vigata'는 뜻이다. 의심하는 사람은 진실로 무서운 병을 앓고 있는 것이다. 만약 의심을 버리지 않는다면, 그는 계속해서 근심하고 괴로움을 겪게 될 것이다. 의심에 빠져 있는 한, 그리고 이 정신적 갈등으로 인해 방관적 자세를 취하는 한, 정신 발전에 가장 결정적인 것에 대해 회의적 견해를 갖게 될 것이다. 경전의 주석가들은 의심의 장애를 '흔들리는 역할과 결정하지 못함으로 나타난다.'고 설명한다. 여기서 말하는 의심은 사성제에 대한 의심과 선정jhāna 얻음에 대한 회의적 의심을 말한다.

이와 같이 이들 다섯 가지 장애들은 개별적으로 또는 함께 선정의 증득을 방해한다.

불선한 힘에 사로잡힌 마음은 그 어떤 바람직한 대상에도 제대로 집중할 수 없다. 욕망, 악의 등 마음을 가지고도 대상에 집중할 수는 있지만 이는 '그릇된 집중micchā samādhi'일 뿐이다. 인간에게 오염원, 즉 번뇌kilesa가 존재하는 한 불선하고 악한 마음은 계속 일어날 것이다. 그러나 삼매에 들어 다섯 가지 장애가 통제 하에 있는 동안은 어떤 불선도 할 수 없다.

다섯 가지 장애를 극복하기 위해서 다섯 가지 선정의 요소jhānaṅga를 계발해야 한다. 선정의 요소는 일으킨 생각 · 지속적 고찰 · 희열 · 행복 · 집중으로 다섯 가지 장애와 반대된다. 이 다섯 마음부수는 수행자를 낮은 단계로부터 정신적으로 청정한 높은 단계로 끌어올린다. 이 다섯 가지 마음부수가 두드러진 상태가 선정jhāna이다. 이 마음부수들이 삼매를 가로막는 장애

◎

429. 여기서의 의심은 일반적인 의미에서 의심 · 의구심을 말하는 것이 아니라, 사성제에 대한 의심을 말한다.- 옮긴이

를 점차로 제거한다.

예를 들면 감각적인 욕망은 집중에 의해서 제거된다. 악의는 희열에 의해, 해태 · 혼침은 일으킨 생각에 의해, 들뜸과 후회는 행복에 의해, 회의적 의심은 지속적 고찰에 의해 제거된다. 이들을 연결하면 다음과 같다.

감각적 욕망 ——— 집중ekaggatā
악의 ——— 희열pīti
해태 · 혼침 ——— 일으킨 생각vitakka
들뜸과 후회 ——— 행복sukha
회의적 의심 ——— 지속적 고찰vicāra

진정으로 수행하는 사람은 한적한 곳을 찾고 가능한 한 사람을 피한다. 홀로 수행하며 고요함을 얻은 현명한 사람은 세상으로 돌아가서도 도시의 향락에 먹잇감이 되지 않고 좀 더 체계적이고 효과적으로 일한다.

제대로 공부하려는 성실한 학생은 스스로 감각적인 유혹을 차단하고 자신의 성격에 맞는 환경을 찾아가 열심히 공부해서 시험에 합격해낸다. 마찬가지로 수행자도 적절한 장소에 가서 수행 주제에 마음을 고정한다. 이제 그는 가장 어려운 과제를 맡았다. 그는 자기 마음이 실제로 어떻게 작용하는지, 마음이 어떻게 오고 가는지, 마음이 어떻게 일어나고 다시 일어나는지를 본다. 그는 마음의 대상들을 숙고하며 지낸다. 감각적인 욕망이 있을 때는 '나에게 감각적인 욕망이 있다.'고 안다. 감각적인 욕망이 없을 때는 '나에게 감각적인 욕망이 없다.'고 안다….

이와 같은 방식으로 수행자는 나머지 네 가지 장애 또한 이해한다. 팔정도의 다른 두 가지 요소인 바른 노력과 바른 사띠와 함께 그는 근접 삼매 upacāra samādhi를 얻는다. 그러고 나서 수행의 장애를 제압하고 마음의 불순물을 씻어냄으로써 점차적으로 초선정에 도달한다. 이것을 본삼매appanā samādhi라고 한다. 그리고 단계적으로 다른 세 가지 선정을 얻는다.[430] 선정 상태에서의 강하고 안정된 마음은 바람에 흔들리지 않는 등불에 비유된다. 이 깊은 선정은 마음을 바르게 고정시켜 주고 움직이거나 동요하지 않게 한다. 마음과 마음부수는 안정된 손잡이 위의 한 쌍의 저울처럼 균형을 유지한다. 집중 상태인 선정에 있는 한 그는 어떠한 조건에도 방해받지 않는다. 사선정을 얻고 나서는 다른 사람의 마음을 읽거나, 전생을 보는 등의 신통력을 계발할 수도 있다.

그러나 아무리 높은 단계의 선정에 이르러도 수행자가 적정의 경지에 있지 않음을 알아야 한다. 선정으로는 번뇌를 제거할 수 없기 때문이다. 번뇌들은 일시 중지되었지만 환경이 허락되면 언제든지 다시 나타날 수 있다. 바른 노력과 바른 사띠가 약해지면 번뇌는 다시 그의 마음을 괴롭힌다.

◎

430. 설법에 나오는 네 가지 선정jhāna은 다음과 같다.
1 감각적 욕망들을 완전히 떨쳐버리고 해로운 법들을 떨쳐버린 뒤, 일으킨 생각과 지속적 고찰이 있고, 떨쳐버렸음에서 생겼으며, 희열과 행복이 있는 초선을 구족하여 머물렀다.
2 일으킨 생각과 지속적인 고찰을 가라앉혔기 때문에 (더 이상 존재하지 않으며), 자기 내면의 것이고, 확신이 있으며, 마음의 단일한 상태이고, 일으킨 생각과 지속적 고찰은 없고, 삼매에서 생긴 희열과 행복이 있는 제2선을 구족하여 머물렀다.
3 희열이 빛바랬기 때문에 평온하게 머물고, 마음챙김과 알아차림을 통해 몸으로 행복을 경험한다. 성자들이 그를 두고 '평온하고 마음챙기며 행복하게 머문다.'고 묘사하는 제3선을 구족하여 머물렀다.
4 행복도 버리고 괴로움도 버리고, 아울러 그 이전에 이미 기쁨과 슬픔을 소멸했으므로 괴롭지도 즐겁지도 않으며, 평온으로 인해 마음챙김이 청정한 제4선을 구족하여 머물렀다.
《디가니까야》 2권, 각묵스님 옮김, p. 330.
D. ii. 186 ; M. i. 159, 181 등 여러 곳.

이와 같이 여전히 번뇌와 오염원을 가지고 있기 때문에 그는 아직 완전히 안전한 상태에 있는 것이 아니다. 그는 통찰을 하는 데 가장 필요한 수단인 집중을 통해 마음의 고요를 얻었을 뿐이다. 통찰을 통해서만 번뇌가 근절된다. 번뇌가 마음 깊숙이 휴지 상태로 있을 때 이를 잠재적 번뇌anusaya-kilesā라고 한다. 음식이 없으면 이 번뇌들은 잠복해 있다. 다섯 가지 감각기능과 여섯 번째인 마노가 형색·소리·냄새·맛·감촉·법이라는 형태로 이 번뇌에 음식을 공급한다. 이 음식은 원하는 것이거나 원하지 않는 것이다. 어떤 경우이든 감각대상은 자극제로 작용하고, 번뇌는 자극을 받자마자 일어난다. 이와 같이 번뇌가 일어나는 것을 빠리윳타나 낄레사pariyuṭṭhāna-kilesā, 일어난 번뇌라 한다. 이렇게 번뇌가 깨어 일어나면 이들은 탈출하려는 경향이 있어 출구를 찾게 된다. 현명한 주의기울임을 못해 일어난 번뇌를 제어하지 못하면, 말이나 몸의 문을 통해 또는 그 둘 다를 통해 튀어나오게 된다. 이것을 일탈, 범하는 번뇌vītikkama-kilesā라 한다.

이 번뇌를 세 단계로 나누어 보았을 때 첫 번째 범하는 번뇌가 가장 거칠고, 두 번째인 일어난 번뇌는 중간이며, 세 번째 잠재적 번뇌는 미세하다. 이 세 단계를 극복하고 마음을 해탈시킬 수 있는 세 가지 무기는 계율·삼매·지혜다. 계율sīla을 통해서 몸과 말로 짓는 모든 나쁜 행위가 제어되어 범하는 번뇌가 억제된다. 범하는 번뇌를 억제하기 위해 어느 정도의 수행이 필요하긴 하지만, 이것을 위해서 집중적이고 깊은 수행이 필요한 것은 아니다. 계율을 지킴으로써 사람들은 언어적·육체적으로는 고요해지고 안정될지 모르지만, 집중samādhi이 부족하면 마음은 고요해지지 않는다. 계율을 지키는 일은 정신적 고요함을 얻기 위한 자산이긴 하지만 그것으로 마음을 통제할 수는 없다. 현명한 주의기울임을 통해 얻은 집중은 번뇌의 두 번째 단계를 제압하여 번뇌가 밖으로 빠져나가지 못하게 해준다. 그러나 집중이 번뇌를 제거하지는 못하며, 지혜paññā가 이를 제거한다. 지혜, 즉 통찰이 모든 오염원과 번뇌를 뿌리째 제거하고 파괴한다. 이것이 바로 해탈nissaraṇa이다.

잠재적 번뇌는 위빳사나 수행vipassanā bhāvanā에 의해 제거된다. 그래서 수행자는 집중에서 나오는 고요함에 머물며 다음과 같이 통찰을 계발한다.

> 모든 형성된 것들은 무상하다….
>
> 모든 형성된 것들은 괴로움이다….
>
> 모든 법은 무아다….
>
> Sabbe saṁkhārā aniccā…
>
> Sabbe saṁkhārā dukkhā…
>
> Sabbe dhammā anattā…[431]

위빳사나 수행이란 오온을 무상하고 괴로움이고 무아라고 이해하려는 시도이다. 성실하고 현명한 수행자는 '나'라고 하는 오온의 본성을 통찰하고 부분적으로 열반을 체험함으로써 깨달음의 첫 번째 단계에 들어가는 그날까지 끊임없이 위빳사나 수행을 한다. 이러한 성취를 통해서 10가지 족쇄[432] 중 다음의 세 가지 족쇄를 파괴한다. (1) 유신견有身見 (2) 회의적 의심 (3) 깨달음으로 인도하지 못하는 의례 · 의식에 대한 집착戒禁取見.

◎

431. Dhp. 277~279.

이 세 가지를 파괴한 사람을 흐름[433]에 든 자(예류자預流者), 소따빤나sotāpanna라 한다. 번뇌가 완전히 제거된 것은 아니기 때문에 최대 일곱 번 정도 다시 태어나게 되지만 인간계 이하의 세상에는 태어나지 않는다.[434] 그는 계율을 갖추어서 살생, 도둑질, 부정한 성행위, 거짓말, 취하게 하는 것들을 경계한다.

열심히 계속 통찰해서 그는 또 다른 두 가지 족쇄인 (4)감각적 욕망과 (5)악의[435]를 약하게 만든다. 열반을 좀 더 분명하게 봄으로써 그는 깨달음의 두 번째 단계로 들어간다. 이를 한 번 돌아오는 자(일래자 一來者), 사까다가미sakadāgāmi라 한다. 한 번 돌아오는 자라고 하는 이유는 그가 그 생에서 아라한이 되지 못한다면 단지 한 번만 더 이 세상에 태어나기 때문이다.

약해진 감각적 욕망과 악의라는 족쇄를 제거하고 그는 깨달음의 세 번째 단계에 들어가 여전히 좀 더 분명한 시각으로 열반을 보게 된다. 그를 돌아오지 않는 자(불환자不還者), 아나가미anāgāmi라 한다. 아나가미에게는 감각적 욕망이 존재하지 않으므로 욕계kāma-loka에 다시 태어나지 않고 색계(정거천)에 태어나 열반에 든다.[436]

분명한 통찰로 그는 깨달음의 네 번째인 마지막 단계에 들어간다. 완성

◎

432. 10가지 족쇄dasa saṁyojandni는 다음과 같다. (1) sakkāya-diṭṭhi, (2) vicikicchā, (3) sīlabbataparāmāsa, (4) kāmarāga, (5) vyāpāda, (6) rūparāga, (7) arūparāga, (8) māna, (9) uddhacca, (10) avijjā. D. 33. '합송 경Sangīti-sutta'.

433. 여기서 '흐름'은 '길(팔정도)'과 같은 말이다. Com.

434. 같은 내용이 《숫따니빠따》의 '보배 경Ratana-sutta'의 10번째 게송에 있다. 자세한 설명과 용어에 대해서는 비구 냐나몰리의 *Minor Readings and Illustrator*, Pali Text Society, London, 1996, p. 204를 보라.

435. 10가지 족쇄 중 이 다섯 가지 족쇄는 인간을 감각적 욕망의 세계인 욕계kāma-loka에 묶어두기 때문에 낮은orambhāgiya 족쇄라고 한다. M. 6, 64.

436. M. 6 ; S. v. 61.

된 존재, 완전한 존재인 아라한arahat이 된다. 이 성취와 더불어 남아 있는 다섯 가지 족쇄[437]인 (6) 색계 존재에 대한 욕망 (7) 무색계 존재에 대한 욕망[438] (8) 자만 (9) 들뜸 (10) 무명이 제거된다. 이 최종적인 깨달음으로 그는 열반의 빛, 말할 수 없는 고요와 흔들리지 않는 마음의 해탈이 완전하게 분명해지는 상태에 도달한다. 그래서 이제 이 세상에는 그를 붙잡아둘 것이라고는 아무것도 없게 된다.

자유로워진 그는 다음과 같이 안다.

"태어남은 다했다. 청정범행은 성취되었다. 할 일을 다해 마쳤다. 다시는 어떤 존재로도 돌아오지 않을 것이다."[439]

아라한은 선과 악 모두를 초월한다.[440] 그는 12연기의 두 번째인 상카라saṁkhāra, 의도적 행위로부터 자유롭기 때문에 비록 그가 지은 과거의 업은 피할 수 없지만 새로운 업은 짓지 않는다. 마음이든 말이든 몸으로 하는 행위 무엇이든지 새로운 업을 형성하지 않는다. 그의 행위는 욕망이나 잠재성향으로부터 조건지어진 것이 아니다. 이것을 작용만 하는kiriya 마음이라 하며, 그들은 여전히 다른 사람들에게 영향을 미친다. 붓다께서는 그와 같은 완전한 성자를 일러 다음과 같이 말씀하신다.

◎

437. 이 나머지 다섯 가지 족쇄는 인간을 높은 세계에 묶기 때문에 높은uddhambhāgiya 족쇄라고 한다. D. 33 : S. 561.

438. 이는 색계rūpa-loka에 대한 욕망과 무색계arūpa-loka에 대한 욕망 또는 색계 선정rūpa-jhāna에 대한 욕망과 무색계 선정arūpa-jhāna에 대한 욕망을 말한다. 이 욕망은 감각적 쾌락에 대한 욕망만큼 거칠지는 않지만 여전히 미묘한 욕망이어서 높은 단계의 성취를 방해한다.

439. S. iii. 822.

440. Dhp. 39, 412.

인간의 속박을 버리고 천상의 속박을 초월한 이,
모든 속박에서 벗어난 그를 나는 바라문이라고 부른다.[441]

겨자씨가 바늘 끝에서 떨어지듯이,
탐욕과 증오와 자만을 털어버린 그를 나는 바라문이라 부른다.[442]

인간의 기질carita은 다양하다. 《청정도론Visuddhimagga》에서는 수많은 인간의 기질을 크게 여섯 가지로 분류하고 있다. 탐하는 기질, 성내는 기질, 어리석은 기질, 믿는 기질, 지적인 기질, 사색하는 기질이다. 각자 기질이 다르듯이 각자에게 맞는 명상 주제kammaṭṭhāna[443]도 다르다. 《청정도론》에서는 다음과 같은 40가지 명상 주제를 언급하고 있다.[444]

10가지 까시나kasiṇa
10가지 부정asubha
10가지 계속해서 생각함anussati
네 가지 거룩한 마음가짐brahmavihāra
네 가지 무색의 경지āruppā
한 가지 인식ekā saññā

◎
441. Dhp. 417. 여기서 바라문Brāhmana은 '악을 떠난 사람bāhita-pāpa'의 의미로 아라한과 동의어다. Dhp. 388 참조.
442. Sn. 631.
443. Vism. ch. iii. 《청정도론》, 1권, 대림스님 옮김, 3장, p. 316.
444. Vism, ch. iii. 《청정도론》, 1권, 대림스님 옮김, 3장.

한 가지 분석vavatthāna

명상 주제와 기질과의 관계를 살펴보면 10가지 부정함과 몸에 대한 마음챙김은 탐하는 기질에 적합하고, 네 가지 거룩한 마음가짐과 네 가지 색깔vaṇṇa의 까시나는 성내는 기질에 적합하다. 들숨날숨의 사띠sati는 어리석은 기질이나 사색하는 기질에 적합하고, 여섯 가지 계속해서 생각함은 믿는 기질에 적합하다. 그리고 지적인 기질에게는 죽음에 대한 마음챙김, 고요함을 계속해서 생각함, 사대를 구분하는 수행, 음식에 혐오하는 수행이 적합하다. 나머지 여섯 가지 까시나와 무색의 경지는 모든 기질에 적합하다.[445]

바른 집중을 다루는 이 장에서 다양한 명상의 주제들을 다 다룰 필요는 없을 것이다. 관심이 있는 사람들은 《청정도론Visuddhimagga》[446]과 《해탈도론Vimuttimagga》[447]을 참조하기 바란다.

사실 인간의 다양한 기질과 명상 주제에 대해 엄격한 규칙을 세울 수는 없다. 《맛지마니까야》에는 붓다께서 라훌라에게 법을 설하시는 61번 '암발랏티까에서 라훌라를 교계한 경'과 62번 '라훌라를 교계한 긴 경' 두 개의 경이 있다. 두 경 모두 수행에 대한 가르침이다. 62번 경에서 붓다께서는 어린 라훌라에게 일곱 가지 형태의 수행에 대해서 설명하신다. 주석서에 의하면 그는 그때 열여덟 살의 사미sāmaṇera였다고 한다. 설법을 요약하면 다

◎

445. Vism, ch. iii. 《청정도론》 1권, 3장, 대림스님 옮김.
446. Bhikkhu Ñāṇamoli, *The Path of Purification*, Colombo, 1956. 《청정도론》 전 3권, 대림스님 옮김.
447. Rev. Ehara, Soma Thera, Kheminda Thera, *The Path of Freedom*, Colombo, 1961.

음과 같다.

라훌라야, 자애mettā의 수행을 닦아라. 네가 자애의 수행을 닦으면 어떤 악의라도 다 제거될 것이다.

라훌라야, 연민karuṇā의 수행을 닦아라. 네가 연민의 수행을 닦으면 어떤 잔인함도 다 제거될 것이다.

라훌라야, 함께 기뻐함muditā의 수행을 닦아라. 네가 함께 기뻐함의 수행을 닦으면 어떤 싫어함도 다 제거될 것이다.

라훌라야, 평온upekkhā의 수행을 닦아라. 네가 평온의 수행을 닦으면 어떤 적의라도 다 제거될 것이다.

라훌라야, 부정asubha하다고 인식하는 수행을 닦아라. 네가 부정하다고 인식하는 수행을 닦으면 어떤 탐욕이라도 다 제거될 것이다.

라훌라야, 무상을 인식anicca-saññā하는 수행을 닦아라. 네가 무상을 인식하는 수행을 닦으면 나라는 자만asmi-māna은 모두 제거될 것이다.

라훌라야, 들숨과 날숨에 대한 마음챙김anāpānasati을 닦아라. 들숨과 날숨에 대한 마음챙김을 닦고 거듭거듭 행하면 실로 큰 결실과 큰 이익이 있다.

40가지의 명상 주제를 모두 다 수행할 필요는 없다. 중요한 것은 자신에게 가장 적합한 명상 주제를 정하는 일이다. 명상을 경험해본 사람의 조언도 도움이 되겠지만, 수행을 시작하려는 성실한 수행자에게는 위에서 언급된 책만으로도 충분할 것이다. 무엇보다 자신의 기질이 어떠한지 정확하게 아는 것이 가장 중요하다. 자신의 기질을 알아야 적절한 명상 주제를 선택할 수 있기 때문이다.

일단 명상 주제를 선택했다면 그 주제에 대한 확신을 가지고 수행해야 한다. 세속적이고 일상적인 일에 몰두해 있으면 거기서 빠져나와 매일 일정한 시간에 조용한 장소에 앉아 진지하게 수행하기란 쉽지 않다. 그러나 가능한 일이며, 당신이 성실하다면 성공할 것이다. 수행은 오랜 기간에 걸쳐 일정한 시간에 규칙적으로 해야 한다. 성급하게 결과를 기대해서는 안 된다. 심리적인 변화는 매우 천천히 일어난다. 고요한 마음의 성취는 고요한 삼매 수행을 통해서 이루어진다. 우리도 성취할 수 있을까? 홀더 경Lord Horder의 대답은 흥미롭다.

"대답은 '그렇다'이다. 그러나 어떻게 해야 가능한가? 어떤 '엄청난 일'을 해야 하는 것은 아니다. 누군가 '성자들은 왜 성자들인가?'라고 물었다. 그러자 대답은 다음과 같았다. '그들은 기분 좋기 어려울 때 기분 좋았고, 인내하기 어려울 때 인내했다. 그들은 머물고 싶을 때 전진했고, 말하고 싶을 때 침묵을 지켰기 때문이다.' 그것이 전부다. 아주 간단하지만 매우 어려운 일이다. 정신 건강의 문제는…."[448]

이제 40가지 명상 주제 가운데 하나에 대해서 생각해보자. 들숨날숨에 대한 마음챙김ānāpānasati은 많은 사람들에게 널리 알려진 수행법이다. 이것은 보살이 보리수 아래서 깨달음을 얻기 위해 노력했을 때 했던 수행이다. 그래서 붓다께서는 이 수행의 중요성을 매우 강조하셨다.

어느 때 붓다께서는 이렇게 말씀하셨다.

◎

448. Lord Horder, *The Hygiene of a Quiet Mind*, Trueman Wood Lecture, Royal Societ of Arts, 1938.

"비구들이여, 나는 석 달 동안 홀로 앉아 있고자 한다. 하루 한 끼 탁발음식을 가져다주는 사람을 제외하고는 아무도 가까이 와서는 안 된다."

"그렇게 하겠습니다, 세존이시여."

비구들은 세존께 이렇게 대답한 후 하루 한 끼 탁발음식을 가져다주는 사람을 제외하고는 아무도 가까이 가지 않았다.

그때 세존께서는 그 석 달을 보내시고 홀로 앉음으로부터 일어나셔서 비구들을 불러서 말씀하셨다.

"비구들이여, 만일 외도 유행승들이 그대들에게 '도반들이여, 사문 고따마는 안거를 날 때 어떻게 머물면서 많이 지냅니까?'라고 질문하면 그대들은 그 외도 유행승들에게 '도반들이여, 세존께서는 안거를 날 때 들숨날숨에 대한 마음챙김을 통한 삼매에 머물면서 많이 지냅니다.'라고 설명해야 한다."

"비구들이여, 여기 나는 마음챙기면서 숨을 들이쉬고 마음챙기면서 숨을 내쉰다…. 비구들이여, 바르게 말하는 자가 말하기를 '성스러운ariya 머묾'이라 하거나 '거룩한brahma 머묾'이라 하거나 '여래Tathāgata의 머묾'이라 하는 것은 바로 이 들숨날숨에 대한 마음챙김을 통한 삼매를 두고 그렇게 말하는 것이라고, 말하는 자는 바르게 말해야 한다."[449]

경전 여러 곳에서 들숨날숨에 대한 마음챙김에 대해 언급하고 있다.[450] 그러므로 붓다께서 라훌라에게 이 수행을 상세히 가르치신 것은 당연하다 할 것이다. 다시 《맛지마니까야》 62번 경으로 되돌아가자.

◎

449. S. v. 326. 《상윳따니까야》 6권, 각묵스님 옮김, pp. 230~233.
450. M.118. '들숨날숨에 대한 마음챙김 경', S.v. 311, Ānāpāna saṁyutta.

"라훌라야, 여기에 비구가 숲 속에 가거나 나무 아래에 가거나 빈방에 가거나 하여 가부좌를 틀고 상체를 곧추세우고 전면에 마음챙김을 확립하여 앉는다. 그는 마음챙기면서 숨을 들이쉬고 마음챙기면서 숨을 내쉰다.

길게 들이쉬면서는 '길게 들이쉰다.'고 꿰뚫어 알고, 길게 내쉬면서는 '길게 내쉰다.'고 꿰뚫어 안다. 짧게 들이쉬면서는 '짧게 들이쉰다.'고 꿰뚫어 알고, 짧게 내쉬면서는 '짧게 내쉰다.'고 꿰뚫어 안다. '온몸을 경험하면서 들이쉬리라.'며 공부짓고 '온몸을 경험하면서 내쉬리라.'며 공부짓는다. '몸의 작용을 편안히 하면서 들이쉬리라.'며 공부짓고, '몸의 작용을 편안히 하면서 내쉬리라.'며 공부짓는다."

법문은 계속되며, 다음과 같은 말로 끝맺는다.

"라훌라야, 이와 같이 들숨과 날숨에 대한 마음챙김을 닦고 이와 같이 거듭거듭 행하면 실로 큰 결실과 큰 이익이 있다. 라훌라야, 이와 같이 들숨과 날숨에 대한 마음챙김을 닦고 이와 같이 거듭거듭 행하면 마지막 들숨과 날숨이 소멸할 때도 (멸한다고) 안다. 그것을 모른 채 멸하지 않는다."

여기서 '마음챙기면서 숨을 들이쉬고 마음챙기면서 숨을 내쉰다.'는 말에 주의를 기울여야 한다. '마음챙기면서sato'란 '알아차리면서', '주시하면서'라는 뜻이다. 수행자는 자기 자신을 관찰하는 것이 아니라 호흡을 관찰한다. 그의 유일한 목적은 다른 생각들을 배제하고 오직 호흡에 마음의 초점을 맞추어 마음을 고정시키는 것이다. 산란한 생각으로 인해 마음의 대상인 호흡을 놓친다면 집중은 떨어지고 산만해질 뿐이다.

들숨날숨을 관찰할 때 코끝과 윗입술 사이에서 들고나는 공기가 부딪

치는 지점에 마음을 고정시키고 숨이 들어가고 나가는 것을 관찰해야 한다. 마음이 호흡을 따라 다녀서는 안 된다. 호흡을 일부러 멈추어 있어도 안 된다. 의식적인 노력 없이 그저 자연스러워야 한다. 때로 호흡이 아주 미세해져서 숨을 알아채기 어려울 수 있다. 점차 이것이 계발되어 마음이 완전히 호흡에 집중되면 거기에는 단지 호흡만이 있을 뿐, 호흡 이면에 자아나 영혼 같은 것은 존재하지 않는다고 알게 될 것이다. 즉 호흡과 당신은 둘이 아니며 거기에는 단지 (호흡의) 과정만이 있을 뿐이다. 이 단계에 이르면 집중은 매우 높아질 것이며 더불어 크나큰 희열과 고요함, 평화가 따르게 될 것이다. 그러나 그것은 잠시일 뿐이며, 마음은 다시 산만해지고 생각은 방황하며 집중하기 어렵게 될지도 모른다. 그렇더라도 그것은 문제가 안 된다. 그저 '용감히 전진하라.' 삼매를 체험하지 못한다 하더라도 수행은 많은 이로움을 가져다줄 것이다. 이것은 명확하게 사고하고 깊이 이해하며 정신적인 균형감각과 평온을 갖도록 도와준다. 또한 정신적 · 육체적 건강을 증진시켜 건강하게 해줄 것이다.

붓다께서는 다음과 같이 말씀하신다.

"비구들이여, 들숨날숨에 대한 마음챙김을 닦고 거듭거듭 행하면 큰 결실이 있고 큰 이익이 있다. 비구들이여, 들숨날숨에 대한 마음챙김을 닦고 거듭거듭 행하면 네 가지 마음챙김의 확립을 성취한다. 네 가지 마음챙김을 닦고 거듭거듭 행하면 일곱 가지 깨달음의 구성요소七覺支를 성취한다. 일곱 가지 깨달음의 구성요소를 닦고 거듭거듭 행하면 명지와 해탈을 성취한다.[451]

지금까지 제시한 들숨날숨에 대한 마음챙김에 대한 설명은 초보자들에게는 충분하지 못할 것이다. 그러나 집중을 논하는 이 장에서 더 상세히 설명할 수는 없으니, 좀더 자세히 알고자 하는 사람들은 위에서 언급된 책들을 참고하기 바란다.[452]

수행이 불교의 핵심이기에 붓다께서는 수행의 중요성을 강조하셨다. 다음과 같은 말씀으로 사람들이 스스로 자신을 완성하도록 촉구하고 격려하셨다.

> 물을 대는 사람은 물을 다스리고 화살을 만드는 사람은 화살을 바로잡으며
> 목수는 나무를 다듬듯, 현명한 사람은 스스로를 다스린다.[453]
> Udakañhi nayanti nettikā usukārā namayanti tejanaṃ
> Dāruṃ namayanti tacchakā attānaṃ damayanti paṇḍitā

이 게송과 관계된 일화는 여러 면에서 중요한 의미를 지닌다. 사리뿟따 Sāriputta 장로가 탁발하러 마을로 갈 때, 빤디따Paṇḍita라는 제자를 동행했다. 어린 빤디따는 아직 사미였다. 마을로 가는 길에 빤디따는 배수로를 보고 질문했다.

"존자여, 저것은 무엇입니까?"

"배수로다."

"무얼 하는 데 이용합니까?"

◎

451. M. 118. '들숨날숨에 대한 마음챙김 경' 《맛지마니까야》 4권, 대림스님 옮김, pp. 181~182.
452. Kassapa Thera, *Meditation Based on Mindfulness with regard to Breathing*, Colombo, 1962 참조.
453. Dhp. 80 ; Thg. 877.

"물을 이곳저곳으로 끌어들여 논에 물을 주기 위해서란다."

"저 물에 마음이 있습니까?"

"없단다."

"존자여, 이처럼 마음이 없는 것을 원하는 곳으로 끌어댈 수 있습니까?"

"그렇게 할 수 있다."

빤디따는 생각했다.

'이처럼 마음도 없는 것을 원하는 곳으로 끌어댈 수 있는데, 어째서 마음을 지니고 있는 사람들이 마음을 자기가 원하는 곳으로 이끌어 열심히 정진하여 아라한과를 성취하지 않을까?'

계속 길을 가다가 이번에는 활을 만드는 사람이 활대를 불에 구워 한쪽 끝에 한쪽 눈을 대고 들여다보면서 곧게 펴는 것을 보았다.

"존자여, 이 사람들은 무엇을 하고 있습니까?"

"이들은 화살을 만드는 사람들이란다. 활대를 불에 구워서 바르게 편단다."

"이 활대는 마음이 있습니까?"

"마음이 없단다."

빤디따는 또 생각했다.

'마음도 없는 활대를 사람들이 불을 가해서 곧게 펴는데, 어째서 마음을 지니고 있는 사람들이 자기가 원하는 곳으로 이끌어 열심히 정진하여 아라한과를 성취하지 않을까?'

계속 가다가 이번에는 목수가 바퀴살과 외륜과 바퀴통을 깎아 바퀴를 만들고 있는 것을 보았다.

"존자여, 저들은 무엇을 하고 있습니까?"

"저들은 나무로 바퀴를 만들어 마차나 수레를 만든단다."

"이 나무들도 마음이 있습니까?"

"나무들은 마음이 없단다."

그때 빤디따는 생각했다.

'마음이 없는 나무들로 바퀴를 만드는데, 어째서 마음을 지니고 있는 사람들이 마음을 자기가 원하는 곳으로 이끌어 열심히 정진하여 아라한과를 성취하지 않을까?'

이 모든 것을 보고 나서 사미는 사리뿟따 장로에게 말했다.

"존자여, 괜찮으시다면 가사와 발우를 직접 들고 가십시오. 저는 사원으로 돌아가겠습니다."

존자가 동의했고 빤디따는 존자에게 예를 올리고 되돌아갔다. 빤디따는 장로의 방으로 들어가 열심히 마음챙기고 정진하여 몸의 진실한 속성과 마음의 본질을 깨달아 가기 시작했다. 이와 같이 출가한 지 여드레밖에 되지 않은 사미가 비록 나이는 어리지만 마음의 통제로 수행이 무르익어 진리를 깨달아 아라한이 되었다.[454]

붓다께서는 그와 같은 성인에 대해 언급하면서 다음과 같이 말씀하신다.

빈 집에 가서 마음을 고요히 하고

온전히 법을 본 비구에게 초세간의 기쁨이 있다.

◎

454. Dhp. Com. ii. 141. 《법구경 이야기》 2권, 무념·응진 옮김.

Suññāgāraṃ paviṭṭhassa santacittassa bhikkhuno

Amānusī rati hoti sammā dhammaṃ vipassato

무더기의 일어남과 사라짐을 완전히 이해했을 때

희열과 즐거움을 얻는다. 그것을 아는 이에게 죽음은 없다.[455]

Yato yato sammasati khandhānaṃ udayabbayaṃ

Labhatī pītipāmojjaṃ amataṃ taṃ vijānataṃ

◎

455. Dhp. 373, 374.

4부

공극

열반

불교의 중심 개념은 사성제다. 45년간의 전법을 통해 붓다께서 가르치신 것은 모두 사성제, 고 · 집 · 멸 · 도이다. 지혜로운 사람들은 이 사성제를 자신의 목표인 최종적인 해탈로 받아들일 것이다. 궁극적인 의미에서 인간이란 정신·물질, 즉 오온의 결합이다. 인간의 입장에서 보면 괴로움은 그 자신을 떠나서, 즉 그의 몸과 마음을 떠나서는 존재하지 않으며 존재할 수도 없다. 붓다께서 "취착의 다섯 가지 무더기 자체가 괴로움이다."라고 말씀하시듯 괴로움dukkha은 인간 그 자체에 지나지 않는다. 두 번째 진리는 괴로움의 원인인 갈애taṇhā다. 그러면 갈애는 어디에서 일어나는가? 오온의 결합이 있는 곳, 거기에서 갈애가 일어난다. 세 번째 진리는 갈애의 소멸, 즉 열반nibbāna이다. 이것 또한 인간 외부에 있는 것이 아니다. 마지막이자 네 번째 진리는 윤회saṁsāra하는 존재로부터 벗어나는 길이다.

자세히 분석해보면 여기서 뜻하는 바는 윤회와 윤회의 원인, 열반과 열반에 이르는 길을 제시하는 것임을 알 수 있다. 윤회란 정신·물질 무더기가 연속되는 것에 불과하다. 다시 말해 윤회는 되풀이되는 존재를 의미하지 태양·달·강·바다·바위·나무들을 가지고 있는 물질적인 세계가 되풀이되는 것을 의미하지는 않는다. 이러한 의미에서 윤회는 오온으로 구성되어 있는 인간의 또 다른 명칭이다. 이것이 첫 번째 진리다. 두 번째 진리 속에서 윤회의 원인과 조건을 보게 된다. 세 번째 진리 속에서 우리는 족쇄로부터 가장 안전한 윤회의 소멸인 열반을 본다. 이와 관련하여 상좌부Theravāda에서는 윤회를 열반의 정반대 개념으로 본다는 것에 주목해야 한다. 윤회는 오온의 지속인 반면에 열반은 오온의 소멸이기 때문이다. 이 삶 속에서 감각적인 욕망을 즐기는 사람은 윤회로부터 벗어날 수 없다. 갈애와 취착이 사라지지 않는 한 그는 오온에 집착하게 되고 오온에 속하는 것들에 매달리게 된다. 그러나 해탈한 사람은 바로 지금·여기에서 열반의 행복을 경험한다. 그는 감각기능들에 집착하지 않아, 즉 갈애와 취착이 소멸되어 더 이상 오온의 지속인 윤회가 없다.

마지막 네 번째 진리는 팔정도다. 사성제에서 팔정도는 유일하게 수행의 측면을 다루고 있다. 불교 안에서는 무엇을 수행하더라도 팔정도의 영역 내에 포함된다. 팔정도는 붓다께서 설한 생활방식의 시작이요 끝이다. 팔정도는 뒤얽힌 윤회로부터 벗어나, 유일하게 조건지어지지 않은 법인 열반을 실현하게 해주는 수단들을 요약한 것이다. 그러므로 팔정도는 열반의 원인과 조건이며 목적이 아니고 수단일 뿐이다.

팔정도는 붓다의 가르침 가운데 유일하게 수행의 측면을 다루고 있기 때문에 우리는 이 실용적인 가르침에 관심을 집중해야 한다. 이론과 사색은 진정으로 법을 실천하는 사람에게는 쓸모없는 것이다.

완전한 평화와 행복으로 가는 데 지름길은 없다. 붓다께서 여러 설법에서 지적하시듯, 팔정도는 고귀한 삶의 정상으로 인도하는 유일한 길이다. 여기서 고귀한 삶이란 낮은 정신세계에서 더 높은 정신세계로 올라가는 것을 말한다. 말과 행동과 마음에 대한 점진적인 수행을 통해 완전한 깨달음인 열반의 실현을 이루는 온전한 지혜에 이를 수 있다. 이것은 인종이나 계급, 교리에 상관없이 모든 사람을 위한 길이며 깨어 있는 모든 순간에 닦아야 하는 길이다. 팔정도를 설하시는 붓다의 유일한 목적은 다음과 같은 말씀 속에 포함되어 있다.

"깨달으신 세존께서는 깨달음을 위해 법을 설하신다. 제어되신 세존께서는 제어를 위해 법을 설하신다. 고요하신 세존께서는 고요함을 위해 법을 설하신다. 건너신 세존께서는 건너게 하기 위해 법을 설하신다. 구경열반을 성취하신 세존께서는 구경열반을 위해 법을 설하신다."[456]

이것이 붓다께서 법을 설하고 길을 알려주는 목적이라면 그 길을 따라가는 사람의 목적도 동일해야지 달라서는 안 된다. 예를 들면 자비와 이해심이 많은 의사의 목적은 치료받으려고 자신을 찾아온 환자를 치료하는 것이고, 환자의 유일한 목적은 가능한 한 빨리 치료를 받는 것이다.

우리는 또한 충고해주고 가르침을 주는 안내자가 있다 하더라도 법의 실제적인 수행, 즉 팔정도의 길을 걷는 것은 자신의 일이라는 것을 알아야 한다. 우리는 부지런히 모든 장애를 넘어, 모든 시대의 붓다께서 걸어가셨고 또

◎

456. M. 35 ; D. 25. 《맛지마니까야》 2권, 대림스님 옮김, p. 154.

그분들이 알려준 바른 길을 따라 우리들의 발걸음을 바라보며 앞으로 나아가야 한다.[457]

건너간다는 개념을 설명하기 위해 붓다께서는 말씀하신다.[458]

"비구들이여, 그대들에게 뗏목에 비유하여 법을 설하리니, 그것은 건너기 위함이지 움켜쥐기 위함이 아니다. 그것을 들어라. 듣고 마음에 잘 새겨라. 나는 설할 것이다."

"그러겠습니다, 세존이시여."라고 비구들은 세존께 응답했다. 세존께서는 이렇게 말씀하셨다.

"비구들이여, 예를 들면 사람이 길을 가다가 큰 강을 만났다 하자. 이 언덕은 위험하고 두렵지만 저 언덕은 안온하고 두려움이 없다. 그러나 저 언덕으로 건너기 위한 배도 다리도 없다. 그는 생각한다.

'이 강은 참으로 크다. 이 언덕은 위험하고 두렵지만 저 언덕은 안온하고 두려움이 없다. 그러나 저 언덕으로 건너기 위한 배도 다리도 없다. 참으로 나는 풀과 잔가지와 큰 가지와 풀잎을 함께 모아 뗏목을 엮어서 그 뗏목에 의지하여 손과 발로 노력하여 안전하게 저 언덕으로 건너가리라.'

그리하여 그 사람은 풀과 잔가지와 큰 가지와 풀잎을 함께 모아 뗏목을 엮어서 그 뗏목에 의지하여 손과 발로 노력하여 안전하게 저 언덕으로 건너갈 것이다. 강을 건너 저 언덕에 도달한 사람에게 이런 생각이 일어날 것이다.

'이 뗏목은 나에게 많은 것을 해주었다. 이 뗏목에 의지하여 손과 발로 노

◎

457. S. ii. 106.
458. M. 22. 《맛지마니까야》 1권, 대림스님 옮김, pp. 545~547.

력하여 안전하게 이 언덕으로 건너왔다. 참으로 나는 이 뗏목을 머리에 이거나 어깨에 메고 내가 갈 곳으로 가야겠다.'

비구들이여, 이를 어떻게 생각하는가? 그 사람이 그렇게 해야 그 뗏목에 대해 할 바를 다한 것인가?"

"그렇지 않습니다, 세존이시여."

"비구들이여, 그러면 어떻게 해야 그 사람이 뗏목에 대해 할 바를 다하겠는가?

비구들이여, 여기 저 언덕에 도달한 사람에게 이런 생각이 들 것이다.

'이 뗏목은 나에게 많은 것을 해주었다. 이 뗏목에 의지하여 손과 발로 노력하여 안전하게 이 언덕으로 건너왔다. 참으로 나는 이 뗏목을 땅에 내려놓거나 물에 띄워놓고 내가 갈 곳으로 가리라.'

비구들이여, 이렇게 하는 자가 참으로 그 뗏목에 대해 할 바를 다하는 것이다. 비구들이여, 이와 같이 그대들에게 뗏목에 비유하여 법을 설했나니, 그것은 건너기 위함이지 움켜쥐기 위함이 아니다.

비구들이여, 뗏목에 비유하여 그대들에게 설한 법을 이해하는 자들은 법들dhammā[459]도 버려야 하거늘 하물며 법이 아닌 것들adhammā이야 말해서 무엇하리."

사람들은 왜 도성제를 성스러운 여덟 가지 길이라고 하고, 왜 '바른sammā'이란 말이 각 요소 앞에 붙는가, 하고 물어볼지도 모르겠다. 평범하

◎

459. 주석서에 따르면 여기서의 법dhamma이란 삼매smatha와 통찰vipassanā을 의미한다. 이렇게 높은 정신적 성취에 대한 집착조차 내려놓아야 한다. 하물며 나쁜 것은 말할 필요도 없다.

고 간단한 답은 성스럽지 않고 바르지 않은 '그릇된micchā'이라는 말이 붙는 각각의 여덟 가지 길이 있다는 것이다. 두 가지 교훈적인 비유 속에서 붓다께서는 바른 길과 그릇된 길을 분명히 말씀하신다. 붓다께서는 띳사Tissa 장로에게 다음과 같이 말씀하셨다.

"띳사여, 예를 들면 여기 두 사람이 있는데 한 사람은 길을 잘 알지 못하고 다른 한 사람은 길을 잘 안다고 하자. 길을 잘 알지 못하는 사람이 길을 잘 아는 사람에게 길을 물으면 그 사람은 이렇게 대답할 것이다. '여보시오, 이 길을 따라 잠시 가시오. 이 길을 따라 잠시 가면 두 갈래 길이 나타날 것이오. 그러면 왼쪽을 버리고 오른쪽으로 가시오. 그리고 그 길을 따라 잠시 가시오. 그 길을 따라 잠시 가면 깊은 밀림이 나타날 것이오. 그러면 그 길을 따라 잠시 가시오. 그 길을 따라 잠시 가면 크게 패인 늪지대가 나타날 것이오. 그러면 그 길을 따라 잠시 가시오. 그 길을 따라 잠시 가면 험한 낭떠러지가 나타날 것이오. 그러면 그 길을 따라 잠시 가시오. 그 길을 따라 잠시 가면 아름다운 평원이 나타날 것이오.'라고.

띳사여, 이 비유는 뜻을 바르게 전달하기 위해 내가 만든 것이다. 그 뜻은 이와 같다.

띳사여, 길을 잘 알지 못하는 사람은 범부를 두고 한 말이고, 길을 잘 아는 사람은 여래 · 아라한 · 정등각자를 두고 한 말이다.

두 갈래 길은 의심을 두고 한 말이다. 왼쪽 길은 여덟 가지로 된 그릇된 도八邪道를 두고 한 말이니 그릇된 견해, 그릇된 사유, 그릇된 말, 그릇된 행위, 그릇된 생계, 그릇된 노력, 그릇된 사띠, 그릇된 삼매다. 오른쪽 길은 여덟 가지로 된 성스러운 도를 두고 한 말이니 바른 견해, 바른 사유 (…) 바른 삼매다.

깊은 밀림은 무명을 두고 한 말이고, 크게 패인 늪지대는 감각적 욕망들을 두고 한 말이며, 험한 낭떠러지는 절망과 분노를 두고 한 말이고, 아름다운 평원은 열반을 두고 한 말이다.

즐거워하라, 띳사여. 즐거워하라, 띳사여. 나는 교계하기 위해서 있고 나는 보호하기 위해서 있으며 나는 가르치기 위해서 있다."[460]

위와 유사한 비유가 《맛지마니까야》 19번 경에 등장한다.

"비구들이여, 가령 깊은 숲 속에 큰 호수가 있는데 그 부근에 큰 사슴 무리가 산다고 하자. 그들의 이로움을 바라지 않고 복리를 바라지 않고 안전을 바라지 않는 어떤 사람이 나타나서 그 평화롭고 안전하고 기쁨을 주는 길을 막아버리고 나쁜 길을 열며 그들을 유인하기 위한 미끼를 놓아두고 꼭두각시를 설치하면, 큰 사슴 무리는 나중에 재난과 참화에 처해 점점 줄게 될 것이다.

비구들이여, 그러나 그들의 이로움을 바라고 복리를 바라고 안전을 바라는 어떤 사람이 나타나서 그 평화롭고 안전하고 기쁨을 주는 길을 열고 나쁜 길을 막아버리며 그들을 유인하기 위한 미끼를 없애고 꼭두각시를 제거해버리면, 큰 사슴 무리는 나중에 번창하고 증가해 아주 많아질 것이다."

"비구들이여, 내가 이 비유를 설한 것은 뜻을 전달하기 위해서다. 그 뜻은 이러하다.

비구들이여, 깊은 숲 속의 큰 호수는 감각적 욕망들을 두고 한 말이다. 비

◎

460. S. iii. 108. sutta 84. 《상윳따니까야》 3권 p. 323~324, 각묵스님 옮김.

구들이여, 큰 사슴 무리는 중생을 두고 한 말이다. 비구들이여, 그들의 이로움을 바라지 않고 복리를 바라지 않고 안전을 바라지 않는 어떤 사람이란 마라를 두고 한 말이다. 비구들이여, 나쁜 길이란 여덟 가지 그릇된 길八邪道을 두고 한 말이고, 유인하기 위한 미끼란 향락과 탐욕을 두고 한 말이며, 꼭두각시란 무명을 두고 한 말이다.

비구들이여, 그들의 이로움을 바라고 복리를 바라고 안전을 바라는 어떤 사람이란 여래 · 아라한 · 정등각자를 두고 한 말이다. 평화롭고 안전하고 기쁨을 주는 길은 팔정도를 두고 한 말이다. 이와 같이 나는 평화롭고 안전하고 기쁨을 주는 길을 열었고 나쁜 길을 막아버렸고 미끼를 없앴고 꼭두각시를 제거했다.

비구들이여, 항상 제자들의 이익을 기원하며 제자들을 연민하는 스승이 마땅히 해야 할 바를 나는 연민으로 했다. 비구들이여, 여기 나무 밑이 있다. 여기 빈집이 있다. 참선을 하라. 비구들이여, 방일하지 마라. 나중에 후회하지 마라. 이것이 그대들에게 주는 나의 간곡한 당부이다."[461]

자비로운 스승 붓다께서는 더 이상 이 세상에 계시지 않지만 지고한 법의 유산을 남겨주셨다. 법은 발명된 것이 아니라 발견된 것이다. 이것은 영원한 법이다. 어느 곳에서나 남자건 여자건, 불교도건 비불교도건, 동양인이건 서양인이건 모든 사람과 더불어 존재한다. 법은 호칭을 가지고 있지 않으며, 시간과 공간 · 종족의 한계가 없다. 이것은 항상 존재한다. 법을 실천하며 살아가는 사람은 법을 보고 스스로 체험할 수 있다. 그러나 법을 다른

◎

461. 《맛지마니까야》 1권, 대림스님 옮김, pp. 505~506.

사람에게 맛보게 할 수는 없다. 법은 스스로 깨닫는 것이기 때문이다. 고따마 붓다께서는 선인들인 과거의 붓다들께서 했던 것처럼 법을 발견하셨다. 책에서 설명한 대로가 아니라 마음의 눈으로 있는 그대로 법을 보길 바란다면 우리는 이 옛길을 따라야 한다. 해탈한 사람들, 완성된 사람들은《테라 가타》와《테리 가타》에서 이 길과 마지막 해탈에 대해서 말하고 있다. 그들의 체험을 듣는 사람들은 환희에 싸이고 자극을 받는다. 그러나 환희와 자극만으로는 바라는 목적지에 도달할 수 없다. 다음과 같이 그 길을 개척해야만 한다.

> 자애와 연민을 가지고 계율을 잘 지키고
> 목표를 향해 힘써 노력하고 용맹스럽게 밀고 나아가라.
> 게으름은 위험하고 정진은 믿을 만하고 안전하다.
> 이것을 알았다면 팔정도를 계발하고 실현하여[462]
> 그대 자신의 불사의 길을 만들라.[463]

옛길은 모든 사람에게 열려 있다. 열반에는 차별이 없다. 붓다께서는 팔정도를 마차에 비유하면서 다음과 같이 말씀하신다.

> 남자와 여자를 위해서
> 그러한 마차가 준비되어 있다. 그것을 타면

462. '실현하다'로 번역된 빠알리어 phusantā는 '접촉하다, 달성하다'라는 뜻이다.
463. Psalms of the Early Buddhists, *The Brethren*, PTS, 1951, Verse 979, 980.

그들은 열반에 이를 것이다.[464]

이미 말한 것처럼 마차를 소유하지 못한 사람과 마차를 소유하고 있으면서도 가르쳐준 대로 목표를 향해 나아가지 못하는 사람은 목적지에 도착하지 못할 것이 분명하다. 《맛지마니까야》의 107번 경에는 고따마 붓다와 가나까 목갈라나Ganaka Moggallanā 바라문 사이에 있었던 재미있는 대화가 들어 있다. 이 바라문의 질문에 대답하시면서 붓다께서는 어떻게 그가 제자들을 가르치고 훈련시키는지를 상세히 설명하신다. 주의 깊게 경청한 바라문은 가르침을 받은 제자들이 모두 변하지 않는 목표인 열반accantaniṭṭhaṁ nibbānaṁ을 성취하는지, 아니면 단지 몇 사람만 성취하는지 알고 싶어했다. 붓다께서는 어떤 제자들은 열반을 성취하고 어떤 제자들은 성취하지 못한다고 대답하셨다. 그러자 바라문은 붓다께 다음과 같은 질문을 했다.

"고따마 존자시여, 열반이 있고 열반으로 인도하는 길magga도 있고 고따마 존자께서 인도자로 계시는데, 무슨 원인과 조건 때문에 고따마 존자의 제자들이 이와 같이 훈계를 받고 이와 같이 가르침을 받으면서 어떤 자들은 궁극적 목표인 열반을 성취하고 어떤 자들은 성취하지 못합니까?"

"바라문이여, 그렇다면 이것을 그대에게 물어보리니 그대가 원하는 대로 설명하라. 바라문이여, 이를 어떻게 생각하는가? 그대는 라자가하[465]로 가는 길에 익숙한가?"

"존자시여, 그러합니다. 저는 라자가하로 가는 길에 익숙합니다."

◎
464. Kindred Sayings, i. p. 45.

"이를 어떻게 생각하는가, 바라문이여? 여기 라자가하로 가고자 하는 사람이 와서 그대에게 묻기를 '존자시여, 저는 라자가하로 가고자 합니다. 라자가하로 가는 길을 가르쳐주십시오.'라고 한다 하자. 그대는 그에게 이와 같이 말해줄 것이다. '여보시오, 이 길이 라자가하로 가는 길입니다. 이 길을 따라 조금 가다가 보면 어떤 마을이 보이게 될 것입니다. 거기서 조금 더 가면 어떤 성읍을 보게 될 것이고, 거기서 조금 더 가면 아름다운 공원과 아름다운 숲과 아름다운 들판과 아름다운 호수가 있는 라자가하를 보게 될 것입니다.'라고. 그는 이와 같이 훈계를 받고 이와 같이 가르침을 받았지만 잘못된 길로 들어서서 반대편으로 가게 될 것이다.

이제 라자가하로 가고자 하는 두 번째 사람이 와서 그대에게 묻기를 '존자시여, 저는 라자가하로 가고자 합니다. 라자가하로 가는 길을 가르쳐주십시오.'라고 한다 하자. 그대는 그에게 이와 같이 말해줄 것이다. '여보시오, 이 길이 라자가하로 가는 길입니다. 이 길을 따라 조금 가다가 보면 어떤 마을을 보게 될 것입니다. 거기서 조금 더 가면 어떤 성읍을 보게 될 것이고, 거기서 조금 더 가면 아름다운 공원과 아름다운 숲과 아름다운 들판과 아름다운 호수가 있는 라자가하를 보게 될 것입니다.'라고. 그는 이와 같이 훈계를 받고 이와 같이 가르침을 받아서 안전하게 라자가하에 이르게 될 것이다.

바라문이여, 라자가하가 있고 라자가하로 가는 길도 있고 인도자인 그대도 있다. 그런데 무슨 원인과 무슨 조건 때문에, 그대가 이와 같이 훈계하고

◎

465. 붓다 당시 인도의 큰 도시로 현재는 라즈기르Rājgir라고 한다. 붓다께서는 그곳에 있었던 죽림정사 Veluvana monastery에서 많은 시간을 보내셨다. 붓다의 입멸 3개월 뒤에 열린 법과 계율에 대한 1차 결집이 이 도시의 동굴에서 개최되었다. 그 동굴은 지금도 남아 있다.

이와 같이 가르쳤거늘 한 사람은 잘못된 길로 들어서서 서쪽으로 가고, 다른 한 사람은 안전하게 라자가하에 이르게 되는가?"

"고따마 존자시여, 여기서 제가 무엇을 할 수 있겠습니까? 저는 길을 안내하는 자일 뿐입니다, 고따마 존자시여."

"바라문이여, 그와 같이 열반이 있고 열반으로 인도하는 길도 있고 내가 인도자로 있다. 그런데 나의 제자들이 이와 같이 훈계를 받고 이와 같이 가르침을 받으면 어떤 자들은 궁극적 목표인 열반을 성취하고 어떤 자들은 성취하지 못한다. 바라문이여, 여기서 내가 무엇을 할 수 있겠는가? 바라문이여, 여래는 길을 안내하는 자일 뿐이다."[466]

먼 옛날부터 세상에는 많은 문제들이 있어 왔다. 각 시대마다 자체의 문제들이 있었다. 그 문제들에 대한 사람들의 태도는 다양했고 여러 해결책이 시도되어 왔다. 이와 같은 문제들을 팔정도에서는 괴로움dukkha이라고 부르는 한 가지 문제로 압축했다. 붓다께서는 괴로움의 일어남과 원인을 무명avijjā과 갈애taṇhā로 보았다. 이제 문제는 현대인이 이러한 문제에 대한 해결책을 찾았는가, 아니면 단지 그 문제를 악화시키고 있느냐 하는 것이다. 오늘날 사람들은 행복하고 안전하게 살고 있는가, 아니면 두려움과 끊임없는 긴장 속에서 살고 있는가? 그들은 바른 정신으로 인도하는 길로 가고 있는가, 아니면 미치게 하는 길로 가고 있는가?

이제 옛길이 무엇인지 살펴보자. 옛길은 바른 견해, 바른 사유, 바른 말,

466. M 107. '가나까 목갈라나 경' 《맛지마니까야》 3권, 대림스님 옮김, pp. 698~699.

바른 행위, 바른 생계, 바른 노력, 바른 사띠, 바른 집중의 여덟 가지 요소로 이루어져 있다. 어느 요소를 쓸모없는 것으로, 인간의 물질적·정신적 발전에 도움이 안 된다고 제쳐놓을 수 있는가? 어느 요소가 세속적인 또는 비세속적인 인간의 발전을 방해하겠는가? 단지 무지한 자들만이 팔정도를 시대에 뒤떨어진 것이라고 할 것이다. 비록 이 팔정도는 고대의 것이지만 거기에는 지속되는 생생함이 있다. 앞서 언급했듯이 인생의 모든 문제는 괴로움이라는 하나의 문제로 압축된다. 그리고 이 문제에 대해 깨달음을 얻은 모든 시대의 붓다들께서 제시한 해결책이 바로 팔정도다. 푸딩을 먹어보아야 그 맛을 알듯 팔정도도 수행을 해봐야 그 가치를 알 수 있다. 런던 빠알리성전협회 설립자인 리즈 데이비즈 교수의 다음과 같은 말은 적절하다.

"불교도건 비불교도건 나는 세계의 모든 위대한 종교를 조사했는데 이들 가운데 아름다움과 포용성에서 불교의 팔정도를 능가하는 것을 발견하지 못했다. 나는 이 팔정도에 따라 내 삶을 만들어 가는 일에 만족하고 있다."[467]
결론적으로 나는 오늘날에도 여전히 붓다의 위대함이 미세한 빛들을 압도하는 태양처럼 빛나고 있고, 팔정도는 안전하고 평화로운 열반의 세계로 가려는 지친 순례자들을 아직도 손짓해서 부르고 있다고 생각한다.

다음과 같은 옛 격언으로 이 글을 매듭짓고자 한다.

"어떤 사람은 빠르게 달려가고, 어떤 사람은 걸어가고, 어떤 사람은 고통스럽게 기어간다. 그러나 계속 전진하는 사람은 모두 목적지에 도달할 것이다."

모든 살아 있는 존재가 행복하고 건강하기를!

옮긴이의 말

이 책은 연방죽선원 법주스님의 바람에 따라 다시 세상에 나오게 되었습니다. 초기불교 공부에 오아시스와 같은 역할을 해준 이 책에 대한 간절함을 가지고 계셨던 법주스님께서는 1996년에 나온《붓다의 옛길》이 절판이 되어 더 이상 구할 수 없게 되자 방법을 모색하시던 차에 저를 만나게 되었습니다.

저는 불과 5년여 전만 해도 종교에는 관심도 없었던 사람이었습니다. 그러다 우연히 사마타 · 위빳사나 · 초기불교 · 아비담마 등을 접하게 되었고, 초기불교를 공부하면 할수록 붓다에, 담마에, 상가에 귀의하지 않을 수 없게 되었습니다.

원서에 나오는 경전sutta은 초기불전연구원의 4부 니까야에서 해당 부분을 찾아서 인용하였습니다. 원서에는 들어 있지 않은 아비담마의 물질,

마음과 마음부수를 부록으로 첨부하였습니다.

원서에는 단어 정도만 빠알리어로 나오는 것을 일부 게송과 문장을 빠알리 원문으로 추가하였습니다. 빠알리란 붓다의 말씀을 기록한 생생한 언어입니다. 번역과 번역문을 통해서도 불교 공부를 할 수 있지만, 붓다의 원음을 전하고 싶었습니다. 이 책을 통해 빠알리 공부를 하시는 분들에게는 작으나마 도움이 되었으면 하는 바람과 빠알리를 처음 접하는 분들께는 새로운 언어를 선보여 드리고 싶기도 하였습니다.

불교를 처음 접하는 분들에게는 바른 불교가 무엇인지를, 또한 공부를 하고 계신 분들에게는 깊이 있는 바른 불교를 확립해줄 수 있는 책이라고 생각합니다.

오역이 있다면 제 부족함의 소치입니다. 너그러이 용서해주시고, 잘못된 내용과 오타 등을 알려주시면 수정 · 보완하도록 하겠습니다.

이 책을 내면서 많은 공부를 한 것은 바로 저 자신입니다. 법주스님께 이 자리를 빌려 큰 감사의 말씀 전합니다. 그리고 지금 이 자리에 있게 해주신 많은 스님들, 스승님께도 머리 숙여 감사의 마음 올립니다. 원고에 도움 주신 많은 분들과 특히 김경원 님께 감사드립니다.

저의 공덕이 있다면 그 공덕을 부모님과 배우자 배준영과 함께 살고 있는 업둥냥이들과 형제 · 친척 · 친구 · 도반과 모든 존재에게 회향합니다.

Buddhasāsanaṃ ciraṃ tiṭṭhatu

붓다의 가르침이 오래오래 머무소서.

사-두sādhu, 사-두sādhu, 사-두sādhu.

담마짜리 유미경 두손모음

부록

1 물질 28가지

◎ 구체적인 물질nipphannarūpa 18가지

근본물질bhūtarūpa	1 땅의 요소paṭhavīdhātu, 地界
	2 물의 요소āpodhātu, 水界
	3 불의 요소tejodhātu, 火界
	4 바람의 요소vāyodhātu, 風界
감성의 물질pasāda-rūpa	5 눈의 감성cakkhu-pasāda
	6 귀의 감성sota-pasāda
	7 코의 감성ghāna-pasāda
	8 혀의 감성jivhā-pasāda
	9 몸의 감성kāya-pasāda
대상의 물질gocara rūpa ※감촉은 땅, 불, 바람의 3대임	10 형색rūpa, 色
	11 소리sadda, 聲
	12 냄새gandha, 香
	13 맛rasa, 味
성性 물질bhāva-rūpa	14 여성itthibhāva 혹은 itthatta
	15 남성pumbhāva 혹은 purisatta
심장의 물질hadaya-rūpa	16 심장토대hadaya-vatthu
생명의 물질jīvita-rūpa	17 생명기능jīvitindriya, 命根
음식의 물질āhāra-rūpa	18 영양소ojā

◎ 추상적인 물질anipphanna-rūpa 10가지

제한pariccheda-rūpa	19 허공의 요소ākāsa-dhātu, 空界
암시viññatti rūpa	20 몸의 암시kāya-viññatti
	21 말의 암시vacī-viññatti
변화vikāra rūpa	22 물질의 가벼움rūpassa lahutā
	23 물질의 부드러움rūpassa mudutā
	24 물질의 적합함rūpassa kammaññatā
특징lakkhaṇa-rūpa	25 생성upacaya
	26 상속santati
	27 쇠퇴jaratā
	28 무상함aniccatā

2 마음과 마음부수

(1) 마음citta, 心 89가지

대상을 아는 것으로 마음 한 가지이나, 마음이 어떻게 작용하느냐에 따라 89가지로 나뉜다.

욕계의 해로운 마음akusala 12가지

탐욕에 뿌리한lobhamūla 마음

1 즐거움이 함께하고 사견과 결합한 자발적인 마음

2 즐거움이 함께하고 사견과 결합한 자극받은 마음

3 즐거움이 함께하고 사견과 결합되지 않은 자발적인 마음

4 즐거움이 함께하고 사견과 결합되지 않은 자극받은 마음

5 무덤덤한 느낌이 함께하고 사견과 결합한 자발적인 마음

6 무덤덤한 느낌이 함께하고 사견과 결합한 자극받은 마음

7 무덤덤한 느낌이 함께하고 사견과 결합되지 않은 자발적인 마음

8 무덤덤한 느낌이 함께하고 사견과 결합되지 않는 자극적인 마음

성냄에 뿌리한dosamūla 마음

9 괴로운 느낌과 함께한 성냄과 결합한 자발적인 마음

10 괴로운 느낌과 함께한 성냄과 결합한 자극받은 마음

어리석음에 뿌리한mohamūla 마음

11 무덤덤한 느낌이 함께한 의심과 결합한 마음

12 무덤덤한 느낌이 함께한 들뜸과 결합한 마음

뿌리 없는ahetuka 마음 18가지

해로운 과보 마음

13 무덤덤한 느낌이 함께한 눈의 의식眼識

14 무덤덤한 느낌이 함께한 귀의 의식耳識

15 무덤덤한 느낌이 함께한 코의 의식鼻識

16 무덤덤한 느낌이 함께한 혀의 의식舌識

17 고통이 함께한 몸의 의식身識

18 무덤덤한 느낌이 함께한 받아들이는 마음

19 무덤덤한 느낌이 함께한 조사하는 마음

유익한 과보 마음

20 무덤덤한 느낌이 함께한 눈의 의식眼識

21 무덤덤한 느낌이 함께한 귀의 의식耳識

22 무덤덤한 느낌이 함께한 코의 의식鼻識

23 무덤덤한 느낌이 함께한 혀의 의식舌識

24 행복이 함께한 몸의 의식身識

25 무덤덤한 느낌이 함께한 받아들이는 마음

26 즐거움이 함께한 조사하는 마음

27 무덤덤한 느낌이 함께한 조사하는 마음

작용만 하는 마음

28 무덤덤한 느낌이 함께한 오문전향 마음

29 무덤덤한 느낌이 함께한 의문전향 마음

30 즐거움이 함께한 미소 짓는 마음

◎ 아름다운 마음 59가지

욕계의 유익한 마음 24가지

욕계 유익한kusala 마음

31 즐거움이 함께하고 지혜와 결합한 자발적인 마음

32 즐거움이 함께하고 지혜와 결합한 자극받은 마음

33 즐거움이 함께하고 지혜와 결합하지 않은 자발적인 마음

34 즐거움이 함께하고 지혜와 결합하지 않은 자극받은 마음

35 평온한 느낌이 함께하고 지혜와 결합한 자발적인 마음

36 평온한 느낌이 함께하고 지혜와 결합한 자극받은 마음

37 평온한 느낌이 함께하고 지혜와 결합하지 않은 자발적인 마음

38 평온한 느낌이 함께하고 지혜와 결합하지 않은 자극받은 마음

과보vipaka 마음

39 즐거움이 함께하고 지혜와 결합한 자발적인 과보 마음

40 즐거움이 함께하고 지혜와 결합한 자극받은 과보 마음

41 즐거움이 함께하고 지혜와 결합하지 않은 자발적인 과보 마음

42 즐거움이 함께하고 지혜와 결합하지 않은 자극받은 과보 마음

43 평온한 느낌이 함께하고 지혜와 결합한 자발적인 과보 마음

44 평온한 느낌이 함께하고 지혜와 결합한 자극받은 과보 마음

45 평온한 느낌이 함께하고 지혜와 결합하지 않은 자발적인 과보 마음

46 평온한 느낌이 함께하고 지혜와 결합하지 않은 자극받은 과보 마음

작용만 하는kiriya 마음

47 즐거움이 함께하고 지혜와 결합한 자발적인 마음

48 즐거움이 함께하고 지혜와 결합한 자극받은 마음

49 즐거움이 함께하고 지혜와 결합하지 않은 자발적인 마음

50 즐거움이 함께하고 지혜와 결합하지 않은 자극받은 마음

51 평온한 느낌이 함께하고 지혜와 결합한 자발적인 마음

52 평온한 느낌이 함께하고 지혜와 결합한 자극받은 마음

53 평온한 느낌이 함께하고 지혜와 결합하지 않은 자발적인 마음

54 평온한 느낌이 함께하고 지혜와 결합하지 않은 자극받은 마음

색계의 마음 15가지

색계 유익한 마음

55 일으킨 생각, 지속적 고찰, 희열, 행복, 집중과 함께하는 초선의 마음

56 지속적 고찰, 희열, 행복, 집중과 함께하는 이선의 마음

57 희열, 행복, 집중과 함께하는 삼선의 마음

58 행복, 집중과 함께하는 사선의 마음

59 평온, 집중과 함께하는 오선의 마음

과보 마음

60 일으킨 생각, 지속적 고찰, 희열, 행복, 집중과 함께하는 초선의 과보 마음

61 지속적 고찰, 희열, 행복, 집중과 함께하는 이선의 과보 마음

62 희열, 행복, 집중과 함께하는 삼선의 과보 마음

63 행복, 집중과 함께하는 사선의 과보 마음

64 평온, 집중과 함께하는 오선의 과보 마음

작용만 하는 마음

65 일으킨 생각, 지속적 고찰, 희열, 행복, 집중과 함께하는 초선의 작용만 하는 마음

66 지속적 고찰, 희열, 행복, 집중과 함께하는 이선의 작용만 하는 마음

67 희열, 행복, 집중과 함께하는 삼선의 작용만 하는 마음

68 행복, 집중과 함께하는 사선의 작용만 하는 마음

69 평온, 집중과 함께하는 오선의 작용만 하는 마음

무색계의 마음 12가지

무색계 선한 마음

70 공무변처 마음

71 식무변처 마음

72 무소유처 마음

73 비상비비상처 마음

과보 마음

74 공무변처 과보 마음

75 식무변처 과보 마음

76 무소유처 과보 마음

77 비상비비상처 과보 마음

작용만 하는 마음

78 공무변처 작용만 하는 마음

79 식무변처 작용만 하는 마음

80 무소유처 작용만 하는 마음

81 비상비비상처 작용만 하는 마음

출세간의 마음 8가지

출세간의 유익한 마음

82 수다원도의 마음

83 사다함도의 마음

84 아나함도의 마음

85 아라한도의 마음

과보 마음

86 수다원과의 마음

87 사다함과의 마음

88 아나함과의 마음

89 아라한과의 마음

(2) 마음부수cetasika 52가지

◎ 다른 것과 같아지는 것들 13가지

반드시들	1 감각접촉phassa, 觸
	2 느낌vedanā, 受
	3 인식saññā, 想
	4 의도cetanā, 思
	5 집중ekaggatā, 心一境
	6 생명기능jīvitindriya, 命根
	7 마음에 잡도리함manasikāra, 作意
때때로들	8 일으킨 생각vitakka, 尋
	9 지속적 고찰vicāra, 伺
	10 결심adhimokkha, 勝解
	11 정진vīriya
	12 희열pīti
	13 열의chanda, 欲

◎ 해로운 마음부수들 14가지

해로운 반드시들	14 어리석음moha, 痴
	15 양심 없음ahirika, 無慚
	16 수치심 없음anottappa, 無愧
	17 들뜸uddhacca, 掉擧
해로운 때때로들	18 탐욕lobha, 貪
	19 사견diṭṭhi, 邪見
	20 자만māna, 慢
	21 성냄dosa, 嗔
	22 질투issā, 嫉
	23 인색macchariya, 慳
	24 후회kukkucca, 惡作
	25 해태thīna, 懈怠
	26 혼침middha, 昏沈
	27 의심vicikicchā, 疑

◎ 아름다운 마음부수들 25가지

아름다운 반드시들		28 믿음saddhā, 信
		29 사띠sati, 念
		30 양심hirī, 慚
		31 수치심ottappa, 愧
		32 탐욕 없음alobha, 不貪
		33 성냄 없음adosa, 不嗔
		34 중립tatramajjhattatā
		35 마음부수의 경안kāya-passaddhi, 輕安
		36 마음의 경안citta-passaddhi
		37 마음부수의 가벼움kāya-lahutā
		38 마음의 가벼움citta-lahutā
		39 마음부수의 부드러움kāya-mudutā
		40 마음의 부드러움citta-mudutā
		41 마음부수의 적합함kāya-kammaññatā
		42 마음의 적합함citta-kammaññatā
		43 마음부수의 능숙함kāya-pāguññatā
		44 마음의 능숙함citta-pāguññatā
		45 마음부수의 올곧음kāya-ujukatā
		46 마음의 올곧음citta-ujukatā
아름다운 때때로들	절제	47 바른 말sammā-vācā, 正語
		48 바른 행위sammā-kammanta, 正業
		49 바른 생계sammā-ājīva, 正命
	무량	50 연민karuṇā, 悲
		51 함께 기뻐함muditā, 喜
	미혹없음	52 통찰지의 기능paññindriya, 慧根

◎

약어

A 앙굿따라니까야Anguttara-nikaya(권수와 쪽수)

Bv 붓다왕사Buddhavamsa

D 디가니까야Digha-nikaya(숫따 번호)

DA 디가니까야 앗타까타Digha-nikayatthakatha, 수망갈라윌라시니Sumangalavilasini

Dhp 담마빠다Dhammapada(게송 번호)

Iti 이띠웃따까Itivuttaka

Jat 자따까Jātaka

M 맛지마니까야Majjhima-nikaya(숫따 번호)

Ma 맛지마니까야 앗타까타Majjhima-nikayatthakatha, 빠빤짜수다니Papancasūdani

Mhvg Mahavagga(of the Vinaya)

S 상윳따니까야Samyutta-nikaya(권수와 쪽수)

Sn 숫따니빠따Suttanipata(게송 수)

Sv 삼모하위노다니Sammohavinodani

Ud 우다나Udāna

Vbh 위방가Vibhanga

Vin 위나야Vinaya

Vism 위숫디막가Visuddhimagga, 청정도론

Thg 테라 가타Theragatha(게송 번호)

Therig 테리 가타Therigatha(게송 번호)

Com 주석서

Skt 산스끄리뜨어

PTS 빠알리성전협회

Sutta 경經

참고문헌

《디가니까야》 1~3권, 각묵스님 옮김, 초기불전연구원, 2012.

《맛지마니까야》 1~4권, 대림스님 옮김, 초기불전연구원, 2012.

《앙굿따라니까야》 1~6권, 대림스님 옮김, 초기불전연구원, 2006.

《상윳따니까야》 1~6권, 각묵스님 옮김, 초기불전연구원, 2009.

《우다나 - 감흥어린 시구》 전재성 역주, 한국빠알리성전협회, 2013.

《이띠붓따까 - 여시어경》 전재성 역주, 한국빠알리성전협회, 2012.

《숫타니파타》 전재성 역주, 한국빠알리성전협회, 2013.

《담마빠다》 현진스님, 봉숭아학당, 2014.

《담마빠다》 김서리 역주, 소명출판, 2013.

《법구경 이야기》 1~3권, 무념 · 응진 옮김, 옛길, 2008.

《청정도론》 1~3권, 대림스님 옮김, 초기불전연구원, 2009.

《아비담마 길라잡이》 상 · 하, 대림스님 · 각묵스님 옮김, 초기불전연구원, 2010.

《11일간의 특별한 수업》 아신 빤딧짜스님, 담마야나선원, 2014.

◎

약어

◎

지은이

빠야닷시 테라

1914년 스리랑카 콜롬보에서 태어났다. 날란다 대학에서 수학한 후 스리랑카 대학교를 거쳐 하버드 대학교 국제종교연구센터에서 연구원으로 지냈다. 20세에 출가해 스리랑카의 저명한 고승인 와지라냐나 나야까 스님 밑에서 불법을 닦았다.

동서양을 여행하며 싱할라어와 영어로 부처님의 말씀을 전달했다. 스리랑카 불자출판협회Buddhist Publication Society의 싱할라어 편집자로 활동했으며, 이 책《붓다의 옛길》을 비롯해《보호서The Book of Protection》,《불교의 영향력The Spectrum of Buddhism》등 전 세계인이 이해하고 공감하는 책을 쓰기도 했다. 1998년 8월, 84세의 나이로 입적했다.

◎

옮긴이

유미경

연세대학교 국어국문학과를 졸업했다. 초기불교와 빠알리어를 공부하고 있다.

붓다의 옛길

2015년 7월 24일 초판 1쇄 | 2022년 12월 22일 4쇄 발행

지은이 삐야닷시 테라 **옮긴이** 유미경
펴낸이 박시형, 최세현

책임편집 최세현
마케팅 권금숙, 양근모, 양봉호, 이주형 **온라인마케팅** 신하은, 정문희, 현나래
디지털콘텐츠 김명래, 최은정, 김혜정 **해외기획** 우정민, 배혜림
경영지원 홍성택, 이진영, 김현우, 강신우
펴낸곳 (주)쌤앤파커스 **출판신고** 2006년 9월 25일 제406-2006-000210호
주소 서울시 마포구 월드컵북로 396 누리꿈스퀘어 비즈니스타워 18층
전화 02-6712-9800 **팩스** 02-6712-9810 **이메일** info@smpk.kr

ISBN 978-89-6570-244-3 (03220)